アメリカの政治 第2版

岡山 裕　西山隆行 編

Okayama Hiroshi
Nishiyama Takayuki　Editors

弘文堂

第2版の刊行にあたって

二〇一九年の初版刊行後、コロナ禍やジョー・バイデン政権への政権交代など、多くの出来事があった。この新版では、第3章が新しくなったほか、各章について初版刊行後の変化を受けて内容をアップデートし、参考文献も追加した。改訂作業にお付き合いくださった共著者の皆さんと、引き続き編集を担当くださった登健太郎氏に心より御礼申し上げる。

二〇二四年一月

岡山　裕
西山隆行

はしがき

本書は、アメリカ合衆国（以下、本書全体を通して「アメリカ」という）の現代政治に関する入門書である。主に大学で関連する授業の教科書・参考書として使用されることを念頭に置いているものの、関心ある一般の方々にも読み物として手に取っていただけるよう配慮して執筆されている。

アメリカ政治については、本書の執筆者が参加しているものも含め、近年いくつもの入門書が刊行されており、良書も少なくない。しかし、本書には類書にない特徴がある。アメリカに限らず、ある一国の政治を扱った教科書は、議会や政党といった諸制度や、歴史の解説に重点を置くものが多い。それに対して、本書ではそれらについても第I部で説明を行うものの、第II部で内政と外交の両方にまたがって、様々な争点をめぐってどんな主体がいかなる立場で政治過程に関与し、どのような政策が作られ、執行されてきたのかを説明することに力点が置かれている。

本書がこうした独特の構成をとっているのは、アメリカ政治について一般論を知るだけでなく、その二種類の多様性に着目して理解を深めていただきたいからである。第一は、政治争点の多様性である。たとえば、日本で銃規制や皆医療保険の実現が重要争点になることや、人工妊娠中絶や環境保護をめぐってイデオロギー対立が生じることは考えにくいであろう。ならばアメリカで、何がどのような文脈で争点化し議論されるのかを理解する必要があろう。第二は、政治過程の多様性である。日本をはじめ議院内閣制の国々では、議会の多数党が行政権も掌握して政策過程を主導する。それに対して、アメリカでは大統領と議会の議員たちが別々に選出されるばかりでなく、各政党内のまとまりもあまり強くないし、それぞれの政策目的のために活発に活動する利益団体が多数存在する。争点によってどんな政府機関や政治勢力がいかなる政治過程を形作るかが大きく違ってくることから、そのパターンを把握する必要が出てくるのである。

本書はすべての政治争点をカバーするわけではないが、今日アメリカで主要な争点と広く認識されているものの多くを取り上げている。同じ社会で生起している以上、それらには違いだけでなく多くの共通項がある。とくに、人種や宗教、所得格差といったいくつかの要素は繰り返し登場するが、それらを軸に諸争点がどうつながっているのかを考えることで、アメリカの政治や社会全体の構造的な理解が得られるであろう。他方、同じ政治制度のもとでも争点が異なるとどのように政治過程やその帰結が異なってくるのかを考えてみるならば、比較政治学的な視点を養うこともできるものと思われる。

諸争点をめぐる政治をみていくことで、読者はアメリカの政治が分野によって多様な展開を見せるということだけでなく、全体として他国の政治とどのように異なるのかについても理解を深められるのではないかと考えている。アメリカはしばしば日本にとって最も重要な外国だといわれ、多くの情報が入ってくるものの、その政治や社会について正確なイメージを得ることは決して容易でない。とくに、二大政党がイデオロギー的な分極化をいよいよ深めている今日の政治についいては、専門の研究者の間でも理解が定まっていない状況である。本書の独自の試みが、アメリカ政治について的確な理解を得るのにどれだけ有意義かについては、読者緒兄姉の評価を待ちたいと思う。

このように「新しい」本書ではあるが、実は一九九二年に刊行された阿部齊編『アメリカの政治――内政のしくみと外交関係』および、二〇〇五年に初版の刊行された久保文明編『アメリカの政治』という、いずれも長く読まれてきた二書の後継に位置づけられる。もし本書が、読者や先代の先生方のご期待に応えられるものになっているとしたら、それは一人残らず二つ返事で執筆をご快諾くださっただけでなく、編者らの、ときに無理な要望にも応じて充実した内容の原稿を仕上げてくださった執筆者の皆さんのおかげである。また弘文堂編集部の登健太郎氏は、『アメリカの政治』の大胆な路線転換をお認めくださっただけでなく、企画から用語の統一に至るまで見事に調整役を務めてくださり、感謝に堪えない。これらの皆さんを含む関係各位に御礼申し上げることで、本稿のむすびとさせていただきたい。

二〇一九年四月

岡山　裕
西山隆行

目次

第Ⅰ部

総　論

第1章　歴史と思想

はじめに

本書を手に取った読者は、アメリカについて、日本やヨーロッパの先進国に比べて歴史が浅いという印象を持っているかもしれない。確かに、一八世紀後半のイギリスからの独立と建国は、世界史の教科書でも後半でしか登場しない。しかし、憲法典としては長寿の部類に入る日本国憲法でも、まだ制定から七〇年ほどなのに対して、アメリカでは一七八八年に発効した合衆国憲法が二世紀以上経った今日でも有効であり、この間、大統領等の役職の権限や選挙の方式もほぼ変わっていない。また政党は、政治を実際に動かす重要な組織だが、民主党対共和党という二大政党の組み合わせは、一八五〇年代から続いており、民主党の発足は実に一八二〇年代まで遡れるのである。現代日本の政治を説明するのに、この時代まで遡る必要性はあまりないであろう。

アメリカは国としての歴史はともかく、政治体制の連続性が高く、今日の政治に直接影響する過去が、多くの国に比べてとても長い。現代政治を対象とする本書が最初に建国からの歴史を振り返るのは、一つにはそのためである。

しかし、アメリカ政治の歴史的特徴は連続性の高さだけでない。建国時にはヨーロッパ世界の辺境国だったアメリカは、二〇世紀初頭には世界最大の工業国となり、今日では唯一の超大国とされる。その間に領土は四倍以上になり、人口は約三〇〇万人から三億人以上と、実に一〇〇倍以上に増えている。また一九世紀半ばまでは奴隷制が存在し、それをめぐって一八六〇年代に国を二分して戦われた南北戦争の結果、二〇〇万から三〇〇万人もの人々が他人の所有物から市民へと変わった。このように、アメリカはその歴史を通じて急激な社会経済的変化を経験し、また国際的な地位も大きく変わっており、現代の政治を理解するにはその経緯も踏まえる必要がある。

そこで本章では、次章以降で個々の政治制度や争点をめぐる政治過程を検討する準備作業として、アメリカの建国以来の政治史を、その連続性と変化に着目しつつ、大まかに時系列に沿いながら、いくつかのテーマに即して概観する。それによって、様々な争点がアメリカ政治の時間的、構造的文脈にどう位置づけられるのかの見通しが得られるであろう。

Ⅰ　統治の枠組みと政党政治の成立（第2章・第3章）

のちにアメリカ合衆国を組織する、北アメリカ大陸の一三のイギリス植民地は、一七世紀初頭から徐々に発達し、それぞれに自治と自由の伝統を育んでいった。ところが、イギリス本国は一七六三年までの七年戦争でフランスに勝利した後、植民地の防衛費を、本国議会に代表を送れない植民地に対して同意なく課税してまかなうなどし、植民地側はこれをイギリス古来の国制（憲法）に反する専制的な統治と捉えるようになった。独立論が強まる中、一七七五年の武力衝突から戦争に突入し、一三植民地は翌七六年に合同で独立を宣言した。すべての人（men）は平等に作られ、生命、自由、幸福の追求の権利を持つ、という独立宣言の文言からわかるように、アメリカの人々はここで、本国に否定されたイギリス人としての権利を人類の普遍的な価値に置きかえたうえで、君主を持たない共和制を通じてそれを実現するという壮大な実験に乗り出したのである。

一七八一年には連合規約が批准されて国家連合（名称は今日と同じ、The United States of America）が組織され、イギリスとの戦争も実質的に終結したものの、その前後は、独立した各邦（のちの州）が民主化の中で政治的に混乱し、その代表からなる連合会議も事態を収拾するだけの権能を持たない「危機の時代」であった。それを克服すべく、一七八七年夏にフィラデルフィアで開かれた会議で起草され、翌年成立したのが合衆国憲法である。そこでは、国民の持つ主権を、連邦と州で役割を分担して分け合い、連邦政府に徴税、対外関係や州をまたぐ経済活動（州際通商）の規制といった、中央政府として必要な権限を与えることとなった。また連邦政府では、二院制の連邦議会を軸としつつ、執行権を担う大統領にも立法への拒否権を与えるなどして、司法とあわせた三権が互いに抑制均衡（チェック・アンド・バランス）しながら統治のための権力を共有する仕組みを作りあげた。

連邦と諸州の政府の間と、各政府内の諸機関の権力分立は、特定の利害が政府全体を支配して専制的に支配するのを難しくすることをねらったものである。共和政治は、共同体内の利害が同質的な都市国家程度の規模でしか実現できず、それさえもいずれは堕落して崩壊する、というのがそれまでの支配的な見方であった。それに対して、このような制度上の工夫をすれば、広大な領域にまたがり多様な利害を持つ人々による、大きく「複合的な共和制」が可能になるばかりかむしろその方が政治は安定する、というのが、ジェイムズ・マディソンら憲法起草者たちの目論見であった。

一七八九年に初代大統領となった独立戦争の英雄ジョージ・ワシントンら、革命以来の指導者たちは、諸勢力の融和を重んじた。しかし、憲法案の起草時から、国力増強のために連邦政府が積極的役割を果たすべきだとするフェデラリスツ（連邦派）と、強い連邦政府は専制につながりかねず、共和制の発展には州や地方の自治が重要だと主張する対抗勢力（のちのリパブリカンズ（共和派））の党派対立が生じた。一九世紀に入るとフェデラリスツは弱体化していき、リパブリカンズの一党支配が実現した。しかし、一八二〇年代には異なる地域や派閥の間で割拠状態となり、そのうち全国に組織を張りめぐらせていった民主派が一八二八年にアンドリュー・ジャクソンを大統領に当選させ、安定した地位を築いた。これが、民主党の起源である。それに対抗する政治勢力がまとまってホイッグ党が生まれ、一八四〇年代には全国を股にかける二大政党制が登場したのである。

この変化の背景には、当時進んでいた民主化があった。一八三〇年代には、白人男性限定ながら普通選挙がほぼ全国で実現した。それと対応して、二大政党は、各地域コミュニティの支持者が集まる党大会を基礎に、そこから州、全国レベルの党大会に順次代表を送るという組織構成を採用した。この分権的構造のため、二大政党ともに正式な党員制度は設けられず、党全体の方針を定めた恒常的な綱領もなく、同じ党内でも地域によって政策方針が違うことはごく普通であった。二つの政党の間でも、その時々の最重要争点以外については、明確な対立がないことの方が多かったのである。これ以降、有権者の大半が二大政党の一方に単なる支持を超えた強い愛着と一体感を抱くようになり、二大政党間の競争こそ政治の常道だという見方が定着した。

このような政党政治の特徴は、概ね今日まで引き継がれている。一八五〇年代にホイッグ党が消滅した一方、奴隷制の西方への拡大に反対する共和党が登場すると、以後今日まで、民主党と共和党が長期的に政策的立場や支持層を変容させていく形で政党政治が展開してきた。また民主化はその後も徐々に進み、とくに二〇世紀初頭からの革新主義時代には、女性の参政権が全国で実現した以外に、それまで大多数が州議会によって選ばれていた連邦上院議員を直接選挙で選ぶようになったり、各種の選挙に際して各政党の公認候補者を党エリートの支配する党大会でなく、選挙区の一般有権者が選ぶ予備選挙が導入されたりといった制度的変化が生じた。また州や地方レベルでは、市民が立法や公職者の更迭を提案したり、ある政策の採用の是非を有権者による投票で行うといった、いわゆる直接民主主義的な諸制度も導入されている。

II　人々の多様性（第4章・第5章）

このように、徐々に民主化が進んだものの、すべての人が平等にその恩恵にあずかったわけではない。その人的な多様性にもかかわらず、アメリカは白人、それも男性が支配的な地位を占める社会であり続けてきた。では、アメリカではどのような人々が、どのような立場で暮らしてきたのだろうか。

もともと北アメリカ大陸には多くの先住民が住んでいたものの、ヨーロッパからの入植者との武力紛争や彼らのもたらした病原菌によって人口が激減した。そこで作られていった植民地は、全体にヨーロッパよりも自由な雰囲気があり、信教の自由を保障する植民地もあった。そのため、入植者たちもイギリスだけでなく、ヨーロッパの様々な地域からやってきており、宗教的・文化的にも多様であった。また遅くとも一六一九年には、アフリカから黒人奴隷が連れてこられている。こうして白人、なかでもアングロサクソン（イギリス系）のプロテスタント（頭文字からＷＡＳＰと略される）を頂点とし、黒人奴隷を底辺とする階層的な人種秩序が作られていった。

このことは、今日白人とされる人々の中でも格差が存在したことを意味する。建国時から、労働力不足を補うため移民への門戸は広く開かれており、政治的、経済的にもアメリカは魅力があった。一九世紀前半からは、アイルランドやドイツから、母国の飢饉や政治的混乱といった理由で多くの人々が移動してきた。こうした「旧移民」には、英語を話さない者や、カトリックの信者が多く含まれていた。飲酒をはじめ生活習慣の違いも多かったことから、社会への順応に時間を要した。世紀半ばには、こうした移民に対する権利制限を掲げるノウ・ナッシングスと呼ばれる秘密結社が一時期大きな影響力を持った。一九世紀後半からは、南欧や中東欧、またロシアから「新移民」が渡ってきた。西欧からの移民以上に国内社会との文化的隔たりが大きく、とくにユダヤ系はヨーロッパにおけると同様に長く差別に苦しむことになった。

白人の移民の中にも一段下に見られる人々がいたのであれば、非白人がさらに厳しい環境に置かれたのは不思議でない。一九世紀を通じて、抵抗する先住民との間で散発的な戦争も戦われ、彼らはさらに数を減らしていった。連邦政府は先住民と協定を結ぶと称して、条件の良い土地を奪って彼らを僻地に移住させた。同化を進めるとして、子どもを親から引き離して白人風の生活をさせる動きもあった。今日、先住民の共同体には独自の地位が保障されているものの、差別の残滓から貧困に苦しむ人々が少なくない。

アメリカの外からやってきた非白人も、多大な困難を経験した。もともと、一七九〇年制定の帰化法からして、帰化の主体を白人の自由人に制限していた。太平洋岸には一九世紀半ばから中国系の労働者（苦力・クーリー）が増えたが、彼らは不利な契約を結ばされて連れてこられただけでなく、白人の仕事を奪うとして疎まれ、人種的にも激しく差別された。一八八二年には中国人排除法が制定され、中国系の移民が禁止されたのである。その後、日系移民も増えたものの、同じく差別を受けた。さらに、一九二四年に制定された移民法で日本を含むアジアからの移民が事実上禁じられた。第二次世界大戦中は、敵国の出身であることもあって多くの日系人が財産を接収され、収容所に隔離されたのであった。

しかし、アメリカ史を通じて最も大規模に過酷な扱いを受けたのは黒人（アフリカ系）であろう。独立前、一三植民地はそのすべてが奴隷制を制度化していたことがあった。その後、合衆国憲法で奴隷貿易が禁止され、プランテーションの労働力として奴隷が不可欠だった南部以外の諸州では徐々に奴隷制が廃止されていったものの、黒人は地域を問わず激しい差別にあった。黒人奴隷は法的には動産であり、権利保障もなく教育もほとんど受けられなかった。奴隷取引により家族が引き裂かれる一方で、白人の奴隷主が女性の奴隷に子どもを産ませることも珍しくなかったのである。

対して北部では「神の下の平等」と建国の理念に反するとして反奴隷制の気運が高まり、奴隷制が社会経済的伝統の一部となった南部との対立が深まっていった。連邦議会下院や大統領選挙人の定数配分の基礎となる各州の人口に奴隷を含めるかどうかという、憲法起草時の論争に始まり、新しい州が誕生する際に奴隷制の採用を認めるかどうかが対立の火種となった。一九世紀前半には、奴隷州と自由州が同数になるよう調整されたものの、新しい州の住民らに奴隷制の採否を決めさせるカンザス・ネブラスカ法が一八五四年に成立したことで、南北の関係は一気に悪化した。とくにカンザス準州は奴隷制の導入をめぐって内乱状態となり、そこへ奴隷制の拡大反対を唱えて共和党が登場したのである。

一八六〇年の大統領選挙で、民主党の分裂もあってエイブラハム・リンカンが共和党候補として初めて当選すると、これを北部による奴隷制拒否の意思表示と捉えた南部の諸州は連邦を脱退し、アメリカ連合国を組織した。そして、翌年春の軍事衝突から始まったのが、南北戦争である。この内戦は、双方あわせて六〇万人以上の戦死者を出す凄惨なものとなった。一八六五年春に合衆国（北部諸州）の勝利で幕を閉じ、同年の憲法修正で奴隷制が禁じられるとともに、南部は占領下に置かれた。とはいえ、奴隷制の残滓を排除したい北部と、白人中心の社会を維持したい南部のせめぎ合いは、結局北部が根負けする形で終わり、南部ではジム・クロウと総称される法的な人種隔離政策がとられ、一時実現した黒人の政治参加も妨害されていった。以後一九六〇年代まで、南部では反共和党感情から民主党の一党支配が続くことになる。今日でも、最も狭い意味での「南部」は連合国を構成した一一州を指す。

アメリカで社会的に劣位に置かれてきたのは、非白人だけではない。女性は参政権を持たなかっただけでなく、財産権を父親や夫に握られ、離婚も一方的にできない等、様々な点で男性に比べて権利を制限されていた。奴隷解放運動を経験した女性たちから、女性の権利を向上させようとする運動が登場し、一八四八年にはニューヨーク州セネカ・フォールズで初の大会が開かれた。運動はなかなか成果を上げなかったが、南北戦争後には、女性人口が少なく、また開拓運動を通じて男女の平等意識が強まった西部を中心に、参政権を含む女性の権利を広く認める州が登場していった。全国で女性が参政権を得たのは、第一次世界大戦後、一九二〇年の合衆国憲法第一九修正条項の成立によってである。しかし、今日でも明確に賃金の格差が残るなど、男女の平等は達成されていないし、非白人の女性は人種と性別の両方に基づく複合的な差別を受けている。

III　社会経済的変化と政府の役割（第2章・第8章・第10章・第11章・第12章）

アメリカに住む人々は、一九世紀を通じてさらに多様化したばかりでなく、数の上でも約三〇年ごとに人口がほぼ倍増するという急成長を見せた。この間、領土も北アメリカ大陸の大西洋岸から、西海岸ばかりでなく、南北戦争期にロシアから購入したアラスカまでと拡がっていった。経済的にみても、農業中心の社会から出発した後、商業化が拡大しただけでなく、一九世紀半ばには産業革命が本格化した。南北戦争後は重工業化と金融の発達が進み、建国時にヨーロッパ世界の後進国だったアメリカは、二〇世紀に入る頃には世界最大の工業国となっていた。このように社会経済構造が激変する中で、連邦と州の政府は秩序維持に大きな役割を果たしてきた。

市民生活に直接関わるような事柄は、基本的に州や地方政府に任された。とはいえ、連邦が重要でなかったわけではない。領土の獲得や先住民からの国民の保護、さらには国内の陸水路のインフラ整備や、高関税政策による国内産業保護といった、国民の目に触れにくい形で大きな役割を果たしていたのである。それは、すぐ後にみるように、外交や軍事についても同様である。

一九世紀後半以降、連邦政府の存在感は目に見えて増していった。それは、連邦政府の憲法上の権限が増えたからではなく、主としてもともと連邦が統制することになっていた州際通商、つまり州をまたぐ経済活動が拡大していったためである。大陸横断鉄道が一八六九年に開通したのに象徴されるように、人々の活動範囲が広がり、市場も全国化していった。二〇世紀初頭までに公共交通機関、金融取引、独占禁止、食品や薬品の品質等、従来は州の扱っていた分野が連邦の規制に服するようになっていったのである。中央銀行の役割を果たす連邦準備制度も、一九一三年に導入されている。

こうした管轄領域の拡大は、連邦政府の構造の変化にもつながった。それまでの政策過程は、連邦議会が法律を作り、大統領の監督下で国務省や財務省といった執行機関がそれら法律をその内容に忠実に執行し、その妥当性に争いがある場合は裁判で解決する、という憲法上の三権の分業に沿ったものであった。しかし、これら既存の機関は、全国規模の複雑な社会経済活動を適切に規制するための専門知識を欠いていた。そのため、大きな裁量を持ち、必要に応じて法律の許す範囲で規則を作ったり違法行為に処分を下したりすることで三権に代わって政策を執行する、各種の行政機関が新たに設置されていったのである。とくに二〇世紀初頭の革新主義時代には、科学や理性への信頼が強まったのもあり、行政機関が政策過程の主導権を握る、行政国家化が進んだとみられている。

そのうえで、連邦政府の役割について最大の転機となったのが、大恐慌の最中の一九三三年に就任した民主党のフランクリン・ローズヴェルト大統領が進めたニューディール政策である。州政府による恐慌対策の限界を受けて、金融をはじめとする各種の産業規制が強化されただけでなく、連邦として初めて本格的に労働者の権利保障や老齢・障害者年金や生活保護といった、福祉国家としての役割を果たすようになった。また司法は連邦政府に、内政と外交にまたがる、ほぼありとあらゆる政策領域に介入する憲法上の権限を認めるようになったのである。これによって、連邦政府は日本やフランスのような単一国家の中央政府とほぼ同等の位置づけを与えられたといってよい。

それと関連する、この時期の今ひとつの重要な変化として、大統領が政治の主導権を握ることがはっきりした、という点が挙げられる。大統領はそれまで、権威はあっても権限が限られていただけでなく、一九世紀までは選挙戦を展開するのに各地の政党組織に頼らざるをえなかった。それもあって、ワシントンなど建国時の革命指導者や、南北戦争を指揮したリンカンといった例外を除いて、主体的にリーダーシップをとることはまれであった。二〇世紀に入る頃から一部の大統領が積極性を強めていったものの、大恐慌対策について議会が打つ手を欠く中でフランクリン・ローズヴェルト大統領が矢継ぎ早に対策を打ち出したことで、以後すべての大統領に重要な政策課題とそれへの解決策の提示という役割が当然に期待されるようになった。大統領の手足となってその職務を補佐する大統領府が設置されたのも、この頃である。

このニューディール期から一九六〇年代までは、経済格差や差別といった社会経済的問題の解決に政府が積極的に役割を果たすべきだと考えるリベラリズムが優勢となり、民主党が労働者や農民といった「持たざる者」の支持を集めて多数派を占めた。また大統領も、党派を問わずリベラルな政策を容認あるいは推進した。とくに民主党は、保守的な南部を除きリベラルが支配的で、一九六〇年代にはその影響力が最大限に発揮された。一九六三年のジョン・F・ケネディ大統領の暗殺を受けて副大統領から昇格したリンドン・ジョンソン大統領は、ニューディール政策を超えた「偉大な社会」の実現と「貧困との戦争」を掲げて、政府による市場への関与を強め、高齢者や低所得者向けの健康保険を導入するといった大胆な施策を講じた。その一環で、一九五〇年代から新たな盛り上がりを見せていた、黒人の権利保障を求める公民権運動もあって、人種や性別による差別、そして投票権の不当な制限をそれぞれ禁じる公民権法と投票権法がそれぞれ六四年と六五年に成立している。また、差別されてきた非白人や女性を、就学・就職に際して一定程度優遇する積極的差別是正措置も始まった。

とはいえ、政府の積極的な介入に対する楽観はやがて打ち砕かれた。学園紛争や人種暴動が相次ぐなど、社会が融和に向かうという期待は失望に変わり、一九七〇年代には高度経済成長が終わりを迎えた。それまで信頼を集めていた行政国家も、問題を解決できないばかりでなく、カネがかかり非効率的な「大きな政府」だとして批判の対象となっていった。

Ⅳ　世界の中のアメリカ（第13章）

二〇世紀に連邦政府の役割が拡大したのは、この時期に対外的関与が増したからでもあった。独立時のアメリカは、辺境の後進国であり、ヨーロッパとの関わり方を一つ間違えれば存亡の危機に陥るおそれもあった。連邦政府の成立初期には、英仏のどちらと組むのかが党派対立の火種となり、両国の外交に踊らされる形で一八一二年から三年間にわたりイギリスとの戦争を戦うことになる。ワシントン大統領が引退時に発表した「告別の辞」で、諸国と錯綜した同盟を結ぶべきでないと述べたのは、こうした事態を恐れてのことであった。ジェイムズ・モンロー大統領は一八二三年の議会教書で、アメリカが以後ヨーロッパ内のもめごとに口出ししない代わりに、ヨーロッパも南北アメリカに勢力圏を築こうとすべきでないと主張して、アメリカをヨーロッパ諸国から遠ざけるとともに、新世界の盟主と位置づけた。いわゆるモンロー宣言である。

以後、南北戦争時にヨーロッパから干渉を受けたものの、アメリカは様々な地域から移民を受け入れつつ自国の民主制を成功させることで、君主制が支配的な世界に対して範を示し、その民主化を期待するという道を選んだ。しかし、一九世紀末にヨーロッパ諸国や日本が、アジアやアフリカでの植民地やその他権益の確保を本格化させた。工業化が進み、西部の開拓も一段落したアメリカは、市場の確保の必要性と帝国主義への反発の間で揺れ動くことになる。キューバのスペインからの独立をめぐる一八九八年の米西戦争をきっかけに、対外的関与を積極化していく最中の一九一四年に生じたのが、第一次世界大戦であった。

当時のウッドロウ・ウィルソン大統領は、この戦争がヨーロッパ内の内輪もめだとして当初中立を宣言したものの、交戦国からの通商妨害もあり「世界を民主主義のために平和にする」と主張して一九一七年に参戦に踏み切った。連合国の勝利に貢献したアメリカは、戦後講和で中心的役割を果たした。新たに創設された国際連盟への加盟こそ実現しなかったものの、今や圧倒的な国力を誇るアメリカは、世界政治を左右しうる存在となったのである。その後国際主義を強めて、列強間の軍備管理等を主導したものの、国内では一九二九年からの大恐慌を前後して孤立主義が強まっていった。

その後、日独伊の枢軸国の対外進出から自由と民主主義を守るべきだという、フランクリン・ローズヴェルト大統領の訴えも受け入れられにくく、一九三九年に始まった第二次世界大戦への参戦も、一九四一年に日本によってハワイの真珠湾を攻撃されて初めて実現している。しかし、いったん戦争となると、アメリカの人々はこの大戦を世界から全体主義を放逐して民主主義をもたらす「善い戦争」と位置づけて戦った。とくに差別を受けている人々は、この戦争を通じてアメリカ国内の差別も克服し、自由や平等をもたらそうと願ったのである。

大戦後のアメリカに、孤立主義に戻る余地はなかった。同じ連合国の一員として共に戦ったソ連が共産主義を広めようとするのに対して、自由民主主義陣営の盟主として対抗する必要が生じたからである。以後東西二つの超大国は、それぞれ同盟国と協力して勢力圏の拡大、軍拡、そしてイデオロギーの喧伝を進めていった。これが冷戦であり、核兵器の登場によって、両陣営間の戦争が生じれば人類が滅亡しかねないという極度の緊張状態が生み出された。

東側に対抗して冷戦を徹底的に戦うという方針は、アメリカ国内で党派を超えて共有された。戦前の孤立主義への反省もあって自由主義を推し進め、日本を含む西側諸国の多くと軍事同盟を結び、率先して貿易自由化を進めるなどしてその経済復興・発展を様々に支援した。それは、味方だからという理由で途上国の非民主的な政治体制を支持あるいは容認することにもつながった。また、前述した一九二四年の移民法で西欧以外からの移民を大幅に制限していたのに対し、それが人種差別的だという批判も受けて、とくに西側諸国からの移民について徐々に緩めていき、一九六五年の立法で出身国別の移民数割り当て制度自体を廃止している。

冷戦はイデオロギー対立でもあり、内政に大きな影響を与えた。内外のあらゆる脅威から国家を守るという観点から、関連諸機関の知見を結集して大統領の意思決定を補佐する国家安全保障会議（NSC）が一九四七年に大統領府に設けられた。また国内に共産勢力が浸透しているのではないかという危機感は、一九五〇年代前半のマッカーシイズムに見られたように、皮肉にも「赤狩り」という自由の制約につながり、政府内外で多数の人々がいわれなく地位を追われた。その一方で、自由主義世界の盟主が差別を容認していたのでは対外的に示しがつかないことから、移民の受け入れや、国内での公民権の保障が前進したりもしたのである。

冷戦は、米ソの直接的な軍事衝突こそ起きなかったものの、一九五〇年代には中国も参戦して朝鮮戦争が戦われ、一九六二年のキューバ危機では核戦争寸前まで緊張が高まった。また一九六〇年代にはベトナム戦争がエスカレートし、莫大な量の人的・物的資源を投入しながらベトナムの共産化を防げず、アメリカにとって初めての実質的敗戦で一九七三年に幕を閉じた。「ベトナム症候群」と呼ばれる、武力紛争で人的損失を出すことへの強い抵抗感は今日まで続いている。対立の激化と緩和を幾度も往復した米ソの関係は、意外にも最も強硬な姿勢をとった一九八〇年代のロナルド・レーガン政権期に大幅な改善を見て、次のジョージ・H・W・ブッシュ政権期に冷戦の終結が宣言された。

冷戦が終わると、東西の緊張が解けた一方、国際秩序の形は不明確になった。ソ連の解体により、アメリカは唯一の超大国となったものの、もはや単独で「世界の警察官」役を引き受けるべき理由も、それだけの経済的・軍事的余力も失われていた。その間にも、民族紛争による内戦やテロリズム、イランや北朝鮮による核開発といった、新しい脅威が登場した。アル・カーイダによる二〇〇一年の九・一一テロ事件以降の、アフガニスタンおよびイラクとの戦争や、「イスラーム国」の軍事活動やテロ行為に対する歴代政権の対応は、国際秩序の実現のためには自らがリーダーシップを発揮するほかないのが明らかな反面、そうすることで敵対勢力の標的となり、さらに多大な負担を強いられるというディレンマにそれぞれ苦慮した帰結であった。

経済面でみても、バラク・オバマ政権下で多国間の経済連携協定である環太平洋パートナーシップ（TPP）の策定が進んだものの、次のドナルド・トランプ大統領は加入を拒否したばかりか、中国などに対して露骨に保護主義的な政策をとった。二〇二〇年にトランプの再選を阻んで大統領となったジョー・バイデンにしても、国際協調を重視しつつも国内の繁栄を最優先する構えを見せている。

V　イデオロギー的分極化の深まり（第7章・第9章）

前節でみたように、現代においても対外政策に関する党派対立はそれほど明瞭ではないものの、内政については大きく状況が異なる。共和党が保守、民主党がリベラルという形で、イデオロギー的な分極化が進んできたからである。一九六〇年代から、リベラルな民主党に反対する諸勢力は、万年少数党になりつつあった共和党に結集していった。さらに共和党は、民主党の公民権政策に反発した保守的な南部の白人を取り込むなどして多数党化を目指すようになったのである。彼らは、リベラルが政府を積極的に活用して人々の生活や権利を実質的に保障しようとしたことへの反発から、共通に保守派を標榜したが、社会的・宗教的伝統の重視、過度の規制や増税への反対、強硬な反共主義というように、重視する争点も世界観もかなり多様であった。

この分極化は一九七〇年代以降徐々に進んだとみられるが、保守派が多くの分野で主導権を握ったとされる。経済については、高度経済成長が終わって「大きな政府」が批判の対象になり、規制緩和や減税といった保守派の主張が通りやすくなった。たとえば、教育についても生徒の学習上の達成度を上げるために、地域の学校同士を競わせるという市場原理が一部導入された。

他方、社会文化的には、公民権運動や女性解放運動といったリベラルな社会運動も勢いをつけたが、それに対抗して、宗教右派に代表される、伝統的な価値を擁護する運動の組織化も進んだ。そこから、アメリカ国民を異なる文化的伝統からなる複数の集団からなるものと捉え、それぞれの独自性が尊重されるべきという考え（これを多文化主義という）をとる勢力と、アメリカ人は自由や平等といった普遍的原理のみによって連帯すべきという立場から、人種やエスニシティごとのまとまりを認めない人々の間で「多文化主義論争」も生じたのである。また南部の保守派が支持層から抜けたことで民主党は全体にリベラル化が進んだ一方、人種や性に基づく差別の解消、格差の克服というように、党内の諸勢力が重視する課題は共和党と同様に様々であり続けてきた。

このように、それぞれ保守とリベラルでイデオロギー的まとまりを強めたといっても、二大政党はそれぞれ多様な考え方を持つ勢力の連合体としての性格を残している。それでも、対立政党と対抗し、また互いの政策課題の達成に向けて協力することで、二大政党がほぼありとあらゆる争点について対立するという、従来見られなかった図式が生まれている。南部を取り込んだのもあって、共和党は選挙での競争力をつけていき、一九七〇年代以降まず大統領選挙で優位に立った。残りの二〇世紀中に誕生した民主党大統領も、ジミー・カーターとビル・クリントンという、いずれも民主党としては中道寄りの、南部の州知事経験者であった。

それに伴って、大統領の所属政党と連邦議会の多数党が異なる「分割政府」状態が頻繁に生じるようにもなった。一九九四年の中間選挙で、共和党がほぼ半世紀ぶりに連邦議会の上下両院で多数派を確保したことは、二大政党が分極化しただけでなく全国的に拮抗状況に入ったことを示していた。二一世紀に入ると、政策論争における保守派の明らかな優位はなくなったものの、ジョージ・W・ブッシュ、オバマいずれの政権でも、政党間対立による政策過程の膠着状態がいよいよ目立つようになった。とくにオバマ政権は、二〇〇八年からの経済危機の真っ只中で発足したにもかかわらず、議会共和党は徹底して健康保険改革をはじめとする政権主導の立法への協力を拒んだ。

今日の政党間対立は、それ以外にも大きく三つの特徴を持っている。第一に、二大政党の分極化と拮抗化が共に進んだために、両党の関係が極めて険悪になっている。かつては超党派で協力しての立法も珍しくなかったのが、次の選挙を見据えて相手に政治的に得点させまいと妨害するのが常態になっている。また政治家のレベルで始まった分極化が、最近は有権者についても見られるようになり、社会的分断と対応するようになっている。対立党派への敵意の強まりは、「感情的分極化」と呼ばれる。第二に、二大政党は全国規模では拮抗しているものの、個々の州でみると大多数の州では一方の政党が優位にある。そのため、連邦の膠着状態とは裏腹に、民主党の強い州では銃規制が強化され、逆に共和党の強い州では人工妊娠中絶への規制が強まるというように、政策の違いが明確になっている。

第三に、二大政党のイデオロギー対立は、その周りにあって政党の活動を支える諸組織との相互作用の中で進んでいる。今日、様々な利益団体は、それぞれの立場に近い一方の政党と結びついて、政党間の分極化を後押ししている。従来専門性を重視して明らかに党派的な立場をとることを控えていたシンクタンクも、多くが保守、リベラルいずれかの立場を鮮明にし、見方を共有する政党の知的後ろ盾になって、利益団体と同じく政党のイデオロギー化を促進する役割を担っている。マスメディアも、多くが中道かリベラル寄りであるものの、二〇世紀末から一部保守系のメディアが勢いをつけており、人々が自分の立場に近いメディアを通じて情報を得るようになっている。このメディアの分極化が、政治家のみならず一般市民の分極化を後押ししていると考えられている。ソーシャルメディアについては、フェイクニュースの拡散もあってさらに人々の分断を助長する働きをしているとみられる。

今日の分極化は、アメリカ政治の構造部分にも及んでおり、短期的に解消する見込みは立っていない。二〇二〇年からのコロナ禍で、州知事が党派によって対照的な対策をとり、マスクの着用などをめぐり社会的にも分断が生じたことは、分極化の根深さを象徴している。では、そのような状況下にあって、アメリカの政治的現状はどう捉えられるだろうか。

Ⅵ　分断の中の現代アメリカ政治

連邦レベルでの膠着状態から想像されるように、重要性が党派を超えて認識されていながら十分に対応されていない内政上の政策課題は少なくない。相互に関連したそれらの課題は、いずれもある国内の分断と対応している。第一の課題は、人種やジェンダー、そしてセクシュアリティ（性的指向）に基づく差別の克服である。一九六四年の公民権法から半世紀以上が経過したものの、黒人をはじめとする人種的マイノリティや女性が差別を受け、社会経済的な地位の面で白人男性に追いついていないという状況が続いている。性的マイノリティに関しては、二〇一五年の連邦最高裁判所の判決（オバーゲフェル判決）で同性婚が全国で認められるようになったものの、そもそも偏見が広く問題視されるようになってから間もないのもあって、権利保障に向けた議論はまだ始まったばかりといえる。

差別をめぐる分断は、むしろ深まっているように見える。非武装で無抵抗の黒人青年が殺害された複数の事件をきっかけに、二〇一三年以降、警察によるものを含む黒人への暴力や差別に抵抗する、「ブラック・ライヴズ・マター（黒人の命は軽くない）」運動が盛り上がりを見せている。また二〇一七年からは、セクシュアル・ハラスメントを告発する「ミー・トゥー（私も）」運動が活発化した。これらは、いずれもインターネットを通じて国内外に拡大している。他方で、そこで主な批判の対象になっている白人男性の側でも、とくに中産階級以下の階層では、長期的にアメリカ社会での立場が地盤沈下しているという不満が高まっている。そうした苛立ちに乗じる形で、白人至上主義者も活動を顕在化させつつある。

第二に移民、とくに不法移民をめぐる分断がある。今日、アメリカには一〇〇〇万人以上の不法移民がいると推計される。彼らは不正にアメリカ社会の恩恵にあずかり、アメリカ人から職を奪い、犯罪を引き起こしているとして非難されることが少なくない。隣国のメキシコをはじめとするラテンアメリカの出身者、とくにヒスパニックが多いことで、エスニシティの分断がこの問題に影を落としている。ルールを犯してアメリカに入国したり留まったりすること自体は党派を問わず批判されているものの、不法移民はすでにアメリカの社会と経済の不可欠な一部になっており、実際には特段犯罪率が高いわけでもない。何より彼らすべてを国外に追放するのは現実的でないが、国内の不法移民の扱い等をめぐって激しい対立が続いている。

これらのいずれにも関連する第三の課題として、二〇世紀後半から続いている所得格差の拡大がある。ある推計によると、所得の上位一%が全体の二割の所得を得ている一方、下位五〇%の人々が全体の一割強の所得しか得ていないという状況にある。一般に、格差は放置すると拡大するため、政府が政策を通じて所得を再分配する以外に克服は困難である。現代の格差拡大は、二大政党の分極化によって、リベラルの提示する再分配に保守派が異を唱えて成立させないようにすることでも進んできたとみられている。二〇世紀末からは、保守派の優位のもとで減税が進み、福祉が切り下げられるのが政策的な基調であった。人口の二割弱を占めるとみられる無保険者が保険に入りやすくすることを軸とする、二〇一〇年の包括的な医療保険制度改革（いわゆるオバマケア）の成立はこの流れに逆らう、画期的なものであったが、問題が解決したわけでは決してない。

最後に挙げられるのが、民主主義の後退の危機である。二一世紀に入って、共和党の政治家の間で民主主義を支える諸価値を軽視する姿勢が目立つようになってきた。トランプの台頭はこの動きの延長上に位置づけられるが、対立を煽り、陰謀論も徹底的に活用して、党派的・社会的分断を加速させる役割を演じた。二〇二一年一月の連邦議会襲撃事件は、それが一つの頂点に達したものといえる。トランプは共和党内で依然として圧倒的な影響力を誇り、また同党が優位の州では、選挙区の区割り操作等を通じて民主党を不利にしようとする動きも続いている。

現在のアメリカを覆う分断は、しばしば南北戦争期以来のものといわれる。分断の程度を測るのは難しいが、一九世紀半ばの対立があくまで奴隷制の扱いをめぐるものであったのに対し、今日ではあらゆる争点についてイデオロギー的に対立している分、融和の余地がより小さいともいえる。また今日では政府の役割がかつてに比べて格段に大きくなっており、その機能不全が国内外に与える影響の深刻さは計り知れない。独立から二五〇年の節目を間近に控えて、アメリカは歴史的な試練に直面しているが、それを克服する道筋は見えていない。


（岡山　裕）

第2章　統治機構

はじめに

アメリカの統治機構の根幹を定めるのは、合衆国憲法である。合衆国憲法については前章でも触れているが、君主のいない政治体制（共和制）のもとで「多数派の専制」を避けつつ、独立直後の連合規約の時代よりも強力な中央政府を創設すること、しかし植民地時代から続く各州の独自性は失われないようにすること、といった難題に対する、建国者たちの回答であった。そこで定められたのは、従来よりも多くの権限が与えられるが、その担い手を多くの部門に分散させるという「権力分立制」を採用した連邦政府と、それとは別個に創設され、異なる権限を与えられた州政府が並立するという「連邦制」であった。権力分立制と連邦制は、アメリカの統治機構の礎石である。

連邦政府の権力分立制は、今日の比較政治学の用語では「大統領制」にあたる。しかし、憲法制定時に想定されていたのは、大統領中心の政治過程ではなかった。植民地時代にイギリスから受け継いだ議会（下院）中心の政府のあり方を基礎に、議会が暴走しないための抑制役として大統領というポストを置いたのであった。そのような合衆国憲法の基本設計は、連邦政府が直面する国内的課題やアメリカの国際的地位が変化するにつれて、次第に実質的な変容を経験し、概ね二〇世紀半ばまでに、大統領の存在感の大きい今日の姿になったのである。それに先立つ時代に、議員や大統領の選出方法も、有権者の意向をより反映しやすいものになっていた。

憲法制定後の実質的変化は、連邦制にも生じた。アメリカ市民から、連邦政府と州政府は異なった役割を担うよう委任を受けており、二つの政府の間には上下関係も協働関係もないというのが、当初の想定であった。しかし、アメリカの社会経済的な一体性が強まり、同じ政策課題が多くの州に関係するようになると、連邦政府の相対的役割は大きくなっていった。州は自律性や独自性をすべて失ったわけではないが、連邦政府との協働によって政策を展開する存在、あるいは新しい政策の実験場としての存在意義が強まった。そのことは同時に、連邦政界への人材供給源としての州政治の意義も再確認させることになった。二〇世紀後半以降、州知事を経験した大統領が目立つのは、偶然ではないのである。

どの国家においても、統治機構は政治のあり方の骨格部分を形成する。アメリカも例外ではない。しかし、その実際の働きについては十分に理解されていないかもしれない。権力分立制や連邦制を採用していることが、アメリカ政治にどのような特徴をもたらすのだろうか。このような問いに答えられるようになることが、本章のねらいである。

I　統治機構の骨格

1　連邦議会

合衆国憲法の第一条に規定されており、分量が最も多いことからもわかるように、連邦議会はアメリカの統治機構の根幹に位置する。議会を統治機構の中心に置くことは、名誉革命後のイギリスや革命直後のフランスなど、アメリカが独立した一八世紀後半には類例が見られた。しかし、アメリカの議会には、身分制議会に起源を持つヨーロッパの議会とは異なる、二つの大きな特徴があった。

一つは、有権者資格が当初から相対的に広く認められており、民主主義の拠点としての性格を持っていたことである。連邦議会下院（今日では、定数四三五、任期二年）が、州ごとの定数配分を人口比例によって行っているのは、この性格の具体的な表現である。

もう一つには、議員は選出地域や支持層の利益を表出することが期待されていたことである。これは、議場では全議員が国家的利益を追求すべきであるという国民代表の考え方とは異なる。連邦議会上院（今日では、定数一〇〇、任期六年、二年ごとに三分の一ずつ改選）が、人口や面積とは無関係に各州二人ずつの議員から構成されるのは、その表れである。

ここに、地域や個別利益の代表者である連邦議会が、全国的な課題を扱う連邦政府の政策決定において主導的役割を担うという難問が生じることになった。

連邦議会は、一九世紀の後半以降に委員会中心の立法過程を確立し、委員会内部では先任議員の影響力を広く認める仕組み（シニオリティ・ルール）を採用するなど、個々の議員の利益追求と議会全体の合理的で効率的な運営を両立する手段を模索してきた。上院において、議案の可決について五分の三の特別多数（全員出席の場合、六〇人以上）の賛成を必要とするルールも、その一環だとみることができる。しかし一九七〇年代以降になると、委員会中心の立法過程やシニオリティ・ルールが、「鉄の三角形」に代表される既得権擁護の仕組みに陥っているという批判を浴びるようになった。

そのため近年では、委員会中心主義やシニオリティ・ルールは緩和され、それに代わって過半数の議席を持つ政党（多数党）が議会運営の中心となり、効率性を確保する動きが強まっている。上院の特別多数ルールも、重要議案については停止され、単純多数ルールに一時代替されることが珍しくなくなった。だが、二大政党間の対立が深刻化している今日、多数党中心の議会運営は、アメリカ社会の分断をさらに深めてしまうおそれがあるとも指摘されている。また、政権党と議会多数党が異なる分割政府といわれる状況になると、立法過程が行き詰まりやすいという問題も生じている。

2　大統領

大統領は、アメリカ政治の「顔」ともいうべき存在である。任期が四年で固定されていることから、四年に一度（夏季オリンピックが延期されない限り、その開催年と同じ年）に行われる大統領選挙は、アメリカのみならず世界的な注目を集める政治イベントになっている。しかも、同じ大統領は二回までしか当選することができないから、八年に一度は新人候補同士の争いとなって、いっそう白熱する。就任式はときに一〇〇万人を超える観衆を集めて行われ、そこで大統領が行う演説は、新政権の基本方針や大統領の考え方を世界に提示する機会である。

しかし、そのことは大統領がアメリカ政治における最強のアクターであることを意味しない。大統領制の国際比較という観点からは、アメリカの大統領はむしろ「弱い」大統領なのである。

とりわけ内政面では、権力分立制のもとで連邦議会に多くの権限が与えられていることから、大統領の権限は乏しい。予算案や法律案の提出権は一切与えられておらず、教書を送るなどして連邦議会に立法を促す権限（立法勧告権）と、議会を通過したが不適切だと判断した法案について署名を拒否し成立を阻止する権限（拒否権）のみが与えられている。しかも、大統領は所属政党の指導者としても影響力が乏しく、たとえば議会選挙の候補者決定に自らの意向を反映させることはできない。

ただし、合衆国憲法は執行権が大統領に帰属すると明記し、大統領には執行部門、あるいはより一般的な言い方をすれば行政部門の長（執政長官）としての地位が与えられている。すなわち、大統領は各省の閣僚・官僚や自らに直属する補佐官らのスタッフを活用して、政策の立案と実施に当たる立場にある。このことは、とりわけ二〇世紀以降には大きな意味を持つようになった。今日、多くの重要な政策は大統領のもとで立案が進められているといっても過言ではない。

外交・安全保障面では、国家元首として、また軍の最高司令官として、大統領の権限は相対的に大きい。一九世紀のモンロー・ドクトリンや第二次世界大戦直後のトルーマン・ドクトリンのように、アメリカ外交の基本方針が大統領の声明によって提示されるのは、その表れである。連邦議会や連邦最高裁判所も、その程度は時期によって異なるものの、内政に比べれば大統領の方針や判断を尊重する傾向が見られる。内政面と外交・安全保障面での違いに注目して、アメリカには二種類の大統領職があるといわれることもある。

なお、合衆国憲法第二条四節の規定により、大統領や副大統領は「反逆罪、収賄罪その他の重罪及び非行のため弾劾の訴追を受け、有罪判決を受けたときには解職される」。大統領の弾劾の場合、訴追は下院が過半数の議員の賛成で行うが、裁判は連邦最高裁長官が裁判長を務め、欠席者を除く上院議員の三分の二の賛成で解職となる。過去に弾劾訴追に至った大統領は三人（一八六八年のアンドリュー・ジョンソン、一九九八年のビル・クリントン、および二〇一九年と二一年のドナルド・トランプ）だけで、いずれも上院の投票により解職には至らなかった。弾劾は極めて例外的であり、大統領や副大統領の任期は固定されていると理解すべきであろう。

3　官僚制

大統領は一人しかいないが、その仕事のすべてを単身で担っているわけではない。執政長官としての役割を果たすうえで重要なのが、各省長官などからなる閣僚、その下で働く各省の官僚、そして補佐官など大統領直属のスタッフである。閣僚や高位官僚は大統領が指名する。その任用には上院の同意が必要だが、基本的には大統領の意向を反映した人事が可能であり、政策課題の複雑化によって二〇世紀以降に目立つようになった、大統領主導の政策立案を支える基盤になっている。

それに伴って、行政機構も複雑化した。アメリカは、ヨーロッパや日本など他の先進諸国よりも、官僚制が小規模であることが特徴だと考えられてきた。確かに、合衆国憲法に基づいた連邦政府が発足した一七八九年当時は、国務省など閣僚のいる行政省が五つあるのみであった。しかし、省の数は次第に増えて、今日では一五省体制になっている。それに加えて、ニューディール政策を展開したフランクリン・ローズヴェルト大統領の時代に、大統領直属スタッフからなる大統領府が創設された。現在の職員数は、各省からなる連邦行政部門が約二七六万人、大統領府が約一八〇〇人である（なお、地方公務員の合計数は約一八八三万人）。このように、アメリカの官僚制は巨大である。

しかし、今日なおアメリカの官僚制は他の先進諸国には見られない特徴を持つ。その一つは、資格任用（メリットシステム）が貫徹していないことである。一九世紀末以降、公務員試験合格者を官僚として採用するメリットシステムが各国に広がった。アメリカの場合にも同じ時期にメリットシステムが導入されたが、それ以前からの採用形態を引き継ぐ政治任用（スポイルズシステム）も残存した。行政部門の業務がいっそう高度化し、博士号取得者や専門的な実務経験者を採用する必要が生じた第二次世界大戦以後には、政治任用の比率はむしろ高まる傾向すら生じた。その数は三五〇〇人程度とされ、連邦行政部門全体から見れば少数だが、高位の要職に多い。

もう一つの特徴として挙げられるのが、大統領府の役割の大きさである。人数から言えば各省官僚に比べてはるかに小規模だが、国家安全保障会議（NSC）や合衆国通商代表部（USTR）のような重要な政策を担当する組織を内部に抱えており、組織の改編も容易であって、かつその職員の任用や処遇決定に大統領の意向が反映されやすいため忠誠心が確保できる。それゆえに大統領は、とりわけ自らが推進しようとする新しい政策を打ち出す際には、閣僚や各省官僚よりも大統領府の補佐官やスタッフを重用する傾向がある。

4 裁判所

アメリカの司法部門は、定年の定めのない九人の判事から構成される連邦最高裁を頂点として、一三の連邦控訴裁判所（巡回裁判所ともいう）、九四の連邦地方裁判所から構成されている。このほかに、連邦制国家であるため各州にも州司法部門が存在する。連邦の司法部門は、連邦議会が定めた法律（連邦法）、大統領など連邦行政部門が行う活動（命令の発出などを含む）、複数の州にまたがる事項（二つ以上の州で行う企業活動などから生じる司法問題）について扱う。連邦最高裁はまた、各州の立法や行政活動についても、それが合衆国憲法に適合しているかどうかを判断することがある。

立法や大統領令などが合衆国憲法に適合しているかどうかを、裁判所（最終的には連邦最高裁）が判断することを「司法審査」と呼ぶ。合衆国憲法は司法審査についての規定を持たず、権限の確立は一八〇三年のマーベリ対マディソン判決における憲法解釈を通じてなされた。

それ以降、連邦最高裁による司法審査は、アメリカ政治の重大局面において大きな役割を果たしてきた。奴隷は所有者の財産であり、連邦や州の立法がそれを奪ったり、禁止したりできないとした一八五七年のドレッド・スコット判決は、南北戦争を引き起こす原因の一つにもなった。人種別学を憲法違反とした一九五四年のブラウン判決は、公民権運動の大きな足がかりとなった。一九七三年のロウ対ウェイド判決は州法による人工妊娠中絶禁止を憲法違反としたが、それは保守対リベラルの文化的対立の焦点となり、多くの訴訟が起こされて、二〇二〇年のドブス判決によって覆された。

司法部門（より具体的には連邦最高裁）の判断が政治的な影響や効果を持つことを厭わない姿勢を司法積極主義というが、アメリカの司法部門は概ね積極主義に立っている。より正確に言えば、司法審査権が確立されている以上、他の政府部門の行動を審査することは統治機構の一部をなす裁判所としての任務であり、それを放棄することは許されないという立場をとっているのである。

司法積極主義は、他の部門からの司法部門に対する影響力行使の動きも引き起こす。アメリカにおいては、政党をはじめとする各政治勢力が、考えの近い人物を判事として司法部門に送り込むことは当然だとみなされている。大統領の指名と上院の同意によって判事が任命される連邦最高裁は、その最も顕著な例である。近年では、民主党の大統領はリベラル派の判事を、共和党の大統領は保守派の判事を指名する傾向が強まっている。二〇二三年九月現在、トランプ大統領が一期四年の任期中に三人の判事を指名する機会を得たこともあり、保守派の判事が六人、リベラル派の判事が三人となった。その結果、二〇二二年には人工妊娠中絶を禁止する州法を違憲ではないと判断するなど、リベラル派が多かった一九六〇〜七〇年代の判決で確立された原則を覆す動きも生じている。

5 州政府

権力分立制と並んで、アメリカの統治機構の骨格をなすのが連邦制である。連邦政府が直轄する首都ワシントンDCや海外領土などを除く全米を五〇州に区分し、すべての州は独自の政府を持つ。州政府は、その内部にも権力分立制を取り入れており、州議会・州知事・州裁判所から構成されている。州は州憲法を頂点とする法体系のもとで、その領域内の事項について自律的な決定を行う。ある州は、他州からも連邦政府からも介入されず、他州にも連邦政府にも介入できないのが原則である。

しかし、一つの州内で起こる出来事が、他州と何らの関係もないと考えるのは、今日かなり無理のある想定である。合衆国憲法は、複数の州に関係する経済的な課題を扱うための権限を連邦議会に与える「州際通商条項」を規定している。ニューディール期以降には経済以外の課題についても、この条項によって連邦政府が立法を行うようになった。一九六〇年代以降の人種差別是正や各種のマイノリティの権利擁護は、先に述べた連邦最高裁の諸判決に加えて、かつては州内事項だと考えられてきた事柄への連邦立法による介入を通じてなされている。

逆に、州が連邦政府の政策に対抗しようとする場面も存在する。連邦政府の政策が違憲であるとして州司法長官が訴訟を起こすのは、その例である。共和党のトランプ政権による特定国からの入国禁止を定めた大統領令について、民主党系の州司法長官が訴訟を提起し、一部について勝訴したことは、記憶に新しい。

州はまた、アメリカ政治の「政策の実験場」かつ「政治家の育成場」としての機能も担っている。一九世紀末から二〇世紀初頭の革新主義の時代には、禁酒法や女性参政権の拡大などが州政治を足がかりとして広がった。現代でも、たとえば一九九〇年代の連邦政治で進められた大規模な福祉改革は、州における改革の成果を広範に取り込んだものであった。それは、州知事や州司法長官として実績を上げた政治家が、連邦政界へと進出することにもつながっている。一九六九年以降に就任した大統領一〇人のうち四人（カーター、レーガン、クリントン、W・ブッシュ）が、州知事の経験者である。

注意せねばならないのは、すべての州は異なった個性を持っていることである。別個の植民地だったという歴史的淵源もさることながら、広大なアメリカでは地域ごとの違いも重要である。たとえば、西部では開拓時代から平等志向が強く、そのことが普通選挙制度や女性参政権を早くから認める州が多いことにつながっていた。南部には伝統的な秩序を重んじる保守性があり、労働組合への法的保護も弱いことから、外国企業が進出しやすいとされることなどは、その今日的な表れである。

各州の内部には地方政府が存在する。地方政府とは、概ね日本でいう市町村に相当する自治体だが、アメリカの場合には地方政府が連邦政府（中央政府）ではなく州政府によって設置される。地方政府の設置は州政府の権限だとする考え方を、一九世紀に法理を提唱した判事の名前から「ディロンのルール」といい、今日なおアメリカの地方政府の地位に関する最も重要な原則である。しかし、地方政府は州政府が認める限りにおいて広範な自治を行う権限を確保しており、これを一般に「ホームルール」と呼ぶ。ホームルールは今日多くの州憲法で明示的に認められているが、その中核をなすのが、地方政府の統治構造を定める憲章（チャーター）の制定権限である。

II　権力分立制の動態

1　合衆国憲法の困難

合衆国憲法を制定した時点で想定されていた政策過程のあり方は、二つの特徴を持っていた。一つには、連邦政府と州政府との間に明確な分業関係があって、両者が競合あるいは協働することは想定されていないことである。もう一つには、連邦政府内部にも明確な分業関係があり、そこでは議会が政策決定において中心的な役割を果たすことであった。

しかし、これら二つの特徴は、その後の歴史的展開によって大きく変容していった。まずは連邦政府内部での変化について述べることにしよう。

合衆国憲法による権力分立、とりわけ連邦議会と大統領との間の分業については、議会の役割という点で困難が潜んでいた。すなわち、連邦議会は州を単位とした選挙区で公選される議員によって構成されるため、議員たちは地元（下院議員であれば州内の選挙区、上院議員であれば州全体）の意向を重視した行動をとらざるをえない。これはイギリスや日本で想定されている国民代表としての議会とは大きく異なるが、「代表なくして課税なし」を唱えて独立を勝ち取ったアメリカとしては当然のことであった。しかしこのことにより、政策過程で主導的役割を果たすよう期待されている連邦議会が、地元利益や個別利益の代表者である議員によって構成されるという事態を生み出すことになった。

この困難を解く鍵が、大統領の実質的な役割拡大であった。その起点になったのは、一九世紀に大統領選挙において生じた二つの変化である。すなわち、一つには二大政党間の争いとなったことであり、もう一つには実質的に有権者の直接選挙になったことであった。合衆国憲法制定時は、大統領には見識に富んだ人物が選ばれ、政治的対立から超然とした存在であることが想定されていた。しかし、このような役割は早々に弱まり、むしろ選挙では自らの政治的立場を明確にして戦い、勝利を収めて大統領に就任した後には、全国民の代表としてアメリカの国益を追求することが期待される存在へと変化した。全米に一人しかいない大統領は、真に国民を代表した立場になれるのであり、全国的課題への対応を主導するにふさわしいと考えられるようになったのである。

2　現代大統領制とそのディレンマ

こうした大統領のあり方は二〇世紀初頭までに準備され、ニューディール期の民主党フランクリン・ローズヴェルト大統領の時期に確立した。これを「現代大統領制」と呼ぶ。現代大統領制が確立した背景には、大恐慌や第二次世界大戦という国家的危機に際して、合理的で効率的な連邦政府の運営は、地元利益や個別利益を表出しようとする多数の議員からなる議会ではなく、全国的な支持を基盤とする一人の大統領に委ねた方がよいという判断があった。有権者は民主党に政権と議会多数党の地位を与え続けることで、このような判断を明確に支持し、連邦議会や連邦最高裁もこれを受け入れた。それは合衆国憲法の条文修正を伴わない、実質的な憲法修正だともいえた。

現代大統領制に整合的な形で、連邦政府は先に触れた各省官僚や大統領スタッフといった、政策立案を担う人材を多く抱えるようになった。スポイルズシステムとしての政治任用制は、しばしば博士号や法曹資格を取得しているほどの高度な専門知識、あるいは企業幹部として高いマネジメント能力を持った人材を行政部門に導き入れる手段として機能したのである。次章でも触れているが、研究機関や民間企業と連邦政府を人材が行き来する姿は、「回転ドア」と形容されるようになった。

しかし問題は残っていた。現代大統領制は憲法典の明文改正ではなく、社会経済的課題の解決のために連邦政府の積極的役割を認め、そこでの大統領と官僚やスタッフの役割拡大を受け入れるという暗黙の合意によって成立していた。これを「リベラル・コンセンサス」と呼ぶ。暗黙の合意に基づく実質的変化だったために、合衆国憲法が定める大統領の権限と、現代大統領制のもとで大統領に期待される役割との間には、依然として大きなギャップが存在していた。このギャップは、ベトナム戦争や国内の貧困対策などで高度な合理性や能力を持つと想定されていた行政部門が政策的な過ちを犯し、ニューディール期以来の民主党優位が一九七〇年代以降に崩れて、リベラル・コンセンサスが失われるとともに顕在化した。

当初、連邦議会は大統領に対抗する方策を模索した。予算編成権の実質を回復しようとする一九七四年議会予算・執行留保統制法や、外交・安全保障における大統領側の暴走を抑止することをねらった一九七三年戦争権限法は、その代表例であった。しかし、これらは政策決定における議会の自律性を回復させるまでには至らなかった。現代大統領制を生み出した背景的要因、すなわち連邦政府が取り組むべき政策課題の困難化や複雑化が消え去ったわけではない以上、大統領とその下の行政部門に相応の役割を認めない限り、適切な政策を生み出していくことはできないからである。

かくして、「強い」はずの大統領が実は「弱い」存在であるというディレンマ、あるいは「弱い」大統領に「強い」役割を担わせざるをえないというディレンマは、今日なおアメリカ大統領制の根底にある課題である。

3　現代大統領制の終焉?

このような状況に直面して、大統領にはどのような対応が可能なのだろうか。現代大統領制のディレンマが顕在化する以前から、連邦議会での多数派形成や政権内での合意形成は、大統領にとって困難な課題だと考えられてきた。そこで重視されたのは大統領による説得であり、議員や閣僚に働きかけて自らの政策を実現していくことが、大統領のリーダーシップの本質だとされたのである。

しかし、説得によって大統領の意向に従うアクターを増やすためには、そもそも大統領とそれ以外のアクターに政策の基本的な方向性についての一致がないと難しい。言い換えれば、大統領の影響力行使の古典的手法とされる説得は、リベラル・コンセンサスが継続していた時代にこそ、その全盛期があったというべきなのだろう。

説得以外に大統領が使える手法の筆頭に挙げられるのが、マスメディアの活用である。大統領はアメリカに一人しか存在しないことから、その仕事に対する期待や評価が、大統領個人の人格に対する期待や評価と重なりやすい。これは、ときに政治の「人格化」と呼ばれるが、人格化はラジオやテレビが登場し普及する時代には、大統領に有利に作用した。フランクリン・ローズヴェルトの炉辺談話をはじめ、これらのマスメディアを使って世論に直接訴えかける手法は、連邦議会など他のアクターにはできないことであった。また、政権発足直後の一〇〇日間（約三か月）は、マスメディアによる政権批判はやや手控えられる傾向にあるとされ、その期間を使って重要政策を実現させる手法も、かつては多用された。

今日、アメリカのメディア環境は著しく多元化しており、人々はＳＮＳ（ソーシャルネットワーキングサービス）を含むインターネット、あるいは衛星放送やケーブルテレビのニュース専門局から政治情報を得る傾向を強めている。こうした新しい状況において、マスメディアを使った世論への訴求は次第に主役の地位を失いつつある。トランプに代表されるように、これら新しいメディアは権力監視機能が相対的に弱いことを利用して、自らの主張をＳＮＳや中小ニュース専門局を通じて一方的に打ち出すといった方策もとられるようになっている。

さらに、最近の大統領が示す無視できない動きとして、多数派形成や合意形成そのものに対して消極的であることも指摘できる。

これは、一つには政権党の議員や支持者のみを意識した行動という形をとる。対立的で困難な政策課題に直面した場合に、非政権党の議員やその支持者を説得したり、中道的な立場から広範な世論の支持を調達したりするのではなく、徹底した対決姿勢を示すのである。今日の政党間関係は著しく分極化し、非政権党から大統領への支持を確保することが難しいため、その状況への合理的な対応ともいえる。しかしこれは、初代大統領のジョージ・ワシントン以来築き上げてきた、政治的対立の調停者としての役割の放棄だともいえる。

もう一つには、連邦議会における多数派形成が必要ない手段への依存である。大統領令（行政命令、大統領覚書）に基づいて重要な政策を展開することや、法案への署名時に声明を発出することで連邦議会の決定した政策内容を部分的に否定することなどが、その具体的な方法として挙げられる。大統領令にせよ署名時声明にせよ、それ自体は憲法上も認められているが、連邦議会による政策決定権限を侵すような形で運用することは許されていない。実際にも、バラク・オバマ大統領による移民制度改革やトランプによる一部のイスラム諸国からの入国禁止などは、いずれも大統領令によって政策転換を試みた例だが、裁判所によって効力を否定されている。また、近年では政権交代直後に前政権の大統領令を覆す新しい大統領令を多く発出する傾向も見られており、政策を展開する手段としては安定性を欠く。

III　連邦制の動態

1　レイヤーケーキからマーブルケーキへ

合衆国憲法のもとで連邦制が採用されたことは、何を意味するのだろうか。それ以前の連合規約の時代には、各邦（旧植民地）の市民が邦政府を創設し、その邦政府が中央政府を創設するという論理が採用されていた。アメリカは「複数の邦（ステイト）からなる連合」であった。これに対して合衆国憲法は、アメリカ市民が直接に連邦政府と州政府を創設するという論理を採用した。連邦政府の根拠と役割は、アメリカ市民が合衆国憲法という契約書に基づき負託（委任）を行って創設し、維持しているところに求められることになった。州政府については、州憲法を契約書として同様の関係が形成された。連邦制の採用は、アメリカという国家の正統性原理の転換を意味していた。

連邦制国家としてのアメリカの基本原則は、市民から連邦政府に委ねられたことが連邦政府の所轄事項であり、州政府に委ねられたことが州政府の所轄事項だ、というものである。たとえば、連邦直轄地域や複数の州にまたがる高速道路などを除き、交通ルールを定め、それを施行する権限は連邦政府には与えられていない。そのため、免許証の発行や交通違反の取り締まりなどは、原則的に州政府（あるいは州政府が設置を認めた都市政府）の仕事となる。このように、連邦政府と州政府の所轄事項が画然と区別されており、両者が異なった仕事を担うという連邦制のあり方を「レイヤーケーキモデル」と呼ぶ。レイヤーとは層のことで、スポンジとクリームが重なって層を作っているケーキを思い浮かべるとよいだろう。

レイヤーケーキモデルの連邦制は、合衆国憲法が本来想定していた姿で、概ね一九世紀までの実態と合致していた。当時、人々の社会経済生活の範囲は居住している州の内部に留まり、企業活動などについても同様で、州に高い自律性が与えられるのは自然なことであった。南北戦争前に奴隷制を認める州（奴隷州）と認めない州（自由州）が併存していたのも、このような連邦制の帰結だと考えられる。もちろん、州が自律性を持つといっても、複数の州に関わる事項は存在した。たとえば、先ほどの交通ルールの例で言えば、ある州が右側通行、隣接する他の州が左側通行を定めると混乱してしまう。合衆国憲法はそのような事態を避けるために州際通商条項を定めていたが、一九世紀まではそれに基づく立法は少なく、裁判所がそれを認めることはさらに少なかった。

状況が変わり始めるのは、連邦政府の権力分立（大統領制のあり方）の場合と同じく、一九世紀末から二〇世紀初頭のことである。南北戦争後には、大陸横断鉄道のように複数の州にまたがる交通手段が発達し、折からの移民の大量流入や産業革命と相まって、アメリカの個人や企業は急速にその活動範囲を広げていった。社会生活や経済活動の「全米化」である。それに伴って社会経済的課題も全米化した。たとえば、大陸横断鉄道の運賃を規制しようとする場合に、州政府がそれを担うことはできず、連邦政府の所轄とせざるをえなくなったのである。このような変化は州政府の自律性を低下させ、従来は州政府の所轄事項だと考えられてきた事項に連邦政府が関与する傾向が強まった。主として連邦政府の役割拡大によって生じた、連邦と州の分業が不明確な新しい連邦制のあり方を「マーブルケーキモデル」と呼ぶ。

2　州の自律性の追求と政治的相互作用

マーブルケーキモデルの連邦制は、当初は経済活動への規制立法などから始まったが、ニューディール期から第二次世界大戦にかけての連邦政府の活動量の爆発的な増大と、社会経済活動のさらなる全米化傾向の強まりを経て、戦後には連邦政府から州政府や地方政府への財政支援にも及ぶようになった。とりわけ、大都市中心部における貧困対策や居住環境改善など、連邦政府が重視する政策を実施するために、都市政府に対して連邦政府から直接的な財政支援（補助金交付）が行われるようになったことは、大きな変化であった。

また、伝統的に州政府の所轄事項だと考えられてきた領域において、州際通商条項などに依拠して連邦政府が積極的な立法を行う動きも、いっそう強まった。一九六〇年代に公民権運動が高まりを見せ、南北戦争後にも南部に残存していた人種差別的諸制度（ジム・クロウ）を撤廃するために行われた諸立法は、その代表である。裁判所は、ニューディール期後半から一九六〇年代まで、ほぼ一貫して州際通商条項に基づく立法を容認する一方、州法が合衆国憲法に適合しているかどうかについても積極的な審査を行った。先にふれた人工妊娠中絶をめぐる判断も、州法への司法審査であった。

このように、連邦制の次元において連邦政府の役割が大きくなったことが、二〇世紀、とくにニューディール期から一九六〇年代までの最大の変化であった。マーブルケーキモデルの連邦制とは、権力分立制の次元における現代大統領制の成立と並行して生じた変化であり、両者はいずれもリベラル・コンセンサスによって支えられていたのである。それゆえに、リベラル・コンセンサスが失われた一九七〇年代以降には、連邦制もさらなる変化に直面することになった。

変化の方向性の第一は、マーブルケーキモデル以前の連邦制、すなわちレイヤーケーキモデルへの回帰の動きである。これは、法的側面と財政的側面の双方に見られる。法的には、州際通商条項のほぼ無制約の運用を改め、連邦政府が介入できない純粋な州内事項（州の自律性が尊重され、州法のみによって立法がなされるべき事項）の存在を主張する立場となる。合衆国憲法の制定当時の考え方に立ち返ることを重視する見解という意味で「原意主義」と呼ばれることもある。財政的には、連邦政府から州政府や地方政府への財政支援の縮小を目指す立場である。一九八〇年代に、日本の地方交付税交付金に近い一般歳入分与制度が廃止されてからは、このような立場は多数派に近いとさえいえる。

第二の方向性は、州の自律性あるいは個性を受け入れ、それを活用して「政策の実験場」としての州の存在意義を強調しようとする動きである。マーブルケーキモデルにおいては、連邦政府が州政府よりも政策立案能力に優れ、課題への合理的な取り組みができることが前提とされていた。しかし、この前提を取り払い、州政府の創意工夫を連邦政府が支援するという政策展開が、一九八〇年代以降には模索されるようになったのである。連邦政府（大統領）による特区許可権が積極的に行使されるようになり、社会福祉政策などについて新しい試みを進める手段として州が特区として扱われるようになったのは、その例である。

第三の動きとして、州政府が連邦政府に対して政治的な挑戦を試みる傾向を指摘できる。南北戦争は州による連邦への政治的挑戦の極限的な事例だったが、その後は連邦政府の優位が目立っていた。しかし近年、政党間関係の分極化に伴って、連邦政府（とくに政権）と異なった政治的立場を公然と唱え、連邦政府の政策を無効化する立法や、訴訟の提起を行う州政府が目立っている。このような動きは、トランプ政権の発足以降、今日に至るまで顕著である。典型例は、気候変動に関するパリ協定からの離脱に対抗する州法の制定や、入国管理に関する大統領令への訴訟が挙げられる。その中心に州知事がいることはもちろんだが、州知事とは別個に公選され、ときには異なった政党に属する州司法長官の役割も大きい。

（待鳥聡史）

第3章　選挙と政策決定過程

はじめに

本章ではアメリカの選挙と政策決定過程について、その制度と実態について日本との相違点に留意しながら解説していきたい。政策決定過程とは、社会における課題や要求が政策として実現されるまでの過程を指している。議会制民主主義においては、複数の政党から立候補した候補が公平で開かれた選挙で代表として選ばれて公的な決定を行う議員や政治リーダーとなり、官僚機構がその決定を実施する役割を担っている。社会に存在する様々な意見や課題を集約し、それを政策という形でまとめ上げるうえで中心的な役割を果たすのが政党であり、政党や政治家に対して政治献金や選挙における集票と引き換えに影響力を行使するのが利益団体である。そこで本章では、選挙から立法過程へと時間の流れに従いながら、アメリカの政策決定過程における「ゲームのルール」ともいうべき選挙制度と選挙の実態と、政治過程の中心的アクターとなる政党と利益団体の役割について検討していきたい。

一 選　挙

1 投票権と有権者登録

アメリカでは、合衆国憲法で一八歳以上のすべての国民に連邦、州、地方レベルの選挙で投票する権利が保障されている。被選挙権はポストによって異なるが、大統領のみ米国での出生が条件となっている。

一八歳以上ならば住民登録をしている自治体から投票所入場券が自動的に郵送されてくる日本と違って、アメリカでは投票するためには居住する州の選挙登録事務所で有権者登録をしなければならない（「自発的有権者登録制度」）。連邦選挙の場合も投票方法や集計方法などが州によって異なり、分権的である。州ごとに異なる煩雑な手続きを定めていたことにより、手続きに不慣れな新規有権者やマイノリティなどが投票参加から排除されることも少なくなかった。そこで一九九三年に成立した「全米有権者登録法（通称モーターヴォーター法）」は、全米で共通の有権者登録フォームにチェックするだけで有権者登録できるようにし、各州の陸運局（ＤＭＶ）で運転免許の更新時に有権者登録もできるようにするなど手続きを簡略化した。さらに二〇一六年からはオレゴン州を皮切りに運転免許の申請および更新時に自動的に有権者名簿に登録される自動有権者登録制度（ＡＶＲ）がスタートし、二〇二三年時点で二一州で採用されている。

合衆国憲法は当初は投票資格について明記していなかったが、一八七〇年の合衆国憲法第一五修正条項ですべての人種に参政権が認められ、一九二〇年の第一九修正条項で女性参政権が認められた。しかし南部諸州の白人は第一五修正条項制定後も、暴力や開票過程における大規模な不正など非合法の手段で黒人の投票参加を妨害していた。一八九〇年にミシシッピ州は投票資格として識字能力試験と人頭税納税を投票するための要件とする憲法を採択し、以後、同様の手段で黒人の投票参加を事実上制限する法律が南部諸州で広がり、一九〇六年までに南部全州で黒人の投票権が法律によって事実上剥奪された。そのためすべての合衆国市民が実質的に投票権を保障されたのは、一九六四年の合衆国憲法第二四修正条項（投票権に関わる人頭税の禁止）と州が投票権を制限する措置を講じることを禁止した一九六五年投票権法の成立によってであった。

2　選挙制度と選挙過程

アメリカでは選挙制度は、全米で唯一、市議会および教育委員会選挙で比例代表制を採用しているマサチューセッツ州ケンブリッジ市を除き、連邦、州、地方すべてのレベルの選挙で、一人一区の小選挙区制を採用しており、二大政党制に有利な選挙制度となっている。日本では衆議院小選挙区選挙、参議院選挙区選挙の管理・運営は都道府県の選挙管理委員会が担当しているが、アメリカの場合は連邦選挙委員会（FEC）の役割は選挙資金規制にほぼ限定されており、大統領選挙など連邦レベルの公職の選挙については各州の州務長官が最終責任者として州選挙委員会やその下の郡選挙監督委員会が州知事や州議会選挙などとともに管理・運営を担っており、市町村などの地方政府の選挙はそれぞれの地方政府の選挙管理委員会が担当している。

アメリカの選挙過程の特徴の一つは、有権者が候補者を選ぶ予備選挙と候補者に投票する一般選挙の二段階から成っていることである。日本でも自民党の県連や日本維新の会が党員を対象に「予備選挙」と称する選挙を行った例はあるが、アメリカの予備選挙は一般選挙同様に州政府によって運営される公営選挙であり、連邦、州、地方政府のほぼすべての公選公職者が対象となっている。一九世紀には各地域の政治ボスが候補者決定に強い影響力を及ぼしていたが、一九世紀末から二〇世紀初頭にかけて革新主義運動が展開する中で、政治におけるボス支配の打破が求められるようになった。一九〇四年にウィスコンシン州で初めて予備選挙法が承認され、その後各州に普及し、一九五〇年代半ばまでにアメリカ全州で予備選挙法が制定されるようになった。大統領選挙では一九七〇年代以降、予備選挙で全国党大会に参加する代議員を選出する州が増加した。

予備選挙には、有権者登録の際に予備選挙への参加を登録した政党の選挙のみに参加できる閉鎖型(二〇州)と、事前に登録していなくても参加可能な開放型(三〇州)がある。

予備選挙での立候補資格は多くの州で一定数の署名を集めることか、手数料を支払うことを要件としている。現職が再指名を求めて予備選挙に立候補した場合の再指名率は極めて高く、たとえば一九四六年から二〇一八年までの連邦議会下院議員候補者予備選挙の場合、再指名率は九八%であった。そのため予備選挙の投票率は低く、超党派政策センターの調べによれば二〇二二年の中間選挙における予備選挙での投票率は全米で二一・一%と低調である。

一般有権者の関心が薄い分、予備選挙では共和党でも民主党でもイデオロギー的に極端な、党活動に熱心な有権者が投票する傾向が強い。その結果、たとえば二〇一八年の連邦下院ニューヨーク第一四選挙区の民主党候補の予備選挙で現職の連邦下院議員で党内ナンバー4だったジョセフ・クローリーが、「民主社会主義」を標榜する新人のアレクサンドリア・オカシオ・コルテスに敗れるという番狂わせが起こった。また二〇二二年中間選挙に向けた予備選挙では、トランプ前大統領が支持した共和党候補のうち、現職議員が九九％、現職に挑戦した議員は四〇％、新人同士の争いでは九一％と高い確率で勝利した。

3　大統領選挙

アメリカでは大統領選挙は四年に一度であるが、連邦議会上院議員は任期が六年で、全体の三分の一の議員を二年に一度改選している。下院議員は任期二年で全議員が改選される。大統領選挙と連邦上下両院議員選挙は大統領選挙と同日の火曜日（一一月二〜八日のいずれか）に同時に実施されるが、大統領選挙が実施されない偶数年の選挙を「中間選挙」と呼んでいる。この中間選挙は大統領任期のちょうど中間地点で行われる選挙であるので、現政権に対する中間評価的な意味合いを帯びる。経済情勢に対する不満が政権批判につながりやすいので、大統領の政党が議席を減少させ、大統領任期後半は大統領の政党と議会の多数党が異なる、いわゆる「分割政府」の状態になることが多い。二一世紀に行われた中間選挙で上下両院ともに大統領の政党が多数党となったのは九・一一テロ事件から一年後のブッシュ政権下に行われた二〇〇二年選挙一回だけである。

アメリカの大統領選挙は公職選挙法で選挙運動期間が規定されている日本と違い、運動期間についての規制がなく、多くの場合、予備選挙の約一年前に出馬表明を行い、予備選挙に勝利した場合はほぼ二年弱の長期間にわたる選挙運動を展開することになる。

大統領選挙の第一段階は、夏の全国党大会に参加する代議員を選ぶ選挙である。四年に一度、七〜九月に開かれる全国党大会で過半数の支持を得たものが党の大統領候補として指名される。党大会に出席する代議員は予備選挙か、党員集会（コーカス）で選出される。党員集会は有権者が会場に集まり、討論や挙手、投票などの過程を経て、候補者を選出する。民主党は一九七二年から、共和党は一九七六年から、一月から二月に行われるアイオワ州の党員集会が大統領選挙の初戦となり、全米の注目を集めてきた。二月または三月上旬の予備選挙が集中している火曜日は「スーパー・チューズデー」と呼ばれている。この日の予備選挙での勝者が最終的に候補者指名を獲得する可能性が高く、予備選挙の帰趨が決する場合が多い。しかし二〇〇八年の民主党予備選挙は二月五日に二三州で行われたものの、同日獲得した代議員数はオバマ候補とヒラリー・クリントン候補でほぼ同数だったため決着がつかなかった。ヒラリーは、連邦議会議員や州知事など党有力者で構成されるスーパー代議員（予備選挙の結果に縛られず、党大会で好きな候補に投票できる。民主党の総代議員の約一五％を占めていた）の支持も期待して、六月三日の予備選挙の最終日まで敗北を認めず選挙戦を戦い続けた。すべての予備選挙が終わると七〜九月に実施される全国党大会で一一月の本選挙で戦う候補が正式に指名され、政党の政策綱領もこの全国党大会で四年に一度採択される。九月末から一〇月には、大統領候補のテレビ討論会が計三回、副大統領討論会が一回行われる。一九六〇年に初めて行われたテレビ討論会でテレビ映りを重視したJ・F・ケネディ候補がニクソン副大統領を破って当選したことでテレビ討論の効果がしばしば強調されてきたが、テレビ討論会でのパフォーマンスが実際の投票行動に与える影響は極めて限定的だという研究もある。選挙一か月前に選挙戦を左右するような出来事が起こることは「オクトーバー・サプライズ」と呼ばれている。たとえば二〇一六年選挙では選挙日一〇日前にFBIのジェームズ・コミー長官が民主党候補ヒラリー・クリントンの私用メール問題に関する再調査を発表したことがクリントンへの支持率低下を招いた。クリントン自身も選挙後、この再調査の発表が敗因の一つとなったと語っている。

一一月の本選挙では、形式上、有権者は一二月中旬に各州都とワシントンDCで行われる選挙人団による大統領選挙に参加する選挙人を選ぶ選挙に投票する。各州に割り当てられた人数（各州選出の連邦上下両院議員合計と同数、ワシントンDCは三、選挙人総数は五三八）の選挙人が各州で当選した大統領候補に選挙人団として投票することになっている。たとえばカリフォルニア州の場合は二〇二四年選挙では五四人の選挙人が割り当てられているが、カリフォルニア州の有権者による一般投票で一位になった候補に選挙人五四人全員が投票することになる。これを「勝者独占方式」と呼んでいる（ただしネブラスカとメインの二州では、一般投票での得票数に比例する形で選挙人票を分割している）。このため人口が多く、選挙人が多い州で勝利することが肝要である。また勝者独占方式を採用していることにより、一般投票の得票数の勝者と獲得選挙人数の勝者が一致しないこともありうる。たとえば二〇〇〇年大統領選挙ではジョージ・W・ブッシュが二七一人の選挙人を獲得して当選したが、一般投票数ではゴアが五〇万票以上、上回っていた。二〇二〇年大統領選挙でもトランプが三〇四人の選挙人票を獲得して勝利したが、一般投票数ではヒラリー・クリントンが二八六万票上回っていた。このように一般投票と選挙人票で逆転現象が生じる可能性があるため、選挙人団による選挙や勝者独占方式を見直すべきだという批判が、特に一般投票で有利な立場にある民主党支持者から出されている。

しかし仮に一般投票による最多得票者を勝者とすると、人口の少ない州は事実上発言力をもたなくなり、選挙運動もカリフォルニア、テキサス、フロリダ、ニューヨークなど一部の大規模州のみで集中的に行われることになりかねない。その意味で選挙人団選挙は時代遅れのように見えながらも州の意思を反映させるという意味で連邦制的な制度として存続しているといえる。選挙人団選挙の廃止には憲法修正が必要だが、そのためには四分の三の州による批准が必要であり、実現可能性はほとんどないといってよいだろう。

日本では大部分の選挙が選挙日に即日開票され、当日中に選挙結果が判明する。それに対してアメリカの大統領選挙においてはまず投票所の開設時間も州や地方によって異なるうえに、アメリカ本土だけでも東部諸州とアラスカで四時間もの時差が存在しており、東部で投票終了しても西部では投票中である。にもかかわらず、得票数が僅差であったために再集計の可否が連邦最高裁で一二月一二日まで争われた二〇〇〇年の選挙を除くと、選挙日当日には大勢が判明し、敗れた候補が遅くとも翌日には敗北演説を行っている。しかし二〇二〇年選挙ではドナルド・トランプは最後まで敗北演説を行わず、バイデンが勝利演説をしたのも選挙日から四日後の一一月七日夜だった。二〇二〇年選挙は接戦だったが、アメリカ大統領選挙では州によって大接戦となることは珍しくなく、ピュー・リサーチ・センターによれば、一八二四〜二〇二〇年までの五〇回の大統領選挙で一般投票での得票率の差が二％未満で勝者が決まった州は一八七州あり、平均すると一選挙当たり三・七四州で大接戦になっている。その一方で共和党支持者が多い、いわゆる「赤い州」と、民主党支持者が多い「青い州」における選挙結果は比較的に固定的で、一九八八〜二〇二〇年の選挙では二〇州とワシントンDCにおいて一貫して同一政党の候補が勝利してきた。ビル・クリントンが勝利した一九九二年選挙が、前回選挙から勝利政党が交代した州が最も多かった選挙であり、二二州で勝者が変化した。近年の選挙ではオバマが勝利した二〇〇八年選挙の九州が最多で、二〇一二年選挙は二州、二〇一六年選挙は六州、二〇二〇年選挙は五州にとどまり、選挙ごとに勝利政党が変化する「スイング・ステート」は減少傾向にあるとみることもできる。

一二月にワシントンDCと各州都で選挙人団による投票が行われ、全米で五三八人いる選挙人の過半数二七〇人以上を獲得した候補が当選となるが、最終的に結果を確定するのは選挙翌年一月六日に開催される上下両院合同会議である。二〇二〇年選挙の場合は選挙での敗北を認めないトランプ支持者が合同会議中に連邦議会を襲撃し、一〇〇〇人以上が逮捕・起訴されるという異常事態となった。

4　連邦議会選挙

連邦議会議員選挙でしばしば指摘される特徴は、まず議員の再選率が高いことで、連邦下院の場合は、二〇二〇年選挙では再選率は九四・七%、二〇二二年選挙では九四・五%であった。上院は二年に一回、三分の一ずつの改選だが、二〇一八年が八四・四%、二〇二〇年が八三・九%、二〇二二年は一〇〇%となっている。現職議員は知名度の点でも、メディアへの露出という点でも、交通費や郵送費など有権者へのアウトリーチの手段を公費で確保できる点でも、また政治献金を集めやすい点でも新人候補に比べて圧倒的に有利である。

上院議員は州議会によって選出されていたが、一九一三年の合衆国憲法第一七修正条項により、州民による直接選挙となった。上院は州の人口規模にかかわらず各州二議席与えられている。近年、大統領選挙で勝った政党が二年後の中間選挙で上院の議席も獲得する傾向が顕著になっている。たとえば一九八〇年は各州における直近の大統領選挙での勝者の政党と上院議員選での勝者の政党との一致度は五九％だったが、二〇二二年の中間選挙では九七％となっている。

下院は人口に応じて四三五議席が配分されているが、一〇年に一度の国勢調査の結果、選挙区割りが見直されている。見直しにあたって自党が有利になるよう線引きすることをゲリマンダリングと呼ぶ。区割りの変更は議席の党派バランスに直結するので民主、共和両党の間で激しい党派対立の対象となっている。州議会による区割りの変更はしばしば連邦訴訟の対象となっており、たとえば二〇二三年六月三日に連邦最高裁は、アラバマ州の選挙区割りについて、七選挙区のうち一選挙区に黒人有権者を集中させ、黒人の投票権を制限しているとして「投票権法」違反であると判示した。また六月二七日には、連邦最高裁はノースカロライナ州の選挙区割りをめぐって、選挙の規則を決める権限は州議会のみにあり、州裁判所も介入できないとする「独立州議会理論」を否定する判断を下している。このように、黒人やヒスパニックの人口比率が高いマイノリティ多数選挙区やゲリマンダリングをめぐる党派対立とそれに対する司法判断も、連邦下院議員選挙の結果を左右する重要な要因の一つとなっている。

5　投票率と投票手段の拡大、投票制限強化の動き

アメリカの大統領選挙の投票率は長期低落傾向にあったが、二〇二〇年の大統領選挙は六六・六％

と一九六五年（公民権法施行の年）以降の最高投票率を更新した。これは新型コロナウイルス流行の影響で投票所での通常の投票が困難だったため、郵便投票や期日前投票の規制を緩和する州が増加したことによるもので、ピュー・リサーチ・センターの調査によれば、二〇二〇年選挙では四五％、二〇二二年中間選挙では三六％が郵便投票を利用した。さらに、期日前投票はそれぞれ二七％、二一％であり、コロナ禍の終息に伴い、利用率がやや減少したものの、投票者の過半数以上が選挙当日の投票所以外での投票を行うようになった。

郵便投票および期日前投票の利用率は共和党支持者では、二〇二〇年選挙で六二％、二二年選挙で四九％であったのに対して、民主党支持者ではそれぞれ八二％、六五％とより高い。こうした規則変更が民主党の候補者やバイデン大統領の当選に有利に働いたとして、二〇二〇年一一月の選挙直後から二〇二一年九月までの間に少なくとも一九の共和党多数の州議会で郵便投票を制限する法案が可決された。同様の動きとして、共和党の知事や共和党多数の州議会をもつ州を中心に、投票所での本人確認要件を厳格化する有権者証明法を制定する動きが広がっており、二〇二三年八月時点で三四州が投票時に身分証明書の提示を義務づけている。

黒人など人種的マイノリティの投票参加の制限につながる可能性が高い、こうした州法制定の動きに対抗して、全有権者が郵便投票用紙を請求できるよう定める「投票の自由法案」や、各州が投票方法に関する変更を行う場合に連邦司法省からの事前承認を要件とする「ジョン・ルイス投票権促進法案」が二〇二一年八月に連邦下院で可決されたが、上院では共和党と民主党が拮抗しており、フィリバスターと呼ばれる審議引き延ばしを阻止するクローチャー（討論終結）決議に必要な六〇票の賛成を得られず成立しなかった。

6　利益団体と選挙

長期間に及ぶ選挙運動は多額の資金を必要とするが、アメリカの大統領選挙がその典型である。大統領選挙候補者は、本選挙の際には、政府の補助金の支出上限を超えて支出しないことと民間の献金を受け取らないことを条件として政府から選挙運動費用が支給されているが、この制度は近年ほとんど利用されていない。連邦議会議員の場合は公的助成は存在せず、候補者の選挙運動資金は政党からの補助と個人献金、および利益団体と企業などが作る政治活動委員会（PAC）を通じた献金によって支えられている。PACは一九七一年連邦選挙運動法（FECA）で法的地位が確立したことにより、選挙資金調達において多大な役割を果たすようになった。

FECAは改正を重ねて、選挙資金の流れの透明化と管理を図ってきたが、連邦選挙委員会の規制を受け、寄付上限額が定められているハードマネーと呼ばれる政治献金に対して、投票促進や政党組織の強化など、特定の候補者の選挙運動と直接関係のない、ソフトマネーと呼ばれる政治献金が一九八〇年代以降拡大した。二〇〇二年超党派選挙運動資金改革法（BCRA）は、政党の全国組織によるソフトマネー調達を禁止し、ソフトマネーを利用して本選挙の六〇日以内および予備選挙の三〇日以内にテレビコマーシャルを放映することを禁止した。しかし、こうした同法の一部規定は、二〇一〇年に連邦最高裁のシティズンズ・ユナイテッド対FEC事件判決で合衆国憲法第一修正条項の「表現の自由」を侵害しており違憲であると判示された。この結果、企業や労働組合、NPOなどから無制限に資金を集め、候補者に直接献金するのではなく、政治広告などに無制限に支出できる「スーパーPAC」と呼ばれる組織が形成されるようになり、対立候補の政策や政治姿勢を中傷するテレビCMなどによるネガティブキャンペーンにますます大量の資金が投入されるようになった。

II 立法過程

1 連邦議会の構成

連邦議会下院議員は偶数年の一一月の選挙で当選すると翌年一月三日から二年間の議会期を議員として務めることになる。上院議員の場合は六年間、三議会期を務める。連邦議会の二年間の会期は前半（奇数年）が第一議会期、後半（偶数年）が第二議会期と呼ばれている。

下院議長は多数党の指導者で院内総務を務めたものが選ばれるのが通例である。しかし二〇二三年からの第一一八議会では共和党議員二二〇人のうち保守強硬派「フリーダム・コーカス」の二〇人が同党院内総務だったケヴィン・マッカーシー議員を支持しなかったため、一月六日まで一四回投票を行っても議長が決まらず、マッカーシーが議事運営について保守派の要求を受け入れることで、一月七日に一五回目の投票でようやく議長に選出されるという異例の事態となった。さらにマッカーシー議長に対して同じ共和党内保守強硬派が同議長の予算案への対応に反発して解任動議を提出し、民主党の二〇八議員に加えて、共和党の八議員も解任を支持したため、二〇二三年一〇月三日に下院議長として史上初めて解任された。後任の下院議長の決定も混迷を極め、共和党は所属議員の投票で計四人の議長候補を選び、一〇月二四日に四人目の候補となったマイク・ジョンソン下院議員が二二〇票を得て、下院議長に選出された。

下院議長は、①議員の委員会への配置、②採決する法案の委員会への送付、③議事日程の決定、④優先処理する法案の決定、⑤議題の設定など大きな権限をもっている。日本の国会の議長は党籍を離れ、中立な議事運営を行うことが期待されているが、アメリカの連邦下院においては多数党の指導者として党派的な役割を果たし、特に大統領と党派が異なる場合は大統領としばしば対立する。クリントン大統領の弾劾訴追を主導した共和党のニュート・ギングリッチ下院議長やトランプ大統領の弾劾訴追を先導した民主党のナンシー・ペロシ議長はその顕著な例である。

上院の議長は憲法の規定では副大統領が務めることになっているが、儀礼上必要な場合や可否同数で決裁権の行使が必要な場合を除き、多数党の当選回数最多議員が仮議長として選出され、議長役を務めている。

2　連邦上下両院議員の違い

連邦議会は、各州で二名ずつ選出される上院議員一〇〇名（任期六年）と、人口に応じて各州に配分された小選挙区で選出される下院議員四三五名から構成されている。上院議員は州の代表としての性格ももち、上院は大統領が指名する閣僚、大使、最高裁判事などに対する承認権をもっている。また条約の批准も行う。連邦上院議員は米国の公選公職者として、大統領や州知事についで政治的威信のあるポストであり、大統領候補の多くは州知事か連邦上院議員経験者である。

選挙区の代表としての性格をもち、より有権者に近い立場であると考えられる下院議員は、歳入法案先議権と、慣例として歳出法案先議権をもっている。

3　議員立法と議員の法案立案能力

日本の国会では、成立法案の約七〇％が政府提出法案（閣法）で、官僚により作成された法案が与党審査を経て、国会に提出され、議会で多数議席を占めている与党中心の賛成で可決されるというのが通常のプロセスである。連邦議会の場合は行政府に法案提出権はなく、すべて議員立法であり、日本の国会議員以上に各議員とそのスタッフの法案作成能力が問われる。実際、日本の国会議員で弁護士資格をもつ人は限られており、二〇二二年一〇月一日の時点で弁護士登録している国会議員は三五人（全議員の四・九％）にすぎない。連邦議会の場合はアメリカ法曹協会（ＡＢＡ）によれば、第一一八議会（二〇二三年一月～二五年一月）で一七七人の議員（全議員の三三％）が法務博士号を取得しており、ロースクールを修了し、法律家としてキャリアをスタートしているものが多いのも特徴的である。

4　立法過程の概要

立法過程の概略は以下のとおりである。第一一七議会（二〇二一年一月～二三年一月）では三六五本の法律が成立した。日本の国会と違い、アメリカの連邦議会は議員個人で法案を提出できるため、提出法案数は非常に多数である。第一一七議会で提出された法案数は下院（House Bills）で九七〇九本、上院（Senate Bills）で五三五七本である。大部分の法案が委員会で審議されず廃案になっている。提出された法案はまず関係する委員会に付託される。多くの法案はこの段階で廃案になるが、審議対象となった法案は小委員会に送付される。小委員会で公聴会と逐条審査が行われ、承認された法案は委員会で公聴会と逐条審査が行われる。委員会で修正案の検討もなされ、委員会で可決された法案は修正案とともに本会議に報告される。本会議で審議、修正されて採決される。一院を通過した法案は別院に送付され、同様のプロセスで審議される。上下両院の議決が異なる場合や片方の院で大きな修正がなされた場合は上院議長と下院議長によって両院協議会が任命されることになっているが、近年はほとんど開催されていない。両院協議会で合意が得られた場合は各院で再度採決し、可決された場合、大統領の署名を得れば法律となる。

5　大統領と立法過程

議院内閣制の日本とは違い、大統領や閣僚は議員と兼務することはできず、大統領は法案提出権ももっていない。大統領が議会との関係でできることは両院を通過した法案に対して拒否権を発動するほかには、毎年一月下旬から二月上旬に連邦議会で行われる一般教書演説で施政方針を述べること、大統領府に置かれている合衆国行政管理局（ＯＭＢ）が作成した予算教書を連邦議会に送付すること、政権の方針に沿った法案の提出を同じ党の議員に促し、法案通過を議員に説得すること、などに限られている。

大統領が拒否権を行使した場合も両院で出席議員の三分の二の多数で再可決した場合、法案は法律として成立する。法案を送付されてから一〇日以内に大統領が返送しない場合は署名したのと同等の扱いで法律として成立するが、議会の会期が残り一〇日未満の場合、大統領が放置することで法案を廃案にすることが可能で、これは「ポケット拒否権」と呼ばれている。初代大統領ジョージ・ワシントンから現在のジョー・バイデンまで（二〇二三年九月時点）、通常の拒否権とポケット拒否権を合わせて二五九〇回拒否権が行使されており、そのうち再可決された法案は一一二本である。ベトナム戦争の泥沼化の反省から一九七三年に上下両院合同決議として成立した「一九七三年戦争権限法」も再可決により成立したものの一つである。

実質的に政権が起草した法案も形式的には議員立法として提出されており、たとえばオバマ政権の医療保険改革法である「患者保護及び医療費負担適正化法」は最初に民主党のチャールズ・ランゲル下院・歳入委員長（二〇〇七〜一〇年）が下院で提出した法案が上院での修正を経て成立したものである。また連邦法人税率を三五％から二一％に引き下げるトランプ政権の大型減税法も最初に共和党のケヴィン・ブレイディ下院・歳入委員長（二〇一五〜一九年）が提出し、下院、上院通過後、両院協議会での合意を経て成立した。バイデン政権の看板政策の一つであるインフレ削減法は、まず「ビルドバックベター法案」として民主党のジョン・ヤーマス下院・予算委員長が提出している。このように大統領が提出を依頼する法案は所轄の委員長名で提出されることが慣例となっている。

6　政党と立法過程

日本の政党と違い、アメリカの政党は議会内の政党規律が弱く、一九七〇年代には下院では民主党も共和党も同一政党提出法案への賛成率（party unity score）が六〇％台に過ぎなかった。以後四〇年の間に凝集性を高め、二〇二一年には下院民主党は九八％、下院共和党は九三％とほぼ一致した投票行動を行うようになっている。連邦議会における党議拘束が弱かったため、党派を超えて議員同士で互いに推進している法案を支持しあう「ログ・ローリング」がかつては頻繁に行われていたが、党派化が進んだ今日では困難になっている。また下院議員の特定の選挙区や州に利益誘導するような条項を法案に盛り込む「イヤーマーク」は、その条項がなければ法案に賛成しない議員の協力を得る手段となるため、超党派協力の促進要因となっていたが、無駄な公共事業への支出につながるとして批判され、二〇一一年から二〇二一年までの一〇年間禁止された。このことも議員間の超党派協力を阻害することにつながった。ただし政治的分極化が進行しているイメージが強いものの、二〇一一年から二〇二一年の間に連邦議会で制定された法案は合計五〇七一本で、そのうち六六％が超党派法案（少なくとも異なる政党の議員が最低一名スポンサーとなっている）であるという事実も見逃してはならないだろう。

7　利益団体と立法・司法過程

立法過程において利益団体は自分たちに有利な法案を通過させるため、あるいは好ましくない法案を阻止するために議員に対して、ロビイング（議員への直接の働きかけ、同僚議員を通じての依頼、議員スタッフや議会委員会スタッフとの面会、議会委員会が開催する公聴会での証言など）を行う。ロビイングを専門に行う人々がロビイストであり、一九四六年連邦ロビイング法により、ロビイストには連邦議会への登録と四半期ごとの収支報告の提出が義務づけられている。

ロビイストについて包括的なインタビュー調査を行った研究によれば、議会への働きかけでロビイストが重視している戦略は、重要な順に並べると、1．意見を代弁してもらうために議会スタッフに直接接触する、2．自分たちの大義のために働いてくれそうな協力者を特定する、3．意見を代弁してもらうために議員に直接接触する、4．法案の草案作成に協力する、5．賛否が固まっていない議員に接触する、6．議員に働きかけるように選挙区民を動員する、7．反対の立場の議員に接触する、8．公聴会で証言する、9．意見広告を利用する、などであるという。

法律が成立すると、利益団体は行政府を標的として、法律の実施への影響力行使を図ったり、また司法府に関わるロビイングを行い、判決への影響力を行使しようとする場合もある。たとえば大統領が行う判事指名について行政府に働きかけたり、さらに指名された判事の任用が承認されるよう上院に働きかけたりすることである。また利害関係者が裁判所の許可を得て情報を提供するために「アミカス・ブリーフ」を裁判所に提出することも利益団体による司法へのアプローチの手段となっており、同性婚を全米で認めることになった二〇一五年の連邦最高裁のオバーゲフェル判決でも多数の利益団体がアミカス・ブリーフを提出していた。

法案阻止に利益団体が積極的に働きかけた一例としては、「税制改革を求めるアメリカ人の会」（A

TR）の創設者であるグローバー・ノーキストは、二〇一二年選挙に先立って、州および連邦選挙の全候補と現職者に対し、減税を伴わない増税や控除廃止の取り組みと闘うという「納税者保護誓約書」への署名を求め、共和党連邦議会議員の九五％が署名したという。

ロビイングに対する規制強化の動きとしては、一九四六年法以来およそ五〇年ぶりの改正として、一九九五年一二月に「ロビイング情報開示法」が制定され、（1）「ロビイスト」の定義の明確化、（2）合法的な「ロビイング」活動の範囲の規定、（3）活動内容に関する議会への登録・報告の徹底、（4）政府要職の経験者のロビイストへの「天下り」禁止などを規定し、違反者には最高五万ドルの罰金を科すなど厳しい罰則規定も盛り込んだ。二〇〇五年には有力ロビイストのジャック・エイブラモフが先住民の居留地でのカジノ場経営をめぐるロビー活動で得た資金の一部を着服し、共和、民主両党の議員や議員スタッフら少なくとも二〇人に過剰接待をしたスキャンダルが発覚した。これを受けて、二〇〇七年に「正直なリーダーシップと開かれた政府法」が超党派の支持を得て成立し、ロビイストに対して、議員の選挙活動資金を提供した際の報告を義務づけ、贈り物や無料の旅行の提供等が禁止された。また議員に対しては、「イヤーマーク」の公開を義務づけ、選挙資金提供者に見返りを与えることを規制した。

III　政党制と利益団体政治

1　二大政党制の展開

ここまで選挙から立法過程に至るまでの制度とアクターについて見てきたが、比較政治的にみてアメリカ政治の大きな特徴の一つは、一九世紀半ばの南北戦争と再建期の時代以降一貫して二大政党制の国として発展したことである。

初代大統領ジョージ・ワシントンは大統領退任を間近に控えた一七九六年の告別演説で、党派対立に異を唱えたが、ワシントンの懸念どおり、後継者としては北東部の商工業の利益を代弁し、親英的なジョン・アダムズとアレクサンダー・ハミルトンのグループ（フェデラリスツ）と、南西部の農業利益を代表し、親仏的なトマス・ジェファソンのグループ（リパブリカンズ）が対立しており、ここにアメリカの政党政治の原点を見出すこともできる（第一次政党制、一七九六～一八二四年）。

ジェファソンが第三代大統領になった一八〇一年から一八二五年までは、ジェファソンのグループ（リパブリカンズ）の一党支配の時代が続いたが、やがて派閥抗争が起こり、一八二八年選挙で、西部農民の票を母体にした最初の大衆政治家としてアンドルー・ジャクソンが大統領になり、民主党を結成すると、対立グループはホイッグ党を形成した（第二次政党制、一八二八～五六年）。しかしホイッグ党は奴隷制をめぐって内部で意見対立し、一八五〇年代半ばに消滅することになった。一八六〇年の大統領選挙でリンカンを候補として擁立して結集したのが共和党であり、以後、民主対共和の二大政党が基本となった（第三次政党制、一八六〇〜九二年）。

それ以後もハーディング、クーリッジ、フーバーと三代続けて、共和党政権を生み出した第四次政党制（一八九六〜一九三二年）、フランクリン・ローズヴェルトがニューディール政策を掲げて、民主党の支持基盤を大幅に拡大した第五次政党制（一九三二〜六四年）というように、政治の流れと政党の支持グループが大きく変わることを「政党再編成」といい、それが現れる選挙を「決定的選挙」と呼ぶが、いずれの時代も二大グループの対立が政治の基調であり、二大政党制の基盤となってきた。

二大政党制といっても政党の基盤は地域的な偏りがあり、一九六〇年代までは南部は民主党一党州が一般的で、北東部では共和党が支配的であった。一九六四年大統領選挙で南北戦争以来初めて、ジョージアでは共和党候補が、ヴァーモントでは民主党候補が大統領選挙で勝利したというのがニュースになったほどである。そのため、全国レベルでは二大政党制のアメリカも州・地方レベルでは一九六〇年代までは事実上の一党制が珍しくなかった。全米で本格的に二大政党制が展開したといえるのは、一九六四年大統領選挙におけるバリー・ゴールドウォーター候補や一九六八年選挙におけるリチャード・ニクソン候補などの共和党の候補が、人種差別撤廃を推進する北部民主党の方針に不満を持つ保守的な南部白人を積極的に取り込む、いわゆる「南部戦略」を展開し始めてからだと考えられている。さらに一九八〇年と八四年の大統領選挙ではロナルド・レーガンが南部で元民主党支持者の票を獲得し、「レーガン・デモクラット」と呼ばれるようになった。以後、今日に至るまで南部が共和党の支持基盤となるという変化が生じた。

アメリカが二大政党制となっているのは、小選挙区制をほぼすべての選挙で採用していることや大統領選挙で過半数の選挙人を確保しなければならない選挙人選挙制度を採用していることなど複数の制度的要因が影響している。そのため第三政党からは大統領は生まれず、連邦議会でも歴史的にみて限られた議席しか確保できなかった。とはいえ、一九世紀後半に禁酒運動の一翼を担い、一九一九年の禁酒法（憲法修正第一八条）成立にも貢献した禁酒党、一八八〇年代の西部と南部の農民運動をベースに結成され、銀貨の無制限鋳造、累進所得税、鉄道の公有、上院議員の直接選挙など革新的な政策を主張した人民党（Populist Party）、一九一二年、二四年、四八年と三回の大統領選挙に挑戦した革新党（ただし同じ革新党という名前でも各時代で主義主張や背景は異なっている）、南部民主党員が一九四八年選挙でトルーマンに対抗して、人種差別主義者のストロム・サーモンド・サウスカロライナ州知事を大統領候補として戦った州権党、一九九二年大統領選挙において一般投票で一八・九％も獲得し、保守票を割って結果的にクリントンの当選に貢献したロス・ペローの改革党など、アメリカ政治史に残る政党もまた散発的に登場している。

2　二大政党の利益集約・表出機能

政党は社会に存在する多様な利益や意見を明らかにする利益表出機能と、様々な競合する利益や意見を調整し政策へとまとめる利益集約機能を果たしているといわれる。

そのため、二党制は多党制と比べると有権者の選択肢が限定されているとしばしば批判される。実際、二〇二二年八月のピュー・リサーチ・センターの世論調査において、共和党支持者の五三％、民主党支持者の七三％が「選択できる政党が現在より多い方がよい」と答えている。

では欧州や日本のような多党制の国と比較して、二党制のアメリカの場合は、利益表出や利益集約が不十分なのだろうか。たとえば多党制のオランダの場合、二〇以上の政党が国会に議席をもっており、「動物党」や「50プラス」（五〇歳以上の人々の利益を代弁する）といった政党まで存在している。しかしオランダのような多党制の方がアメリカの二党制より利益集約や利益表出が効果的にできるとは必ずしもいえない。なぜならばオランダのような多党制の国の場合、単独の政党が過半数の議席を占めることはなく、必然的に複数政党からなる連立政権となるが、選挙時点で有権者は連立の組み合わせを必ずしも予想することができない。仮に自分が投票した政党が多数の議席を獲得しても、自分がまったく関心がなく、支持しない政策を標榜する政党が連立パートナーとなる可能性も否定できない。

その点、アメリカは事実上、民主党、共和党の二つしか選択肢がないように見えるが、民主党の支持基盤としては労働組合や人種的マイノリティ団体、ＬＧＢＴ団体、フェミニスト団体、環境団体、消費者団体、弁護士団体などが、共和党の支持基盤としては経営者団体、中小企業団体、反増税団体、反ジェンダー団体、保守系宗教団体、銃規制反対団体等が含まれている。つまり有権者は事実上、利益団体の二つの「連立」の間で選択しているということもできる。また二大政党制といっても民主、共和両党ともに特定の政策方針で固まっているわけではない。IIの6で指摘したように、制定されている法案の七割近くが超党派法案であることを考えると、まず政党が利益団体の主張を集約し、法案として提出した上でさらに政党間でも調整し、さらなる利益集約が図られているとみることができるのではないだろうか。その意味で、欧州＝多党制＝コンセンサス型、アメリカ＝二大政党制＝対決型という単純な二分法で捉えないことが重要であると思われる。

3　利益団体政治の評価

アメリカ社会では団体活動が活発に行われてきた。慈善団体や社会福祉団体と認定されれば、政治的主張を行っている団体でもNPOと同様に税制上の優遇を受けることができる。ロビー活動には伝統的な経済ロビー、環境団体や消費者団体のような「公共利益団体」、医師会や弁護士会のような専門家団体など様々なパターンがあり、働きかける先も議会や行政、メディアなど多様である。

このように利益団体が政治過程で重要な役割を果たすことについて、アメリカ政治学では、「多元主義」として肯定的に捉える立場と、「利益団体自由主義」として批判的に捉える立場に分かれてきた。前者は特定のアクターが権力を独占しているというエリート論的な見方を否定する。政治過程は様々な団体間の競争であり、競争の勝者は絶えず入れ替わり、すべての分野で同じグループが固定的に支配することはなく、利益の調整の中心となるのは選挙で選ばれた政治家である、という見方である。後者は、自由主義といっても各団体が同等の発言力をもつわけではなく、実質的に発言力を持つのは政策領域ごとに行政機関と結びついた利益団体だけである、という見方である。

また連邦議会における関連委員会に所属する議員、関連する行政官庁の官僚、そして利益団体の三者間の利益を媒介とした政策形成過程は「鉄の三角形」として批判的に捉えられる場合がある一方で、特定の争点をめぐって専門家や政策活動家、メディア、公共利益団体などが緩やかに結びついた「イシュー・ネットワーク」または「政策ネットワーク」としてより中立的・分析的に捉えられる場合がある。さらに、そうしたネットワークの中で規制する側である官僚が規制対象である利益団体から提供される情報や報酬によって利益団体側に取り込まれてしまうという「規制の虜」という批判的な見方も存在している。こうした評価は結局のところ、政策過程の結果として形成される政策がより多くの有権者に恩恵をもたらすのか否かによって分岐しているといえる。

政治学において、政策形成のパターンを費用負担と便益という二つの軸で評価し、1.「多数決型政治」（費用も便益も多数者に分散している）、2.「顧客政治」（費用は多数者に分散しているが、便益が少数者に集中している）、3.「利益団体政治」（費用も便益も少数者に集中している）、4.「起業家政治」（費用は少数者に集中するが、便益は多数者に分散する）と四類型で捉える見方がある。この分類に従えば、税金で広く費用を負担し、国民全体に恩恵が及ぶ「多数決型政治」が民主国家の公共政策としては最も望ましいもので、公共事業の恩恵が特定の地域や業界に集中する「顧客政治」が最も望ましくないと思われる。「利益団体政治」は利益団体間の競争という点で「多元主義的」政治であるともいえる。最後の「起業家政治」は、消費者保護運動や環境運動や人権擁護運動などのように少数の活動家や専門家、政治家が世論をリードし、先端的な政策を形成することで国民や広く人類全体が恩恵を受けるというパターンである。このようにアメリカの政策決定過程を分析する際にどのアクターが影響力をもったのかに注目するだけでなく、結果的にどのような政策が実現し、それが社会全体の利益にどのように貢献しているのか、あるいは損なっているのかを評価することが重要であろう。

（安岡正晴）

第II部

争点

第4章　人種とエスニシティ

はじめに

アメリカ合衆国で二〇〇八年、バラク・オバマが同国史上初の黒人大統領として当選すると、ついに人種問題の克服が叶ったと多くのアメリカ人は考えた。しかしその八年後には、オバマのアメリカ市民としての資格の正当性を疑う陰謀論を吹聴し、メキシコからの移民は犯罪者や強姦魔であると選挙キャンペーンで公言して悪びれなかったドナルド・トランプが次期大統領に選ばれた。なぜアメリカの政治は人種問題をめぐってこのように両極端に大きく揺れ動くのだろうか。

人種やエスニシティという出自の差異に基づく不平等はアメリカ合衆国の建国当初から存在し、その後の変動を経ながら、こんにちでもアメリカ政治の重要な争点となっている。この争点をめぐる政治の特徴は次の三点にまとめることができる。一つには、人種やエスニック集団間の格差を是正し平等を実現しようとする政治運動と、その是正の動きを止めようとする反動という、相反する二つの議論がこれまでのアメリカ合衆国の歴史を通じて存在し、どちらが優勢となるかによって連邦政府の政策が幾度か揺れ動いてきた。二つめには、アメリカ合衆国が建国当初より黒人奴隷制を擁していたために、人種問題の中でもとくに黒人の地位をめぐる争点が長らく連邦政府を通じて争われ、二〇世紀中盤の黒人公民権運動を経て、一九六四年公民権法とこれに関連する法律や裁判所判決によって解決されるようになった。一方で黒人以外のマイノリティ集団が、連邦政府を通じて不平等の是正を求める際には、必然的にこの先行する人種問題の解決策の文脈に沿って活動を行う場合が多かった。最後に、人種およびエスニック・マイノリティの権利に変化が起きる過程では、三権分立をとる連邦政府の政治制度のうち、司法部門が先鞭をつける役割を担うことが多い。平等を実現するために過去六〇年間で連邦政府が導入してきた諸政策の一部は、とくに二〇二〇年に連邦最高裁判所の判事の多数派の構成が保守に傾くようになってから、急速に切り崩されつつある。本章ではこの三点の特徴を念頭に置きながら、人種やエスニシティをめぐるアメリカ政治の歴史的背景と現在の政策過程の特徴を、政治的代表、格差の是正、刑法改革を例にとって概観する。

Ｉ　人種およびエスニシティ分類の起源と差別体制の形成

独立以前の一三植民地は、イギリスを中心とする西欧から来た白人によって建設され、建国初期のアメリカ合衆国も旧宗主国イギリスの法や慣行、宗教に強い影響を受けていた。その一方でイギリス出身者以外に、出身地域や、経済的状況、信仰、言語の点で多様な出自の人々がアメリカには居住していた。長らく連邦政府はこれらの人々を、白人、黒人、先住民、あるいはそれ以外、という四つの人種カテゴリーのいずれかに分類し、その間に明らかな序列を設ける政策を行った。そして白人以外の人々がアメリカ市民としての権利を獲得するまでには、人種という当人が変えることのできない壁が立ちはだかった。

その最たるものは、奴隷制を起源として築かれた法律上および社会慣習上の黒人差別体制である。一六一九年にアフリカ大陸との奴隷貿易により黒人奴隷が導入されると、南部のプランテーション農園を中心に植民地経営に不可欠な労働力として定着していった。黒人奴隷は生涯を通じて牛や馬などの動産と同じように市場で売買され、所有者のもとで綿花やタバコといった植民地の富を生み出した。

奴隷制は建国初期からアメリカ合衆国の統治制度に関する議論を二分する争点であった。合衆国憲法制定会議では、連邦議会下院の議席数は各州の人口に基づいて配分することが決められた。そこで市民権のない奴隷を人口に含めることで下院に議席をより多く得たいと考えていた南部州に対する北部州の譲歩として、黒人奴隷五人を三人分として人口に数える「五分の三条項」が合衆国憲法に盛り込まれた。その後一八〇七年に連邦議会は外国との貿易を通じた奴隷の輸入を禁止する法案を可決したが、これはアメリカ国内での奴隷の売買を禁じるものではなかった。

奴隷制を廃止すべきであるとする議論は北部を中心に存在したが、他方で奴隷を主たる労働力として用いていた南部州においてはこの可否を決める権限は各州政府にあり連邦政府が関与できないとする州権論と呼ばれる政治理論が唱えられた。南北戦争以前に連邦政府が採用したのは後者の考え方であった。連邦最高裁判所による一八五七年のドレッド・スコット判決では、黒人奴隷とその子孫はたとえ奴隷州から自由州に移住した場合でも合衆国市民としての諸権利を得ることはないとした。この判決は、植民地期の法や憲法制定時の社会の慣習を根拠に、アフリカ出身の黒人は白人に劣る人種であって奴隷の地位に適しており、黒人奴隷が子孫の代に至って自由の身となったとしても、白人社会へ従属し続けることが当然であると結論づけた。人種科学と呼ばれていた当時の学問も、この人種観を正当化した。

奴隷制の廃止は、南北戦争でエイブラハム・リンカン共和党大統領の率いた北軍が勝利したことによりもたらされた。これにより合衆国憲法には、奴隷制廃止を定めた第一三修正条項のほか、次の二つの修正条項が加わった。第一四修正条項には、国内で出生、帰化した者はすべてアメリカ市民であること、また州政府はその市民の権利を侵害できず、法の適正な手続きと平等な保護を与えなければならないことが明記された。第一五修正条項はアメリカ市民の投票権を人種、肌の色、以前に奴隷であったかを問わず付与することを定めた。戦後に南部では北軍による軍政が敷かれ、経済および社会の再建が進められた。ここで初めて共和党の支配のもと地方、州および連邦政府の公職選挙に、解放された元奴隷の黒人男性が有権者として、また候補者として参加できるようになったのであった。この時期に黒人は自らを解放に導いた共和党を支持するようになった。

しかし南部における黒人の政治参加は長くは続かなかった。一八七七年に北軍が南部から撤退すると、すでに勢力を取り戻しつつあった戦前からの白人至上主義者が南部州政府を再び掌握し、共和党に対する反感から民主党一党体制を築いていったからである。これに伴い、一九世紀末にかけて黒人から政治的権利を剥奪する法律が導入されるようになった。具体的には有権者登録に際して人頭税の納入や識字テストへの合格を条件づける、あるいは二世代前に投票資格を有していた者の子孫（つまり白人）のみが投票できるとする祖父条項と呼ばれる資格制限を設けた法律が、南部地域の各地で導入されるようになった。黒人および貧困層の白人を政治過程から排除する目的で作られたこの一連の法律はジム・クロウと呼ばれ、前述の合衆国憲法第一四、一五修正条項の抜け穴として機能した。また一八九六年に連邦最高裁が下したプレッシー対ファーガソン判決では、列車内をはじめとする公共施設において白人と黒人が隔離されることは両者が同等のサービスを受けられる限りにおいて違憲ではないとした。しかし実際にはサービスの質は同等にはなりえず、水飲み場から学校、職場などに至るありとあらゆる生活の場面で白人と黒人との間に差をつけた人種隔離政策のもとで、黒人に対する差別体制が作られていった。

一九二九年の大恐慌への対応としてフランクリン・ローズヴェルト大統領のもとで進められたニューディール政策は、社会福祉政策や市場および労使関係への介入を通じて連邦行政府の権限を拡大した。ローズヴェルト大統領の民主党連合の一端を担った南部民主党議員は、民主党一党体制地域から再選され続けた古参の者が多く、連邦議会において常設委員会の委員長職を占めていた。彼らはニューディール政策が南部の人種関係および労使関係にもたらす影響を最小限にとどめ、黒人がその恩恵を受けられないようにするべく政策実施方法を設計した。たとえば全国労働関係法によって認められた労働者の団結権は農作業人や女中といった南部の黒人が多く就いていた職種を適用外とした し、社会保障法の要扶養児童扶助は、地元の福祉委員に手当の配布を一任したため、南部において黒人家族は白人福祉委員に扶助申請をできない仕組みとなった。社会福祉の拡充という点で革新的であったニューディール政策は、人種の側面では不平等な性質を持っていた。

黒人差別体制が再びほころびる兆しを見せ始めたのは、アメリカの第二次世界大戦への参戦と国内総動員体制の出現を契機としてであった。軍事物資の増産に伴い、この時期に多くの黒人が職を求めて南部の農村から北部の工業都市へと移住した。国内の労働力が逼迫する中、黒人労働組合活動家のフィリップ・ランドルフは一九四一年に職場における黒人差別の是正と軍隊の人種統合を求めて首都での抗議デモを企画した。ローズヴェルト大統領はこのデモが社会不安を呼び起こすことを恐れ、デモの中止と引き換えに連邦政府機関と軍需産業での人種差別を禁じる大統領令を出した。また一九四四年の連邦最高裁によるスミス対オルライト判決は、黒人の政治参加を阻んだテキサス州の民主党白人予備選挙を違憲であるとした。南部州の多くは黒人を政治過程から排除する体制を固持し続けたが、この判決は南部の体制に一石を投じた点で画期的であった。また海外へ派兵された黒人兵士が、復員後に南部に帰郷しても投票権を行使できない現状を疑問視する声も次第に聞かれるようになった。戦争末期から連邦政府は復員兵に対して住居購入のための低金利ローンや大学進学奨学金をはじめとする手当を与えたが、国内の人種隔離政策のもとで白人兵と黒人兵の受けた恩恵は同等ではなかった。この時期の連邦政府の施策により多くの白人家族がミドルクラスの生活を享受できるようになった一方で、黒人は経済的に取り残されたままであった。

黒人差別体制の問題は、最終的には第二次世界大戦後の公民権運動と連邦議会立法による解決を待たねばならなかった。まず一九五四年のブラウン判決において、連邦最高裁は人種別の公立学校教育は不平等であり違憲であると判断し、プレッシー対ファーガソン判決を覆した。しかし公立学校は州や地元の教育委員会によって運営されているために、この判決を自ら進んで受け入れ人種統合を進めた地域は多くなかった。マーティン・ルーサー・キング牧師をはじめとする公民権活動家は、学校をはじめとする公共施設における人種統合のほか、黒人参政権の獲得と職場における人種差別の禁止を求めて非暴力抵抗運動を進めていった。

公民権運動は一九六四年の公民権法と、翌年の投票権法によって一つの節目を迎えた。投票権法により、人種や肌の色を理由とした政治参加の妨害が起きないよう、連邦司法省は南部を中心とする諸州および地方政府に対して有権者登録官や選挙監視員を派遣することができた。またこれらの州や地方政府が選挙法を変更する際には、連邦司法省の事前審査を受けることが義務づけられた。そして後述するように公民権法は教育機関や職場における人種差別も禁じた。民主党のリンドン・ジョンソン大統領のもとでこの二つの法律が成立したために、この時期に黒人の政党支持はリンカンの共和党から民主党へと移行していった。

その一方で、二〇世紀の後半には保守派の反動も起きた。共和党のリチャード・ニクソン大統領は、公民権法と黒人の権利獲得を快く思わない南部の白人保守派を共和党に取り込み、以後南部に共和党が浸透していくきっかけを作った。共和党はあからさまに人種差別的な政策こそとらなかったものの、福祉予算の削減、また後に詳しく述べる積極的差別是正措置への反対などを通じて、主に保守派の白人の間で支持を固めていった。この変容は今日まで続く二大政党のイデオロギー的分極化を生んだ一つの要因となった。

このように黒人がアメリカ市民としての権利を獲得し政治参加を実現するまでには歴史上二度大きな揺り戻しが起きたが、他の人種やエスニック集団に関してはどうであろうか。一九世紀半ば以降にヨーロッパからアメリカへ新しく渡ってきたのは、アイルランド系、イタリア系や東欧からのユダヤ系の移民であり、エスニシティや言語、信仰する宗教、経済的状況の面でイギリス系とは異なる人々であった。しかし彼らはアメリカにおいては総じて白人と認識され、西部地域の開拓とアメリカの領土拡大のために必要な労働力を担う人員であると連邦政府は捉えた。このため彼らはたやすくアメリカに帰化することができ、またエスニシティを理由として投票権の行使を妨害されるということはなかった。なお今日の合衆国国勢調査では、ヨーロッパだけではなく中東や北アフリカを含む地域から移住してきた人々も、白人として分類されている。

一方、植民地建設以前から北アメリカ大陸に居住していた先住民に対しては、連邦政府は異なる対応をとった。合衆国憲法の制定時には、連邦政府は先住民部族に対して個別の国際条約を取り結ぶことのできる独立した主権国家としての地位を認めていた。各部族を構成する個人は外国人として扱われたが、連邦政府は部族との条約を通じて彼らを集団で帰化させ、市民権を付与することもできた。しかしひとたび白人による西部地域の開拓と合衆国領土の拡大が始まると、その地域に居住している先住民部族は邪魔な存在となった。一八三〇年代にはアンドリュー・ジャクソン政権の強制移住政策により、先住民部族はそれまで居住していたミシシッピ川以東の地域から現在のオクラホマ州にあたる地域へと武力によって追放された。部族を離れて白人社会に適応し連邦政府に納税する者については合衆国国勢調査で人口に計上されたが、黒人奴隷の例と同じく彼らに対してアメリカ市民権は与えられない場合が多かった。先住民のアメリカ市民権が最終的に認められたのは一九二四年のインディアン市民権法によってであったが、その後もジム・クロウのもとで人頭税や識字テストが実施されていたことにより、先住民がすべての州において投票権を行使できるようになるには、一九六五年投票権法の成立を待たねばならなかった。今日では先住民はネイティブ・アメリカンと呼ばれ、アメリカ社会においてエスニック・マイノリティ集団となったと考えてよいだろう。

アジア系とまとめて称されるのは、日本を含む東アジアから、あるいは中央および南アジアまでの地域の国からアメリカに移住した人々である。一九世紀半ばから二〇世紀初頭にかけて中国系および日系の移民がアメリカへ渡った。しかしいずれも白人から職や土地を奪う存在であるとして排斥運動の対象にされ、帰化や本国からの入国を禁止される時期が二〇世紀半ばまで続いた。とくに日本軍の真珠湾攻撃後には、連邦政府は敵国と密通する可能性があるとして日系移民をアメリカ市民権の有無にかかわらず内陸部僻地の強制収容所へと送り込んだ。一九四四年のコレマツ判決において、連邦最高裁はこの政策を人種差別ではなく軍事的必要性に基づいたものであるとして合憲とした。しかし戦後の公民権運動に発想を得た日系人団体の運動により、一九八〇年代に至って連邦政府はこの戦時中の政策が主に人種差別に基づいたものであったことを認め、公式謝罪の表明と賠償金の支払いを行っている。このほか、一八九八年のハワイ併合およびフィリピン占領、また第二次世界大戦後のアメリカの対外戦争に伴って、太平洋諸島系、フィリピン系、韓国系、ベトナム系の移民が増加した。

ヒスパニックとは、スペイン語を話す人々という意味でアメリカ国内において作られたエスニシティの分類であり、人種とは異なる概念である。スペイン語を母語として話しかつ自らをそう認識する白人、黒人、あるいはアジア人は、いずれもヒスパニックである。二〇世紀前半の合衆国国勢調査においてヒスパニックは白人として分類され、固有のエスニック集団として調査事項が設置されたのは一九七〇年のことであった。多くの場合彼らの出身地域はメキシコやキューバを含むスペイン語圏の南米諸国である。またスペイン語以外の先住民言語などを母語とする南米からの移民とその子孫をも含めて、ラティーノと呼ぶこともある。

全米人口数の増加と、その人種構成の歴史的推移を示したのが図４－１である。ここに示される数はアメリカ市民権を有している人の合計ではない。すでに述べたとおり、国勢調査において人種やエスニック集団を人口に計上し各州への連邦議会下院の議席や大統領選挙人団の配分を計算すること

図 4-1：アメリカ合衆国の人種構成と総人口数の推移（1790-2020 年）

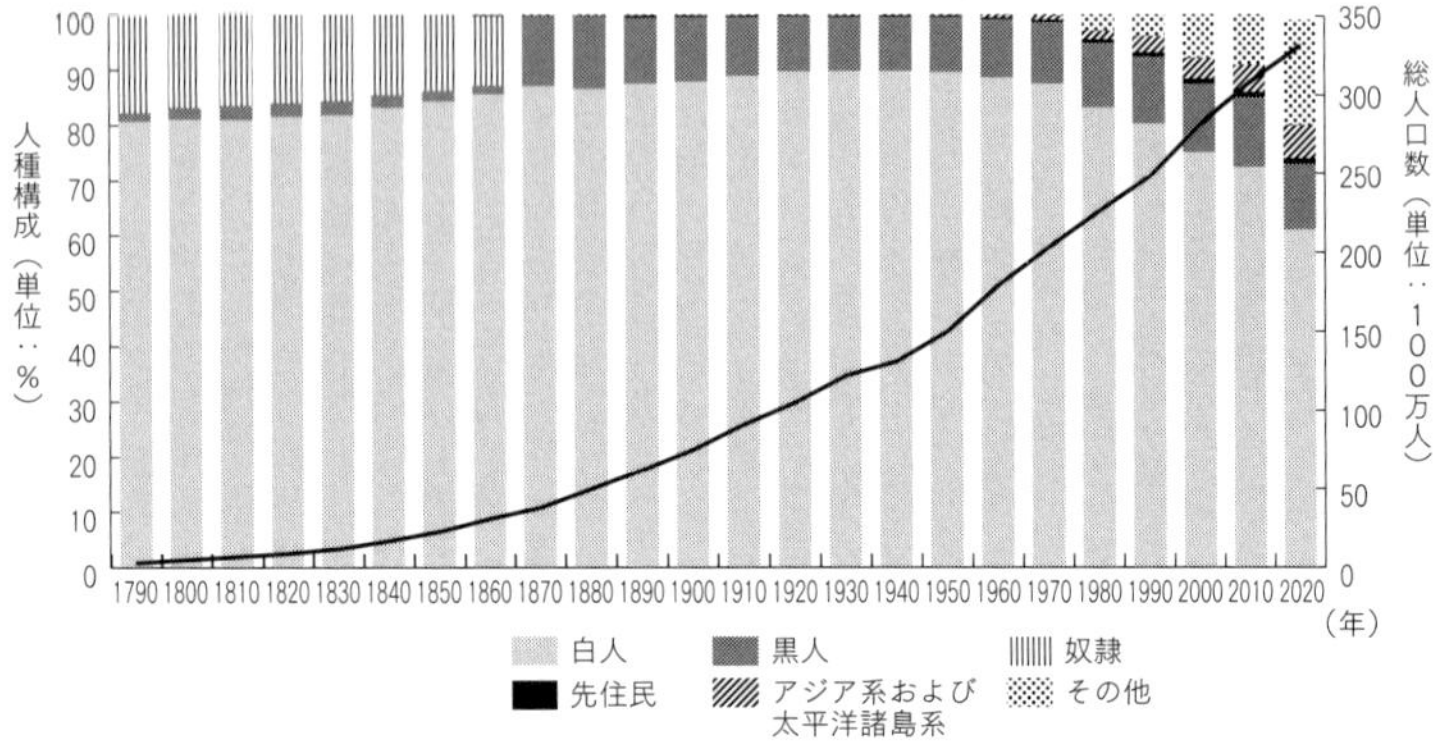

（データ出典）

Campbell Gibson and Kay Jung. *Historical Census Statistics on Population Totals by Race, 1790 to 1990, and by Hispanic Origin, 1970 to 1990, for the United States, Regions, Divisions, and the States.* Working Paper No. 56. Population Division, U.S. Census Bureau. September 2002:Elizabeth M. Grieco and Rachel C. Cassidy. *Overview of Race and Hispanic Origin: 2000.* Census 2000 Brief. United States Census Bureau. March 2000;Table 1. Population by Race: 2010 and 2020. "Supplementary Tables on Race and Hispanic Origin: 2020 Census Redistricting Data (P.L. 94-171)." United States Census Bureau. August 12, 2021.

と、その集団や個人に市民権や投票権を与えることは、別個のこととして考えられてきた。

II　政治的特徴——政党支持と代表

それでは人種やエスニシティの分類は今日のアメリカ政治においてどのような局面で問題となるのだろうか。各集団の政治的特徴を考えてみよう。そのためにはまず前提知識として、居住地域の特徴から説明を始める必要がある。

1　居住地域の偏り

白人（ヒスパニックをのぞく）が州人口の五〇％以上を占めているのは四四州にものぼり、カリフォルニア、ネヴァアダ、ニューメキシコ、テキサス、メリーランド、ハワイをのぞく地域である。少し細かな見方をすれば、白人は大都市の中心部から離れた郊外や農村地帯に居を構える傾向がある。ブラウン判決以後、多くの白人家族は都市部の公立学校における人種統合から逃れるために都市の外へと引っ越していった。また同時期に自家用車での通勤が普及し都市と郊外をつなぐ高速道路や郊外型ショッピングモールが数多く建設され、郊外に住むことの利便性が増した。この過程は「ホワイト・フライト（白人の都市から郊外への脱出）」と呼ばれている。都市の内部においては、不動産契約に関する人種差別的な条項が公民権法によって禁止されるまで存在したことの名残で、豊かな白人の住む区域と貧しいマイノリティの住む区域は、いまだ分かれる傾向にある。

黒人は南部州のうちでも深南部《ディープ・サウス》と呼ばれるルイジアナ州からサウスカロライナ州にかけての一帯に多く居住している。これらの州には、綿花プランテーションに適した黒土地帯であったこと、また奴隷制の名残で現在でも黒人が多く住んでいることから、ブラックベルトと称される農村地域がある。ブラックベルトでは、郡レベルでみれば黒人が過半数以上を占める人口比率となっている。南部以外では、デトロイトやボルティモアをはじめとする都市部の黒人人口比率が高い。

ヒスパニックの多く住む地域は、メキシコと国境を接するテキサスからカリフォルニアにかけての州である。フロリダ州にはキューバからの移民が多く住んでいる。日系、韓国系、および中国系を中心とするアジア系は、カリフォルニアやワシントンなどの西部沿岸州と、ニューヨークおよびニュージャージー、そしてハワイ州に多い。ネイティブ・アメリカンはアリゾナやニューメキシコ、サウスダコタ、アラスカ州などに点在する居留地に多く住んでいる。

2　投票行動と政党支持

次に各集団の投票率をみてみよう。合衆国国勢調査局の調べでは、一九八〇年から二〇二〇年にかけて行われた一一回の大統領選挙において、白人の投票率は六〇%から七〇%の間を推移してきた。同じ期間に黒人は六〇%前後である場合が多かった。ただしオバマが出馬した二〇〇八年と二〇一二年の選挙ではいずれも六五%以上となり、白人投票率に迫る、あるいはそれを超える数値となった。他方白人と黒人以外の集団の投票率は、五〇%台に留まる傾向にある。コロナ禍中に実施された二〇二〇年選挙では全体で六六・八%まで投票率が上昇し、なかでもアジア系の伸びが顕著であったが、それでも五九・七%であった。

政党支持の傾向はどうだろうか。すでに説明したとおり、公民権法の成立以後黒人有権者はリンカンの共和党からジョンソンの民主党へと支持を転じた。黒人の中には敬虔なキリスト教信仰や従軍経験から共和党の保守主義を支持したとしても不自然ではない者もいるが、黒人一般有権者の傾向として民主党支持は強固である。政治エリートのレベルでは、黒人の政治家および公職候補は民主党に多く存在するが、共和党候補はたとえば一九九四年から二〇二二年にかけての連邦議会選挙においては両手で数えて収まる程度にしか当選していない。

ヒスパニック有権者の政党支持は、民主党と共和党の間で三対二に分かれている。ただしヒスパニックの中でも革命を逃れてフロリダ州に亡命したキューバ系移民の間では、反共産主義から共和党を支持する傾向が強い。アジア系有権者は約四対一で民主党支持が強い。いずれにせよ黒人有権者ほど明確ではないが、マイノリティ集団の民主党支持傾向は安定していると考えてよい。

各集団の居住地域の偏りと投票率、政党支持の傾向は、現代アメリカ政治の動向に大きな影響を及ぼしている。近年の大統領選挙の趨勢を例にとれば、両沿岸部の州は民主党支持が強く、内陸部の州は共和党が多数票を得ることが多いが、前者はマイノリティ集団の投票傾向によって規定される部分が大きい。ノースカロライナやジョージアのように二〇二〇年に接戦となった州では、黒人やヒスパニック有権者の支持や投票率が選挙の帰趨を決めることもある。

3 マイノリティ多数選挙区の設置

さらに居住地域の偏りは、選挙区の区画の決定にも影響する場合がある。州政府が連邦下院議員の選挙区を決める際に、ある特定の人種あるいはエスニック・マイノリティ住民を多数にし、同じ出自の候補が当選しやすいように線引きを行うことがある。このように恣意的に選挙区の区画の線引きをすることをゲリマンダリングと呼ぶことは前章でも述べたが、とくに人種やエスニック・マイノリティ住民を多数にすることを理由に区画を定めた選挙区をマイノリティ多数選挙区と呼ぶ。二〇一〇年代にはノースカロライナ州の黒人多数選挙区やイリノイ州シカゴ市郊外のヒスパニック多数選挙区などが存在した。マイノリティ多数選挙区は、白人が州全体では多数を占める地域においてマイノリティの政治的代表を確保するためには有効である。しかし同時に選挙区の区画を極端にいびつな形状で切り取るために選挙区コミュニティの一体性が損なわれるという問題が生じる。また共和党が優勢な州においては、民主党のマイノリティ政治家を一名選出することと引き換えに、隣接する複数の選挙区からは共和党の白人政治家が当選するような区画の取り決めがなされることがあり、党派政治と切り離せない問題である。

4　シェルビー郡判決と有権者証明法

一九六五年の投票権法は、それまで投票妨害が行われてきた特定の州や地域での選挙の実施に関して連邦司法省が監視の目を光らせることを可能にし、この法律はその後議会において更新されてきた。しかしそれからおよそ半世紀を経て、アラバマ州シェルビー郡政府が、以前のような政治参加に関する人種差別はもはや起きておらず連邦司法省による事前審査は不要であるとする訴えを起こし、二〇一三年に連邦最高裁はこの訴えを大筋で認めた。このシェルビー郡判決により、州および地元政府は選挙法改正の際に連邦司法省による事前審査の手続きを経る必要がなくなった。以後、共和党が州議会で多数を占める南部をはじめとする地域において、パスポートや運転免許証、軍人証明書などの政府発行証明書を用いて投票所で有権者の本人証明を求める、有権者証明法と呼ばれる法律が導入されるようになった。共和党は他人のなりすまし投票による選挙不正を防ぐという目標を掲げているが、他方で政府発行証明書を持っていない人が本来投票権を持つはずなのに投票できなくなってしまうという問題も生じてしまう。マイノリティと貧困層、若年層には証明書を取得していない人が多いことから、民主党はこの政策に反対している。

連邦政府がニューディール期に行った社会福祉や労働組合に関する政策、また第二次世界大戦末期から復員兵とその家族に対して与えた様々な給付は、当時すでに存在していた白人と黒人との間の経済的な格差を埋め合わせるものではなかった。そしてその不平等は今日にまで続いている。

III 所得および教育程度の特徴と格差是正への取り組み

1 格差の実態

現在の人種およびエスニック集団間の経済的格差の実態をみてみよう。合衆国国勢調査局が実施した二〇二二年の調査によれば、世帯あたり実質所得額の中央値は全体で七万四五八〇ドルであったのに対して、集団ごとの値は高い順にアジア系（一〇万八七〇〇ドル）、白人（八万一〇六〇ドル）、ヒスパニック（六万二八〇〇ドル）、黒人（五万二八六〇ドル）となっている。アジア系の調査が始まった一九八〇年代半ば以後これらの集団の相対的順序は変わっておらず、アジア系と黒人の所得額の間にはおよそ倍程度の差が存在してきた。失業率でみても、各集団の経済力の相対的順序はおよそ同じである。

この経済状況は、教育程度の差に直接反映される傾向にある。アメリカの公立小中学校および高校の予算はその学区の地元固定資産税を主な財源としているため、豊かな地域の公立学校は教育予算が潤沢にあるが、マイノリティの多く住む貧困地域では常に人件費や資材購入費にすら事欠く状態にあり、教育の格差を再生産してしまう。このことは、各集団の学歴に如実に現れている。連邦教育省教育科学研究所による二〇二二年の調査では、二〇代後半の年齢層の四年制大学の卒業資格保有率は、全体で四〇%程度であったのに対し、白人は四五%、黒人は二八%、ヒスパニックは二五%、アジア系は七二%、ネイティブ・アメリカンは一二%となっている。

これらの数値からみて明らかなとおり、今日アジア系は経済収入と大学卒業資格の保有率は他のどの集団よりも抜きん出て高い。アジア系アメリカ人をアメリカ社会に順応した勤勉なモデル・マイノリティであると称することがあるのはこのような背景によるものである。

各集団間に現在でも存在するこのような格差を是正するため、公民権運動以後に連邦政府が政策として着目してきたのは、学校教育および職場における人種差別を禁止することであった。いずれも一九六四年公民権法をはじめとする連邦政府の施策が出発点となっている。

2　高等教育機関における積極的差別是正措置

公民権法の第四編は、公的教育機関における人種統合と、入学者選抜および在学中の審査での人種や肌の色、出身国を理由とした差別の禁止を命じた。これに応じて四年制大学をはじめとする高等教育機関では、進学率の低い人種およびエスニック集団に対して積極的差別是正措置（アファーマティブ・アクション）を導入するようになった。しかし本来ならば学力成績をはじめとする個人の能力に基づいて競争的に審査されるはずの大学入学者選抜過程で、出願者の人種やエスニシティの出自をいかなる方法で加味するのが妥当かという問題が新たに生じるようになった。

公民権法の成立後に複数の公立大学では、その解決策として一定数の入学者枠をマイノリティ出願者に割り当てるクォータ制を導入した。しかし一九七八年に連邦最高裁はカリフォルニア大学理事会対バッキー判決において、クォータ制が人種のみを合格基準の根拠としているために、合衆国憲法第一四修正条項の法の平等な保護条項に照らして違法であるとした。ただしこの判決は、大学における学生の出自の多様性が教育的効果をもたらすこと自体は認め、入学者選抜過程において出願者の人種あるいはエスニシティを、学力成績や推薦文、部活動実績、地域における奉仕活動といった他の複数の審査項目と並ぶ要素の一つとして考慮するのであれば問題はないとした。これ以後、公立大学および連邦政府から補助金を受給している多くの私立大学は、在学生の多様性を創り出すという名目で、黒人やヒスパニック、ネイティブ・アメリカンの出願者に対しては、その出自に配慮した入学者選抜を行うようになった。

しかし所得水準と進学率が他の集団と比べて圧倒的に高いアジア系の出願者に対しては、在学生の多様性を維持するという事情から、大学側はより高い合格基準を求めるようになった。これは人種を理由としたアジア系出願者に対する逆差別であるとする訴訟を、「公正な入学審査を求める学生」と自称する団体がハーヴァード大学などに対して起こし、二〇二三年六月に連邦最高裁判所は原告の訴えを認めた。当事者である一部のアジア系学生のみならず、エドワード・ブラムという白人保守派活動家の支援を得てこの訴訟は実現している。今後、アメリカでは大学在学者の構成比率がアジア系と白人によって占められるようになる可能性は高く、長期的には人種やエスニック集団間の経済的格差のさらなる拡大を招くことが予測される。

なおアメリカには、黒人学生のための大学が南部地域に多く存在している。ハワード大学をはじめとするこれらの大学は南北戦争終結後に創設された解放奴隷のための高等教育機関に起源を持ち、その後人種隔離体制のもと黒人学生の通うことができる大学が限られていた中で、法曹、教育、宗教、政治の各分野における黒人エリートの育成を担ってきた。

3　職場における人種差別の克服

このほか公民権法は第七編において、職場での雇用関係における人種や肌の色、出身国を理由とした差別を禁じ、これを実行する行政機関として雇用機会均等委員会を設置した。連邦議会の法案審議過程において、民主党の公民権法推進派と共和党内の連邦政府行政機構の拡大を嫌う保守派との間で交渉がなされた結果、この委員会には雇用主に対して差別是正の強制停止命令を直接出す権限は与えられなかった。できることといえば、差別を受けた個人が委員会に申し立てをした際に調査と仲介を行い、また連邦裁判所に訴訟や第三者意見を提出することのみであった。そこで雇用機会均等委員会は、該当する事例で原告となりうる人物を探し出し積極的に訴訟を起こす戦略をとっていた公民権推進派の利益団体と協力して、連邦裁判所での訴訟を通じて職場における差別の是正を目指した。

一方で雇用者の側は、裁判になれば多額の資金が必要となり、また企業イメージが損なわれることを恐れ、多様な出自の適格者を採用する積極的差別是正措置を自衛策としてとるようになった。また一九七〇年代初めまで黒人を受け入れていなかった大手の熟練工職能別労働組合も、その後の一〇年間で次第に人種統合を進め、積極的差別是正措置を受容するようになった。

Ⅳ　警察および刑法の改革を求める運動

最後に取り上げるのは警察をはじめとする法執行機関とマイノリティの関係である。アメリカの警察機構は主に州政府あるいは地方政府によって運営され、刑法は州政府が独自に定めているため、連邦政府が実現できることには限度がある。

1　刑務所に収容されている人口にみる人種構成

アメリカの囚人数はながらく世界一位の規模で推移してきた。連邦および州政府の刑務所における囚人の総数は一九七〇年代半ばから急増し、最多となった二〇〇八年には住民一〇万人あたりの囚人数が七五五人に達した。これは当時第二位であったロシアの六二二人を大幅に上回る数字であった。人種と性別による分類では、黒人男性の囚人数は一〇万人当たり三一六一人、ヒスパニック男性は一二〇〇人となった。白人男性の四八七人と比較して、それぞれおよそ六・五倍と二・五倍ほどの差があった。ただしその後、州議会において歳出削減のために刑務所運営予算を縮小する改革が超党派で進められ、近年では囚人数比率で世界一位の座を他国に譲るようになった。これに伴い、刑務所に収容されている人口の人種構成にも漸次的な変化が起きているが、マイノリティの比重が大きいことには変わりはない。また州政府別の刑務所収容人口で比較すると、二〇二二年段階で世界最多となったエルサルヴァドル（一〇万人あたり四人数が一〇八六人）と、五〇州で最上位のルイジアナあるいはミシシッピはいまだ互角である。

2　警察の取り締まり手法に対する改革要求

刑務所の収容人口に黒人およびヒスパニックの割合が高い理由は、二つ考えられる。第一にはマイノリティが正犯となる事件が多いことである。しかし第二にはマイノリティの多く住む地域における警察の取り締まりが、他の集団と比べて執拗になっている可能性も否定できない。とくにジム・クロウ法のもとで黒人は法の平等な保護を受けられなかった歴史的経緯から、今日でも多くの黒人が後者も妥当な解釈であると考えている。

この問題は、二〇一〇年代の前半に「ブラック・ライヴズ・マター（黒人の命は軽くない、略称ＢＬＭ）」と呼ばれる社会運動として黒人人口の多い複数の都市であらわになった。丸腰の黒人男性が警察に身柄を拘束されている間に死亡する事件が幾度も起き、手荒な取り締まりに妥当性が見出せないにもかかわらず警官が罪に問われなかった場合、地域住民の直接行動による抗議活動へと発展した。抗議の結果、警察官の制服の胸に録画カメラを装着させるなどの改善策が実現した場合もあるが、変革要求の実現はあくまで限定的である。警察組織の多くは地方あるいは州政府ごとに運営されており、各地の運動は共通性を持つにもかかわらず連邦レベルの政治争点となりにくい。

3　コロナ禍におけるアジア系へのハラスメントの増加

二〇二〇年から全世界的に広まった新型コロナウイルスの感染は、アメリカ社会にも多大な人的被害と経済的な損失をもたらした。この病が中国湖北省武漢から出現したことが報じられると、アメリカ国内では出身国を問わずアジア系住民への嫌がらせや暴行事件が頻発するようになった。通りがかりに罵りの言葉が投げつけられるといった突発的なものをはじめ、街頭で歩行者を狙った暴行、またアトランタ郊外では韓国系のスパ施設で八名が殺害された銃撃事件も発生している。この状況を受けて、連邦議会とバイデン政権は二〇二一年五月に「コロナ憎悪犯罪法」を成立させた。同法はアジア系住民が被害を通報しやすくなるよう、地元警察が多言語で対応するための予算を取り決めているが、ＢＬＭによる改革と同じく、抑止効果が判明するのは今後のこととなろう。

Ｖ　おわりに

以上本章では、人種およびエスニシティをめぐる現代アメリカ政治を理解するのに必要な歴史的背景と、その政策過程の三つの特徴を概観した。第一に、建国期以来のアメリカ政治は、人種間の序列や様々な格差を擁護、維持しようとする主張と、逆に人種間の平等と格差是正を実現しようとする運動との間で、すでに二度揺れ動いてきた。第二に、奴隷制とその後の黒人の地位をめぐる議論が長らくアメリカの政治制度を特徴づけてきたために、その他の人種およびエスニック集団の格差是正も、黒人公民権運動によって達成された政策実施枠組みの中で、多くの場合実現されてきた。一九六四年公民権法の成立からはや六〇年が過ぎた今日、この枠組み自体を再検討あるいは撤廃すべきであるとする議論が時流を得つつある。個人の平等が当然視されている現在のアメリカ社会において、三度目の揺り戻しが起きはじめていること、またその動きを支持する保守派の勢力にアジア系アメリカ人が加わっていることをどう評価するかについて、本書の読者には深く考えてみてほしい。

最後に、この政策過程では連邦裁判所が重要な役割を果たしている。公職選挙に出馬する野心を持つアメリカの多くの政治エリートにとって、人種差別に関する問題は、どの態度をとったとしても支持者を失いかねず、公的に話すことはためらうトピックである。すなわち人種という争点は、分断を呼ぶことが多いために選挙や政党を通じた多数派形成には直接的に結びつきにくい。対照的に裁判所は、マイノリティ集団にとって政府に自らの権利を認めさせる可能性が高い機関であり、多数派の形成によって政策の変更を行うことが難しい争点について判断を下すことが求められる。ただし裁判には多額の資金と人的労力が必要であり、訴訟に漕ぎつけるのは資源に恵まれ組織化に成功した利益団であることが多い、という点も忘れてはならない。連邦最高裁判所の判事が保守派多数となってしまった今、裁判所を通じて公民権法以来の過去六〇年間の政策が覆される潮流は、今後もしばらく続行するであろう。

（平松彩子）

第5章　移　民

はじめに

アメリカは移民の国であるとしばしば指摘される。では、ここでいう移民とはどのような人のことだろうか。

アメリカはヨーロッパの君主制や宗教的迫害から逃れてきた人々が建国した移民の国だというのは、アメリカの建国神話となっている。この説明が事実に即しているかはともかくとして、ここで想定されている人は、今日の一般的な用語では、移民というより難民にあたる。一般的には、移民とは自発的な意思に基づいて移住してきた人を指しており、迫害などの理由により移住を強いられた人は難民と呼ばれる。アメリカが移民の国だという場合、典型例として想定されているのは、実は難民であることも多い。

また、ひょっとすると、「第二世代の移民」というような表現を聞いたことのある読者もおられるかもしれない。これは、移民を経てアメリカ国籍を取得した人やその子孫であっても、移民として扱われることがあることを示唆している。移民とは厳密には当該国家にやってきて国籍未取得の人を指すはずだが、国籍取得後も、場合によっては移民の子どもとしてアメリカで生まれた人でさえも、政治的文脈によっては移民扱いされることがある（合衆国憲法の規定により、アメリカ国内で生まれた人はアメリカ国籍を持つ）。移民は象徴的な言葉であるため、現実政治では厳密な定義を行わずに、その時々の文脈において異なった意味で用いられるのである。

本章はアメリカの移民問題について検討する。ただし、ここでは狭い意味での移民に限るのではなく、難民なども含む、外国から移動してきた（あるいは移動しようとしている）人とその子孫について広く扱うことにしたい。なお、日本は入国段階で永住者として外国人の在留を許可することがない（定住型の移民を受け入れていない）が、アメリカでは法により永住を認められた移民が存在することも、念のために指摘しておきたい。

Ⅰ　移民の概略

1　合法移民

今日のアメリカには、人口の一三％にあたる四二〇〇万人ほどの外国人が居住していると推定されている。それらの人々のうち、留学生などの短期滞在者を除く人々を、合法移民、不法移民、難民に分けて説明したうえで、近年数が増大している中南米系についてとくに説明することにしたい。

合法移民として、アメリカは、以前は年間一〇〇万人程度、近年では毎年七〇万人程度を受け入れている（ただしコロナ禍のためここ数年は例外的に減少している）。今日のアメリカの移民政策の根幹を規定しているのは、一九六五年移民法である。それまでの移民法は、出身国に基づいて移民数を割り当てていた。それに対し、当該法律制定時のリンドン・ジョンソン大統領は、「あなた方はどこに生まれたのですか」ではなく、「あなた方はアメリカにどんな貢献をできるのですか」と問わねばならないと主張した。これからわかるように、一九六五年移民法は職能・技能に基づく移民選抜を重視しており、就労ビザの約一五％がこのカテゴリーに割り当てられている。とりわけ、化学、工学、コンピュータなどの分野で専門職に就いている高技能移民を対象としてH－1Bビザが発行されており、その年間の上限は六万五〇〇〇人である。

一九六五年移民法により入国を認められた合法移民の中で最大のカテゴリーは、家族優遇制度を用いた移民であり、合法移民全体の三分の二を占める。成人したアメリカ市民の両親、配偶者、未成年の子どもなど近親者については、ほぼ無制限に移住が認められる。その他の親族についても優先権はあるが、彼らに与えられるビザの数には制限がある。

離散家族に共に居住する機会を与えるこの措置は、特定の国からの移民を増大させる結果となる可能性がある。そこで、歴史的に移民が少なかった国からの申請者を抽選で選ぶ「移民多様化ビザ」が存在する。毎年五万人に支給されているが、それに対する応募者数は、毎年少なくとも数百万人、二〇一五年には一四九〇万人だった。これは、アメリカにあこがれる人、また、アメリカで成功を収めたいと考える人が多いことの表れである。

2　不法移民

今日、世界中で移民問題が争点になっており、日本でも移民受け入れをめぐる議論が盛んである。多くの国では合法移民をどれだけ受け入れ入れるかが問題となっている。これに対し、アメリカで最大の問題になっているのは不法移民への対応である。

今日の不法移民は、中南米とアジアからやってきた人が多い。中でも圧倒的に多いのがメキシコ出身者である。アメリカとメキシコとの間には圧倒的な経済格差が存在する。メキシコの労働者の一日当たりの平均賃金は、カリフォルニア州の一時間当たりの法定最低賃金よりも少ない。このような状況では、仕事を求めてアメリカに移住したいと考える人が多いのも当然である。他方、アメリカ側にも安価な労働力に対する需要があったため、歴史的に米墨国境の管理は厳格には行われてこなかった。また、農繁期にメキシコ人がアメリカに一時滞在して農業に従事することを可能にするブラセロ・プログラムも存在した。このプログラムは一九六四年に廃止されたが、以後も農場経営者等が安価な労働力を欲し、メキシコ人労働者が仕事を求めた結果、不法移民の増大を招いたのである。

この状態に対応するために導入されたのが、一九八六年の移民改革統制法である。国内に居住する不法移民のすべてを強制送還するのは現実的でないとの認識に基づき、三〇〇万人の不法移民に合法的な滞在許可を与える一方で（労働ビザの支給などが中心であり国籍付与が想定されているわけではない）、国境警備を厳格化することで以後の不法移民の入国を防ぎ、不法移民であることを知ったうえで不法移民を雇った者を罰するという内容だった。だが、たとえば、就労者が不法移民だと知らない場合には雇用者は罰されなかったこともあり、就労許可証やグリーンカード、パスポートなどの偽造産業が発達した。また、今日では不法移民の大半は密入国者ではなく、合法的に入国したうえでオーバーステイしている人々なので、国境警備厳格化が不法移民を抑制するわけでもなかった。さらに、出入国管理の厳格化は、不法移民がいったん国外に出てしまうと再入国が困難になることを意味したため、不法移民が出身国に帰らず、国内に潜伏する状況を作り出した。

このような結果、今日では約一一〇〇万人の不法移民が国内に居住しているとされているが、それに対する効果的な対応策は見つかっていない。

なお、不法移民という表現について、念のため付言しておきたい。不法移民という言葉に対応する英語は、illegal immigrant、irregular immigrant、undocumented immigrant などであろう。これらを直訳すれば、違法移民、非正規移民、書類不所持移民となる。不法移民は法律に違反してアメリカ国内に滞在しているため、法律的にみれば彼らを「違法」移民と呼ぶのが適切である。とはいえ、歴史的に米墨間の国境線は不明瞭で、国境線を越えて生活する人は多く存在した。また、子どもの頃に親に連れられて国境を越えた人々も存在する（彼らのことをドリーマーと呼ぶ）。そのような人に違法という表現を用いるのは不適切という問題提起から、「非正規」であるとか、合法的身分を証明する書類を携帯していないという意味で「書類不所持」移民という表現を用いるべきと主張されることがある。

ただ、たとえば中南米系移民の中でも正規の手続きを経て合法的地位を獲得した人の中には、既存法規に反して居住する人のせいで自分たちまでもが差別の対象となっていると考える人々がいる。そのような人々は不法移民を「違法」移民と呼び、退去処分にすべきとの立場をとることも多い。このように、移民を取り巻く実態は複雑であり、移民コミュニティも分断されている。アメリカでは不法移民に対してどの表現を用いるかが、政治的に問題となるのである。その点、日本では不法移民という表現が一般的に使われているし、「不法」というのは法律用語としては民事法上「不法行為」という表現はあるものの、刑事法や行政法の分野では用いられないため、より中立的な表現であると考えることができよう。

3 難　民

難民とは政治や宗教などに基づく迫害から逃れてきた人を指すため、自発的意思に基づいて移住してきた移民とは区別するのが一般的である。ただし、経済難民と移民は似たような境遇にあることも多く、両者を区別するのは難しい。

本章冒頭で述べたような建国神話があることもあり、アメリカは世界で最も多くの難民を受け入れている。ただし、その数は年により大きく変動し、近年では七〜八万程度が多かったが、ドナルド・トランプ大統領はコロナ禍ということもあり、受け入れ数を一万数千人にとどめた。

難民の受け入れはしばしば極めて政治的に決定される。ある国から難民を受け入れるという決定は、その国が道義的に好ましくない行動をとっていると宣言することを暗に含んでいるため、戦略的重要性を持つ国や経済的関係が深い国などから難民を受け入れるのは賢明でない。むしろ、冷戦期に共産主義陣営に属していた国のように、対立関係にある国からの難民は積極的に受け入れられやすい。一般に、難民の受け入れには人道的意味合いが含まれると考えられることも多いものの、受け入れ数が多いというのは、その国が道義的に優れていることを意味するのでは必ずしもなく、国際関係において敵と味方を峻別する傾向が強いことの反映である可能性もある。

4 中南米系

今日、中南米出身者は合法移民、不法移民ともに多くなっている。中南米系は、一九六〇年には人口の三・五％しか占めていなかったが、二〇一二年では一七％になっており、二〇六〇年には三一％にまで増大すると予想されている。なお、黒人は一九六〇年には人口の一一％だったのが、二〇一二年では一三％、二〇五〇年には一五％と推移すると予想されていて、中南米系人口はすでに黒人人口を上回っている。なお、アジア系については、二〇一二年段階では人口の五％とまだ少ないが、一九六〇年の段階では〇・六％しか占めていなかったことを考えると、その増加率は非常に高く、地方政治では大きな存在感を示すこともある。

中南米系の人口を増大させる大きな要因となったのが、一九六五年移民法と、合衆国憲法第一四修正条項で定められた国籍における出生地主義原則である。一九六五年移民法によって、西半球の国からの移民受け入れ数が増大した。合衆国憲法の規定上、不法移民や外国人の間にできた子どもであっても、国内で生まれた場合にはアメリカ国籍が与えられる。そして、一九六五年移民法で定められた家族優遇制度によって、彼らが二一歳になると家族を呼び寄せてアメリカで合法的に居住できるようになる。このような事情により、中南米からの移民が増大しているのである。

この状態は、移民送出国にも大きな利益をもたらしている。アメリカへの移民がもたらす外貨は魅力的なので、近年では中南米諸国の中に二重国籍を認めるところが増えている。移民は、アメリカ国籍を取得する際に出身国の国籍からの離脱を求められる。二重国籍を認める国はそれら国籍離脱者に国籍の回復を認めているが、その際に、アメリカ国籍からの離脱を求めないし、国籍再取得がアメリカ政府に報告されることもない。

これらの結果、中南米系には以前の移民とは違う特徴があると主張されることも多い。たとえば一九世紀にやってきた移民は、出身国を捨ててアメリカ人になる覚悟を決めて来た度合いが高かったとイメージされている。実際には、当時の移民にも帰国する人々は多かったが、船で長い時間をかけて来た人々には相当の覚悟が必要だったとの印象が強い。他方、中南米系の人々は地理的に近接していることもあり、出稼ぎ感覚で気軽にやってきて、稼いだ金を持って出身国に帰ろうとしているのではないかとの疑念が呈されることがある。中南米諸国の二重国籍奨励策もあり、彼らのアメリカに対する忠誠心を疑う者も存在する。これらの疑念に根拠があるかはさておき、そのような疑念やイメージが移民問題をめぐる政治過程に影響を及ぼしている。

最後に、中南米系の中にも多様性があることを指摘しておきたい。共和党のトランプ大統領が中南米系を強く批判したことから、中南米系は民主党支持者としてまとまっているとのイメージを持たれがちだが、実態は異なる。たとえば前章でも述べたとおり、難民としてやってきたキューバ系については、共和党がキューバに強硬な態度をとってきたことから、共和党支持の傾向が強い（ただし、第二世代以降の人々や、一九八〇年のマリエル港大量難民流出事件以降に経済的理由で入国した人の中には民主党支持者も多い）。

また、キューバ系を除いた場合でも中南米系内部には多様性がある。トランプが勝利した二〇一六年大統領選挙の際、ギャラップ社が実施した調査によれば、中南米諸国で生まれて移民してきた人の中でヒラリー・クリントンを好ましい、非常に好ましいと評価した人は合計八七％なのに対し、トランプに同様の評価をしたのは一三％だった。アメリカ生まれの中南米系に関しては、ヒラリー・クリントンに同様の評価をしたのは四三％、トランプについては二九％だった。また、ピュー・リサーチ・センターの調査によれば、バイリンガルかスペイン語のみを話す中南米系（有権者登録をした人の五七%）のうち、ヒラリー・クリントン支持は八〇%、トランプ支持は一一%なのに対し、主に英語を話す中南米系については、ヒラリー・クリントン支持は四八%、トランプ支持は四一%だった。

一般に、黒人にはイデオロギー的にリベラルな人から保守的な人まで存在するにもかかわらず、選挙の際には大半が民主党に投票する。これは、黒人が公民権運動のような集団としての一体感を持たせる集団体験を有する結果でもある。他方、中南米系にはそのような集団体験があるわけではないこともあり、社会経済的地位などの内部の多様性に基づいて投票行動を変える可能性があるのかもしれない。

II　争点としての移民政策

1　多様な側面

以上の議論からもわかるように、移民政策は、相矛盾する理念や利益関心が対立する争点であり、ナショナル・アイデンティティ、文化、雇用や経済成長、人口動態、社会福祉、外交・安全保障など多様な政策領域に影響が及ぶ。政策専門家の判断と、一般国民の感情的判断がぶつかり合う政策領域でもある。

たとえば、ナショナル・アイデンティティや文化面では、自らやその祖先がたどってきた道を思い起こさせる存在として移民や難民に寛容な態度を示す人々が存在する。他方、移民の持ち込む生活習慣や文化がアメリカ社会を破壊するとの不安も強い。

多様な移民を受け入れてきたアメリカは、そのアイデンティティの基礎を民族性や言語、宗教の一致に求めることができないこともあり、自由や民主主義、平等などの、アメリカ的信条と呼ばれる理念の共有に求めてきた。アメリカ的信条の基礎を作り、独立宣言や合衆国憲法にまとめた建国者たちは、移民というよりは、アングロ・サクソンでプロテスタントの入植者だった。移民をそれらの理念にあこがれて来た人々と考えれば、移民はアメリカ的信条の正しさを確認し強化する存在だといえる。だが、移民がアメリカ的信条を受け入れる保証はなく、その基礎を掘り崩す可能性もある。出身国が二重国籍奨励策をとる場合などは二重忠誠の問題も惹起する。移民の出身地域や宗教によって、人種的、民族的、宗教的差別が発生する可能性もある。

経済面に関しても議論は分かれる。人口ボーナスと呼ばれる議論によれば、人口構成上、生産年齢人口（一五歳から六四歳まで）が多い場合、豊富な労働力が存在することとなるため、経済成長が可能になる。この前提に立つならば、比較的若い移民は生産年齢人口を増やし、繁栄をもたらすため、歓迎されるべき存在となる。

だが、移民がもたらす富をどのように分配するかは問題となる。たとえば、企業経営者は移民を安価な労働力とみなして積極的な受け入れを主張する。他方、労働組合は、労働基準を引き下げて労働者の経済的保障を損なう、場合によるとアメリカ人から雇用を奪うとして、移民に批判的である。雇用を奪われた者は他業種に移動すればよいというのが市場経済の基本原則だが、そのための調整コスト（労働訓練や失業補償など）も大きく、調整コストが移民によりもたらされる富より大きい可能性もある。

外交・安全保障に関しても、議論は分かれる。たとえば冷戦期には、資本主義陣営拡大の観点からアメリカは移民や難民の受け入れに積極的だった。他方、マッカーシイズムに代表される「赤狩り」の時期のように移民受け入れに消極的な時代も存在する。また、二〇〇一年の九・一一テロ事件以降、テロリストが移民、難民として入国し、アメリカの治安を脅かすのではないかとの懸念も提起されている。また、メキシコからの違法薬物の流入も大問題となっている。

このように、移民政策は多様な側面を持っており、どのような措置をとるのが賢明か、また、どのような措置が支持されるかは、政治、経済、社会の状況により変わってくる。

2　移民政策の段階と連邦制

移民をめぐる政治過程には、いくつかの段階がある。第一段階は、合法移民としてどのような人をどれだけ受け入れ、不法移民などをどのように処遇するかという入国管理政策である。第二段階として、定められた法律に基づいて（あるいはそれを破って）入国した移民をどのように社会に統合するかという社会統合政策の段階がある。

この二つの段階を考えるうえでは、連邦制の問題を念頭に置く必要がある。出入国管理政策は連邦政府が管轄するのに対し、社会統合政策は、多くの場合州と地方政府によって担われているからである。連邦政府と州以下の政府の方針にズレが見られる場合もあり、これが移民問題をめぐる政治過程を複雑にしている。

III　出入国管理政策

1　出入国管理と政党政治

出入国管理は、連邦政府の管轄事項である。どのような移民をどれだけの数受け入れるかという問題、また、どのような人に退去処分を課すかなどが、中心的論点である。その大枠が一九六五年移民法で定められていることは、前述のとおりである。

注意する必要があるのは、出入国管理をめぐる政党政治がときに複雑な様相を呈することである。トランプ候補が勝利した二〇一六年大統領選挙前後の政治過程などをみても、共和党が移民に厳格な立場をとり、民主党は寛大だというイメージがあるかもしれない。だが、実際には移民問題は党派を横断する争点である。

民主党内でも、中南米系などの票獲得を目論む政治家は、近親者を呼び寄せたい有権者を意識して、移民の受け入れを拡大し、不法移民に寛大な立場をとるよう提唱することが多い。他方、労働組合に近い立場の政治家は、移民に批判的な立場をとる傾向がある。近年、民主党が移民に寛大な立場をとっているのは、トランプら共和党の移民強硬派に対抗する意図があるのに加えて、労働組合の加入者が減少してその影響力が低下しているためである（労働組合の中にも、移民に加入してもらおうとするところが出てきている)。

共和党内では、移民に不満や不安を感じる地域から選出された議員は、移民受け入れに消極的な立場を示すとともに、不法移民を退去処分にするよう主張する。他方、労働者の賃金低下を目論む企業経営者に近い議員は移民を歓迎している。二〇一六年大統領選挙に際して共和党主流派は、メキシコ系を妻に持つジェブ・ブッシュや、キューバ系のマルコ・ルビオを候補として擁立しようとした。それは、移民に起源を持つ有権者が今後増大するのをにらんだものであることに加えて、企業経営者の利益関心に応えようとする意図があったためである。

このような状況の中で何らかの改革を達成するためには、党派横断的な連合を形成する必要がある。その一つの試みが、先にも記した、ロナルド・レーガン政権期に通過した一九八六年の移民改革統制法だった。同法では、三〇〇万人の不法移民に合法的地位を与え、以後の不法入国を防止するために国境警備を強化し、不法移民であることを知って労働者を雇用した者に罰則を与えるという三つの措置がとられた。どれか一つだけの措置を目指して立法を行うのは困難なので、包括的な政策パッケージを作り上げることでの法案通過を目指すのである。レーガン政権以降、移民改革は何度も試みられているが、そのいずれでも同様の包括的立法が目指されている。

2 国境管理の現状

具体的な国境管理に関しては、主に一九九〇年代以降、抑止力を強化することによる密入国防止が目指されている。トランプ大統領は米墨国境地帯に壁を作ると主張したが、実はそれ以前から、米墨国境地帯の主要部分には壁やフェンスが存在した。投光ランプや埋め込み型センサーが設置され、暗視ゴーグルや軍事用赤外線スコープなどの機器を駆使して取り締まりが行われているところもある。もっとも、国境地帯でも砂漠地帯などにはフェンスは立っていないが、そのようなところを縦断して密入国する事例は多くない（ただし、前述したように近年の不法移民の多くは、合法的に入国した後にオーバーステイしている人々である）。

その他の入国管理政策として、移民の指紋をコンピュータで読み取り、顔写真とともに移民帰化局（INS）のデータベースに保存するなどのハイテク指紋照合システムなども導入されている。雇用や法執行機関による身元照会に際してこのデータベースを利用することで、不法入国者を識別するのがねらいである。

3　ドリーマーへの対応

近年では、保守派を中心に不法移民の国外退去処分が重視されているが、その例外とされるのが「ドリーマー」への対応である。幼少期に家族に連れられて不法入国した人々は不法移民だが、その責を本人に帰すことの妥当性は低い。幼少期からアメリカに居住しているため、アメリカ人としてのアイデンティティを持つ人も多いし、英語しか話せない人もいる。そこで、彼らの救済を目的として、ドリーム法と呼ばれる法案が何度か提出されてきた。連邦レベルで出されるドリーム法は、彼らに滞在と労働の許可を与えようとするものである（州レベルのドリーム法については後述）。

ただし、移民問題をめぐる対立が激化する近年では、ドリーム法を通過させるのは容易でない。そこで、二〇一二年にバラク・オバマ大統領は、若年層向け強制送還延期プログラム（DACA）を大統領令で出した。これはドリーマーの一部に滞在と労働を認める二年ごとの更新制プログラムであり、六九万人が恩恵を受けたとされる。法的にみると、ドリーマーに滞在許可を与えることは、行政権の行使として容認されるとされている。すべての不法移民を一斉に強制送還するのは不可能なので、どの人を優先的に送還するかを決める必要があるためである。だが、強制送還しない人に労働許可を与えることについては立法上の根拠が不明確で、既存法規の運用という枠を超えているため、この大統領令は権力分立制を否定する行為ではないかとの批判がある。トランプ大統領が二〇一八年三月から徐々にDACAの執行を停止すると発表した背景には、そのような理由がある。

Ⅳ　移民への対応

1　連邦・州・地方

次に、アメリカに入国した移民にどのように対応するかが重要となり、州政府か地方政府がその問題に対応することが多い。州以下の政府にとってはそのような役割は自ら望んだものではなく、むしろ連邦政府から負担を一方的に押し付けられているとの認識を持つことが多い。

実際、州以下の政府は、ときに困難な課題に直面する。たとえば、連邦の移民法は貧しい移民の入国を制限しているため、貧困者は移民として流入していないというのが連邦政府の立場である。だが、貧困な移民が入国しているのは周知の事実である。州や地方の政府は人の移動を直接的に制限する権限を持たないため、貧困な移民が地域内に居住するようになると、対応する必要が生じる。しかも、連邦政府から移民対策の特別な資金援助がなされるのはまれなので、独自の財源から費用を捻出せざるをえない。

この問題が、州や地方政府の移民問題への対応を複雑なものとし、連邦の移民政策、移民政治とのズレを生じさせる。たとえば、連邦の共和党議員は近年では移民に強硬な立場をとることが多いが、移民が多く居住する州や地方の共和党の政治家は、厳格な対応だけでは問題に対処できないことを理解している。逆に、連邦の民主党議員は移民に寛大な措置をとるよう求める傾向が強いが、州以下のレベルの民主党の政治家は、予算の制約などもあり、寛大に過ぎる措置はとれないと考えている。

連邦の政治家にとっては、移民問題への対応は少なからず抽象的脅威への対応という側面もあり、厳格であれ寛大であれ極端な立場を示すことも可能であるが、直接的に移民に対応せねばならない人々にとっては、現実的な政策が必要となる。その結果、州以下のレベルでは、党派対立も弱くなる。移民が経済的繁栄をもたらす場合などには寛容な立場が示されるが、逆に移民が社会問題を惹起すると考えられる場合には連邦以上に厳格な対応がされることもある。

2 教　育

移民はアメリカの政治文化や価値観になじみがない状態でやってくることが多いため、彼らにアメリカの文化や価値観を伝える教育が重要になる。アメリカの教育システムの詳細は第9章の説明に委ね、ここでは移民問題を考えるうえでの論点をいくつか指摘したい。

まずアメリカでは、日本の教科書検定のような制度が存在しない。アメリカでは基礎的な教育を児童に与えることが義務となっているものの、子どもを学校に通わせることは義務づけられていないので、最低限の要件を満たしてさえいれば教育を家庭で行うことも可能である。仮に子どもに公立学校で教育を受けさせる場合でも、その教育内容は学校区単位で決定されることが多く、学校区長を選ぶ選挙では合法的滞在資格を持たない不法移民にも選挙権が認められるのが一般的である。一九八二年に連邦最高裁判所が出した判例によって、不法滞在中の子どもにも初等・中等教育を受ける権利が認められていることが根拠とされている。このような教育制度のもとでは、移民の子どもにアメリカ的価値観を教えるのは容易でない。

次に、言語に関して、アメリカには日本における日本語のような「国語」が存在しない。基礎教育を英語で行わなければならないと連邦法で規定されているわけでもない。その結果、たとえば中南米系移民の多い地域では、教育が英語とスペイン語の二か国語で行われたり、スペイン語でのみ行われたりすることもある。

国籍を持たないままにアメリカで初等・中等教育を修了した不法滞在者が高等教育を受けることのできる年齢に達した際に、どのような処遇を施すかも争点となる。先ほど、州でもドリーム法制定が争点となると指摘したが、州立学校が他の一般州民と同様の割り引いた授業料を不法移民に適用するのを認めるか、また、州立の高等教育機関に在籍するための奨学金の申請を容認するかが問題になるのである。

最後に、積極的差別是正措置（アファーマティブ・アクション）の問題を指摘しておきたい。主に高等教育機関の学生受け入れに際して、劣位に置かれた人々の社会的地位改善策として積極的差別是正措置がとられてきた。だが、時が経つにつれ、積極的差別是正措置の目的が変化してきた。以前は過去の差別に対する反省という観点からマイノリティに対する優遇措置がとられていたが、近年では、社会的多様性の確保が目的とされるようになってきたのである。移民に対する積極的差別是正措置は多様性確保の観点からすれば好ましいとしても、本来の目的からは逸脱した逆差別だという指摘もなされている。また、黒人を受け入れようとする場合、過去の差別に対する反省ということであれば奴隷を祖先に持つアメリカ生まれの黒人を優先すべきだが、多様性の確保が目的であれば近年アフリカから移民してきた人々を優先してもよいことになる。問題は複雑である。

3　犯罪・聖域都市・聖域州

移民の増大は犯罪率の上昇をもたらすと指摘されることがある。この問題をどう考えるかは、実は難しい。

まず、アメリカの人口一〇万人当たりの収監者数は七三〇人で世界最大である。詳細な数字は前章で紹介したが、アメリカ国内についてみれば、黒人と中南米系、とりわけ黒人男性と中南米系男性の比率が非常に高い。このデータを見れば、中南米系のような移民の犯罪率が高いという主張が裏付けられているように思えるかもしれない。

だが、収監者には刑事法に違反した人だけでなく、他の法律に違反した人も含まれている。一九九八年から二〇一〇年の間の連邦刑務所の受刑者の増加の五六%が、移民法関連の廉による。二〇一三年に連邦刑務所に収監されている人の約一一%が、移民法関連の廉による。二〇一二年の段階で、中南米系は、連邦刑務所に収監されている人の三五%、連邦裁判所で訴追された人の約五〇%を占めている。人種・民族構成別の収監理由に関するデータが存在しないので断定的な結論を出すことはできないものの、これらのことを考えると、移民法違反のゆえに収監されている中南米系の人が多いと推定することができる。

移民については、罪を犯せば国外退去処分を科される可能性が高くなるため、犯罪に着手するのは合理性に欠ける。不法移民本人や、家族に不法移民がいるような人にとっては、仮に自らが犯罪被害にあった場合でも、法執行機関に訴えれば自らや家族の不法滞在が明らかになる可能性が高いことから、泣き寝入りする場合も多い。移民や不法移民の増大が治安を悪化させるとの懸念は、杞憂である可能性が高い。

その結果として今日発生しているのが、聖域都市や聖域州と呼ばれる地域を取り巻く問題である。これは、連邦政府が定める不法移民取り締まり政策を厳格に実施しない都市や州を指す表現であり、トランプ大統領などはこれらの都市や州に対する補助金の減額などを示唆しながら、不満を表明していた。だが、実際に不法移民が多く居住している都市や州の大半は、事実上、聖域都市・聖域州である。不法移民取り締まりは出入国管理政策の一部だともいえ、実施する権限を持たないと考える地域も多い。また、そもそも厳格な取り締まりを行うインセンティブが存在しないためでもある。

たとえば警察にとっては、不法移民摘発のために特定の民族集団に身分証明書の提示を求めることは、不当な人種的プロファイリングだと批判される可能性が高い。実際の犯罪行為に着手していない人々を取り締まる必要性もない。むしろ、警察にしてみれば、不法移民が紛れているとしても、地域共同体と良好な関係を維持する方が得策である。たとえば、違法薬物の販売を行う者が居住している場合には、地域共同体から行われる情報提供が有益となる。聖域都市や聖域州が出現する背景には、このような理由がある。

4 社会福祉

社会福祉には多様な側面がある。たとえば、個人の生活についてのリスクを社会的に分散するという面に着目するならば、共同体内で何らかの一体性の感覚が必要となる。この観点からすると、移民がもたらす社会的多様性は社会福祉政策の発達を阻害してきたといえるかもしれない。

他方、経済的対価に着目すれば、移民と福祉との関係をめぐる議論は異なったものとなる。国内に居住する外国人も税金を払っている。税金は何らかの社会的サービスの対価としてのみ徴収されるべきという観点に立てば、移民や外国人にも政府から一定のサービスを受ける権利が発生する。そのため、外国人や移民であるという理由に基づいて福祉給付をやめるという議論には、根拠がないともいえる。

一般に社会福祉プログラムは拠出型と非拠出型に分類されるが、移民と社会福祉政策との関係も、そのプログラムが拠出型か非拠出型かで変わってくる。

たとえば、年金は拠出型の典型例だが、一九三五年の社会保障法によって制度化された社会保障年金は、労働賃金から強制的に徴収される社会保障税の額に基づいて提供される。労働と社会保障税の納付を一〇年以上行っていれば、国籍とは関係なく給付される。比較的高齢で移民として入国してきた人の労働期間が一〇年未満の場合、年金財政には貢献したとしても、年金を受給することはできない。高齢者向け医療保険であるメディケアのパートAにも同様の受給資格要件が存在し、これらが移民が高齢になっても働き続ける理由となっている。

他方、非拠出型の典型例である公的扶助については、一九九六年の個人責任就労機会調停法や不法移民改革移民責任法で詳細に定められている。

一九九六年八月二二日より前に入国した有資格の移民については、貧困家庭一時扶助（TANF）、貧困者向け医療扶助であるメディケイド、貧困者向け食料用クーポンであるフードスタンプ（SNAP）、高齢者や障害者を対象とした補足的所得保障（SSI）を受給する資格がある。他方、同日以後に入国した移民は、国籍を取得するまではSSIやSNAPを受給できないし、入国後五年が経過しなければTANFとメディケイドを受給することができない。

難民や亡命者については入国後七年間は公的扶助プログラムの受給資格が与えられるが、それ以後は帰化しない限り受給資格が制限される。その他、国籍を有していなくても、国内で一〇年間働いた人や軍歴のある者、その扶養家族は、全給付を受ける資格がある。緊急医療や伝染病の予防接種などは、国籍を持たない場合でも給付が認められる。

なお、一九九六年の個人責任就労機会調停法にはSSIの給付を打ち切る規定が含まれていたが、一九九七年の均衡予算法で修正が施された。一九九八年には、一九九六年以前にアメリカに居住していた子どもや高齢者、障害者に対するＳＮＡＰの給付が認められ、二〇〇二年には子どもや障害者に対して入国後ただちに、また、その他の移民の場合でも入国して五年が経過した後には、ＳＮＡＰの給付が認められることとなった。

これらの改革の結果、移民の福祉受給要件が明確化された。不法移民については緊急避難的プログラムを除いて給付を禁止されたため、福祉給付の際には身分証明書の提示が求められるようになった。このため、一部の論者が懸念するような、福祉受給を目的として不法移民が渡米するという事態はあまり想定できないだろう。他方、逆説的ながら、アメリカ市民権の証明書や出生証明書を所有していないために給付を断られるアメリカ人の高齢者や黒人が多く出現したとも指摘されている。

Ⅴ　移民の国アメリカの課題

本章では、移民の中にも多様な立場の人が存在することを指摘してきた。説明を簡略化するために、本章でも移民に対して寛大であるとか厳格であるというような表現を便宜上用いてきたが、実態が複雑であることが理解できたであろう。また、移民問題を考えるうえで、連邦制の問題が大きな意味を持つことも重要である。

近年のアメリカでは、不法移民問題が一大争点化されていることもあり、そのイメージに基づいて様々な政策が作られている。厳格な国境管理政策に意味はあるのか。移民や不法移民が社会福祉政策を悪用しているとか、犯罪政策を増大させているというようなイメージが存在するが、それらは実態を反映しているのか。近年では、必ずしも実態を反映しているとはいえないイメージに基づいて移民対策が厳格化されているが、それがむしろ移民の社会統合を妨げている可能性もある。

興味深いのは、移民に対する誤ったイメージの結果として、様々な政策の基礎が掘り崩される可能性が存在することである。不法移民への社会福祉給付を拒否するために身分証明書の提示が求められるようになった結果として身分証明書を持たないアメリカ人が給付を得られなくなったとか、地方によっては警察が不法移民取り締まりに傾注する結果として犯罪取り締まりに十分な人員を割くことができなくなったというような例が散見される。移民に対する偏見の結果として重要な社会サービスが縮小されたり、貴重な資源が重要性の低い分野に投入されたりする結果、様々な社会問題が悪化している可能性もある。

移民の国としばしば評され、社会的多様性をその強さの源泉としてきたアメリカ。その移民政策の行方に注目する必要があるだろう。

（西山隆行）

第6章　ジェンダーとセクシュアリティ

はじめに

本章はアメリカ政治におけるジェンダーとセクシュアリティの問題を扱う。セックスが生物学的な性差であるのに対し、ジェンダーとは男女の性差を社会的、文化的に構築されたものと考える視点を表現する概念である。男らしさ、女らしさというような規範が割り当てられ、それにふさわしい態度や行動をとるよう強要されることの権力性についての問題提起から、ジェンダーという概念が提示された。セックスは変えることができない属性であるのに対し、ジェンダーは変更可能だという議論がされることもある。ただし、セックスは変更不可だという主張に根拠がないという指摘もあり、議論は複雑である。

ジェンダーとセクシュアリティをめぐる問題は多様な次元や枠組みで議論される傾向があり、どのような形で議論するかによって、必要とされる対応が変わってくる。たとえば、閣僚などに占める女性比率について考える場合、女性がどれだけの数を確保すべきかという次元で議論するのか、それとも、女性の閣僚数が増えない社会構造やシステムの問題として議論するかによって、含意は大きく異なる。これらの問題は、利益、アイデンティティや尊厳、権利、社会構造など多様な次元で争われる可能性があり、それによって展開される政治の質は大きく異なってくる。

ジェンダーとセクシュアリティをめぐる問題がアイデンティティと尊厳をめぐる問題として提起される場合、経済的利益をめぐる問題とは異なる政治が展開される。もちろん、アイデンティティと経済を二者択一的に捉えるべきではない場合があるのは言うまでもないが、あえて単純化して言えば、経済的利益をめぐる問題の場合は足して二で割るというような妥協を比較的行いやすいのに対し、アイデンティティや尊厳のような非物質的問題については、そのような問題解決は困難である。

アイデンティティや尊厳をめぐる問題は象徴性をめぐる問題であり、それらを尊重することが重要だという規範を多くの人が持っている。だが、当事者以外の人々にとっては他人事という意識を持たれる可能性もある。そのため、賛否両方の立場ともに、世論の動員を目指してアピール戦略をとる傾向も生まれる。

ジェンダーやセクシュアリティの問題は、純粋な経済的利害の問題と比べると、既得権益が発生しにくい面もある。それもあって、これらの価値実現を目指す場合は、その価値を単なる利害ではなく権利の問題として位置づけるよう求められることが多い。権利の問題として認められれば、他の制約がある場合でも、それを乗り越えて保障されることになるためである。したがって、この問題は、他の争点と比べても司法の分野で争われることが多くなる。

ジェンダーとセクシュアリティをめぐる議論は、他の争点と比べても、多様な立場から議論される。同じく女性の利益を重視するといっても、女性にも多様な立場の人が存在し、その利益関心を一枚岩として捉えることはできない。同時に、時代の特徴や社会的規範を反映して議論される傾向もある。

たとえば、性差を認めることが重要と考えられる場合と、違いを認めないことが重要と判断される場合の両方が存在する。労働の分野を例にとれば、女性を保護することが必要と考えられた時代もあれば、それは不当な差別だと考えられた時代もある。一般論としては、かつては性差を前提として保護や経済的補償を与えることが重視されていたが、今日では、差を強調せずに機会を平等に保障することが重視されている。とはいえ、今日でも性差の違いを強調する立場（たとえば性差を根拠に消費者運動や平和運動を展開する人々）も存在することは念頭に置く必要がある。

社会的規範という意味では、宗教との関連を念頭に置く必要もある。人工妊娠中絶を認めるか、同性婚を認めるかという問題は、宗教右派にとっても大問題である。

I　女性と政治

1　一九世紀の展開

一九世紀初頭、女性は法的庇護状態にあるとされていた。女性は結婚前は父親の、結婚後は夫の法的保護下に置かれるとされた。財産を所有したり相続したりすることはできず、訴訟当事者にもなれず、離婚を申し立てることもできなかった。二一歳以上の独身者や寡婦、離婚した人は一定の自律性を持つとされたものの、概して貧困となり、排除の対象とされた。

女性の権利拡大を促す活動を考えるうえで興味深いのは、奴隷解放、公民権、ニューレフトなどの、平等な権利実現を目指す他の社会運動に関与する中で性差別の問題の根の深さを痛感した人々が女性運動を活性化させてきたことである。それらの組織を通して女性活動家は様々な戦術や組織運営の方法を学んできたのである。

女性の権利拡大にとって画期とされる一八四八年のセネカ・フォールズの大会は、奴隷解放運動に際して女性が男性に講ずることを認められなかったり、奴隷制廃止協会の役員への被選出権が与えられなかったりすることに対する不満に端を発していた。セネカ・フォールズでは、奴隷解放運動を通して身につけた能力を活かし、スーザン・B・アンソニーはネットワーク作りやロビイングの分野で、エリザベス・ケイディ・スタントンは文筆家、戦略家として活躍した。

セネカ・フォールズ以降、女性は一部の州で財産権を認められるなど経済上の権利を拡大させていったが、訴訟適格、投票権、陪審員になる権利などは認められなかった。男性が家庭の外で公的役割を果たし、女性は家庭内で私的な役割を果たすべきというヴィクトリア朝時代的価値観が強かったためである。このように女性の活動の場は限定されていたが、女性が重要な社会変革を達成することもあった。たとえば、一八七〇年代には女性キリスト教禁酒協会が中心となって禁酒法制定につながる動きを作り出したし、ハルハウスで活動したジェーン・アダムスのように、セツルメントで慈善活動をすることで後の福祉国家の発展に必要な素地を作った人もいた。

2　女性の政治参加

女性参政権は、一八六九年にワイオミング準州で、一八七〇年にユタ準州でというように西部で早くから認められていたが、女性参政権を求める複数の団体が合流して一八九〇年に全米女性参政権協会が結成されたことが重要な意味を持った。一九一〇年にワシントン州、一一年にカリフォルニア州、一二年にアリゾナ州、カンザス州、オレゴン州で認められるようになり、一九一六年までには一五の州で完全に、二三の州で部分的に投票権が認められた。そして、第一次世界大戦に際し、徴兵された男性の代わりに女性が経済分野でも大きな役割を果たすようになる中で、アリス・ポールらによる活動もあり、ウッドロウ・ウィルソン大統領も女性参政権を容認するようになった。女性参政権を定めた合衆国憲法第一九修正条項は一九一九年に連邦議会を通過し、翌年には発効に必要な三六州の批准を得たのである。

女性への参政権付与に反対していた人々は、投票権を獲得した女性が予測不能な投票行動をとるのではないかと恐れていたが、投票権獲得後しばらくは、女性たちは夫とほぼ同様の投票行動をとっていた。だが、今日では女性と男性との間で重視する争点にも違いがあり、投票行動に差が見られるようになっている。

女性は第一九修正条項によって被選挙権も獲得したものの、その後五〇年間で上院の任期を全うしたのは三人しかいなかった。この状況が変化したのは一九九〇年代で、女性の議員比率は急速に上昇した。二〇一七〜一八年の地方選挙、中間選挙では、女性候補が大幅に増えた。二〇一六年大統領選挙ではヒラリー・クリントンが二大政党初の大統領候補となったし、二〇二〇年大統領選挙の結果、カマラ・ハリスが女性初の副大統領になった。女性閣僚の数も増えている。連邦最高裁判所判事についても、二〇二三年現在、九人のうち四人が女性である。

このように、政治の世界で活躍する女性の数は増えている。ただし、議員全員に占める女性比率をみると、二〇二一年時点で連邦議会下院では二七％であり、先進国内でも低い。この相対的な比率の低さは、制度的要因によって一定程度説明できる。多くの国では候補者の公認権を党本部が持っており、とりわけ比例代表制を採用する国では候補者名簿の作成に際し、ジェンダー・バランスを考慮することが多い。だが、アメリカの場合は党本部が候補者公認権を持たず、選挙区ごとに行われる予備選挙や党員集会で候補が決定されるため、女性候補者比率を増大させようという圧力は働かない。立候補した女性の当選率が立候補した男性の当選率とあまり変わらないことを考えると、原因は、女性が政治を好ましいキャリアと考えていないことにあるのかもしれない。

3　転機としての一九六〇年代

一九二〇年に参政権を獲得して以降、女性の権利拡大を目指す運動は共通の目標を失ったが、ニューディール期以降に労働省女性局に一定の足場を築いてネットワークを形成していた。それが、一九六〇年代以降の変化に大きな影響を及ぼした。

ジョン・F・ケネディ大統領は女性の地位に関する大統領諮問委員会を作ったが、一九六三年に発表された報告書で、女性に対する社会的、経済的差別の実態が明らかにされた。また、同年にはベティ・フリーダンの『女らしさの神話』が発表され、大きな注目を集めた。報告書やフリーダンの著作でなされた問題提起は、女性活動家が構築していたネットワークを通して拡散した。

一九六四年公民権法も、女性の権利拡大にとって大きな意味を持った。それは、公民権法成立阻止を目指していたヴァジニア州選出のハワード・スミスが、公民権法に人種のみならず性の平等も目指すとの文言を入れれば同法の成立が困難になるとの判断に基づき、性という語を入れたことがきっかけとなった。当時、リンドン・ジョンソン大統領をはじめとする公民権法推進派も、女性に関する問題提起は法案成立の障害となると判断し、その措置に反対したが、心配は杞憂に終わった。

性の平等を盛り込んだ形での公民権法成立に伴い、同法の規定に即した活動が行われているかをモニターする雇用機会均等委員会が作られ、性差別に厳格な姿勢をとるようになった。同法の成立は利益団体の形成も促し、全米女性機構（NOW）が一九六六年に作られた。NOWは同委員会へのアクセスを得て、今日に至るまで、女性活動家の結集点となっている。

4　男女平等条項（ＥＲＡ）と人工妊娠中絶

ＮＯＷを中心とする団体が実現を目指してきたのが、性別に関係なく法の下に平等な権利を保障する男女平等条項（ＥＲＡ）を修正条項として合衆国憲法に加えることである。ＥＲＡは一九二三年に初めて法案が提出されて以降、繰り返し立法化が試みられてきたが、一九七〇年に初めて下院で公聴会が開かれ、三五〇対一五で下院を通過した。また一九七二年には上院を八四対八で通過した。憲法修正のためには三八以上の州で批准される必要があるが、上院通過後一年以内で二〇を超える州の批准が得られ、その前途は明るいとも考えられた。

ＮＯＷは人工妊娠中絶の権利を女性に認めることも要求しており、一九六九年には全国中絶権擁護連盟が組織された。中絶に関する事項は州政府が管轄していることもあり、当初は州レベルでの改革が目指された。だが、改革をより確かなものとするために、ＮＯＷと全国中絶権擁護連盟は連邦レベルでの改革を目指すようになった。中絶の権利を容認することは連邦議会議員の再選に直結しにくいこと、また、ＮＯＷの活動家が公民権運動を通して裁判所を政治的に活用する技術を身につけていたこともあって、訴訟戦術がとられた。その画期的成果が、一九七三年のロウ対ウェイド判決である。

同判決は、妊娠を継続するか否かに関する決定が女性のプライバシー権に含まれると判示し、人工妊娠中絶を規制する法律の大部分を違憲無効とした。そして、妊娠期間を三期に分け、第一期には州政府は中絶を禁止してはならず、第二期には州政府は中絶を禁止してはならないが母体の健康のために合理的な範囲内で規制することができ、第三期には州政府は中絶を禁止することができると判断した（妊娠期間を三つに分けるこの枠組みは一九九二年の判決で覆された）。

ＥＲＡや中絶の権利を認めようとする人々は、権利拡充を推進する民主党のもとに結集した。他方、それらの活動を行き過ぎと考える人々は、徐々に共和党のもとに結集するようになった。

たとえば、一九七二年と一九七五年にそれぞれ創設されたストップＥＲＡやイーグル・フォーラムは、妻や母としての伝統的役割を強調し、伝統的家族がＥＲＡによって破壊されると訴えた。その戦術の結果、ＥＲＡは平等な権利実現の問題というよりも、女性や家族の役割の変革を求める問題とみなされるようになっていった。以後、アメリカの保守派は「家族の価値」を重要なシンボルとして掲げるようになった。当時のアメリカ社会の保守化傾向ともあいまって、ＥＲＡは最終的に批准に必要な三八州の承認を得ることができず、一九八二年に失敗に終わった。

中絶についても反動は起こった。ロウ対ウェイド判決で中絶が女性の権利と認められた後にも、州レベルでは、手術実施前にカウンセリングの受講を義務化したり、冷静な判断をすることができるようにとの名目で待機期間が設けられたり、配偶者や親の承認を必要とするよう定めたりするなどされることがあった。これらは、中絶の実施を踏みとどまらせる可能性を持っていた。

そして二〇二二年には、連邦最高裁判所はロウ対ウェイド判決を覆す判決を出した。ロウ対ウェイド判決の根拠とされたプライバシー権は合衆国憲法上の権利ではないとする立場から、合衆国憲法は中絶の権利を認めておらず、中絶に対する規制は州の判断に委ねられるとの立場が示されたのである。

中絶容認派は女性の選択を重視するという意味でプロ・チョイス派と呼ばれ、中絶反対派は胎児の生命を重視する観点からプロ・ライフ派と呼ばれる。プロ・ライフ派には宗教右派と呼ばれる保守派

図 6-1：人工妊娠中絶に対する見解

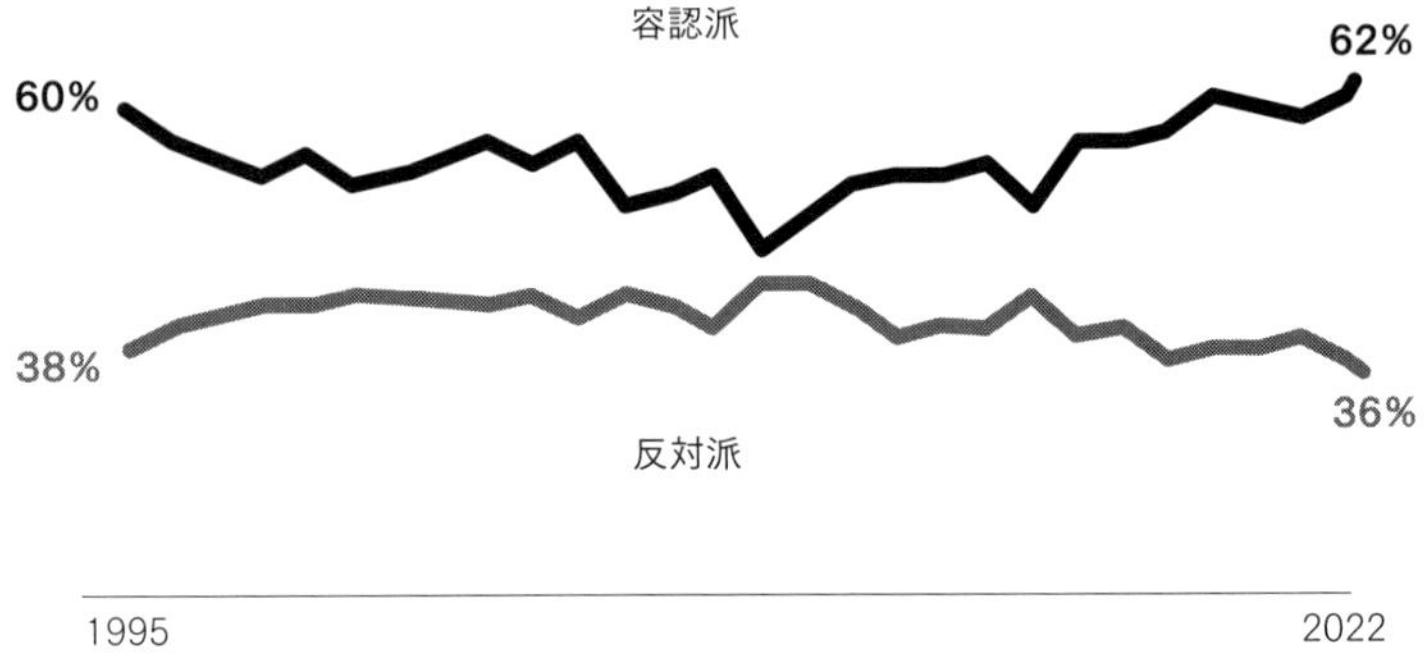

（出典）Pew Research Center（2022）

も多く、中絶をめぐる争点はジェンダーの問題であるとともに、宗教をめぐる争点としても位置づけられている。

二〇二二年の判決はプロ・チョイス派の政治活動を活発化させている。連邦最高裁は賛否の分かれる争点については世論の動向にあわせて立場を変えるし、世論も最高裁判決の結果を後追いすることが多いと長らく指摘されてきた。だが中絶問題についてはそのようなパターンが当てはまらない可能性が高く、今後も争いが続くと予想される（図6‐1も参照）。

なお、中絶をめぐる論争は、様々なところで展開されてきた。たとえば、医療保険制度改革に際し、保守派が人工妊娠中絶に医療保険を適用するのを妨げようとしたり、医療保険の恩恵を受けるための条件としてリベラル派が医療機関に中絶手術を強制しようとしているのではないかとの疑念が呈されたりしたことが、その政治過程を複雑化させた。

また、避妊などの性教育を実施することの是非をめぐっても政治的な論争がなされている。性的な行為は生殖のためにのみ行われるべきだとの立場からすれば、避妊をすること自体が問題だとされる。その立場に基づいて、国内外を問わず、性教育を行ったり、中絶を行ったりする団体に対する財政支出を制限する試みがなされたりする。医療保険をめぐる議論に際しても、避妊薬に医療保険を適用することの妥当性をめぐって激しい議論が展開されている。

5　女性と労働

投票権獲得後、女性の就業率も上昇していったが、その賃金水準は低いままだった。男性中心に組織されていた労働組合は、一家を養うのに十分な賃金、すなわち、妻子が働かなくてもよい賃金の獲得を求めており、女性が家庭内で男性に扶養されることを前提視していた。女性が働くことはあるとしても、長時間労働や重労働から保護されるべきだというのがかつての一般的認識であり、女性の間でもその考えに対する支持は強かった。

このような考え方は、シングルマザー家庭の扶助を規定していた、ニューディール期の公的扶助政策である要扶養児童家庭扶助にも示されていた。ニューディールの社会立法に際しては、フランシス・パーキンスやエレノア・ローズヴェルトなど、社会改良事業に従事していた女性が大きな役割を果たしたが、彼女らの認識が強く反映されていたといわれている。

今日では、女性は保護の対象ではなく平等な扱いを受けるべき存在として、雇用機会均等委員会などがモニターしている。一九六三年平等賃金法で同一労働同一賃金の原則が定められたこともあり、今日では同一業界で働いている人々に注目した場合、賃金のジェンダー・ギャップは小さくなっている。また、積極的差別是正措置（アファーマティブ・アクション）の影響もあり、管理職、専門職に占める女性の割合は二〇〇〇年の段階で四六％に増大している。

だが、今日でも、幼稚園の教諭や歯科衛生士、秘書、児童支援施設職員、栄養士、メイドなどの仕事は圧倒的に女性比率が高く、パイロットやエンジニア、軍人、警察官などでは比率が低い。全体としてみた場合、一般労働者の給与は二〇〇〇年の段階で男性の七七％に留まっている。また、労働者に医療保険を提供していたり、退職給付が充実していたりする職種では、女性の就業率が低くなっている。このような職域別就業率の差は、年金や医療保険をめぐる政治過程に影響を及ぼすことになる。

なお、歴史的に、男性は工場労働者として働く比率が高く、女性はサービス業で働く比率が高かった。その結果、二〇〇八年のリーマンショックに端を発する景気後退期には、産業構造の変化ともあいまって、男性の失業率が増大する一方で女性の失業率は低下しなかった。その結果、二〇〇九年から二〇一〇年にかけての数か月間、アメリカ史上初めて、女性の給与所得者数が男性のそれを上回った。そのような事態に不満を感じ、とりわけ家庭内での地位を低下させた男性が、ドナルド・トランプ大統領が発する女性蔑視発言を支持していたとの指摘もある。

6　その他の争点

平和、環境、教育、ケアなど、男性と女性で評価が異なる争点は多く存在する。これらの争点に対する違いをどのように考えるかは難しい問題である。たとえば、女性が平和を愛し、男性が戦争に魅了されるという主張を信じる人は一定程度存在する。女性は男性に比べて環境問題に熱心であるとか、子どもの教育や高齢者に対するケアに熱心だという主張も時折なされる。他方、それらは神話に過ぎないと主張する人も存在する。

これらの認識が正しいか否かについては、社会学などの知見も踏まえつつ、さらに検討する必要がある。ただし、いずれの主張がなされる場合も、異なる立場に立つ人は、自らの信念体系や価値観を全面的に否定されたように受け取り、激しい対立を巻き起こすことがある。これらの問題がジェンダーの問題と関連づけられて政治争点化することがある所以である。

II　ＬＧＢＴと政治

1　LGBTとは

ＬＧＢＴの問題を理解するうえでは、性的指向と性自認という概念について理解する必要がある。性的指向とは、恋愛感情や性的欲望がどこに向かうかを指す概念である。往々にして、男性の性的指向は女性に向かい、女性の性的指向は男性に向かうと想定されがちだが、生物学的な性別と性的指向が一致するとは限らない。異性愛とその他の性愛の形に優劣をつけるべきかをめぐる論争は、この性的指向をめぐる論争である。ＬＧＢＴのうち、ＬＧＢは性的指向に関する問題であり、Ｌ《レズビアン》とは女性同性愛者、Ｇ《ゲイ》とは男性同性愛者（男性同性愛者と女性同性愛者の両方を指し示すこともある）、Ｂ《バイセクシュアル》とは男性と女性の両方が性愛の対象者となる人のことである。

性自認とは、自分の性別をどのように認識しているかという問題である。自らの生物学的な性に違和を感じる人がいる場合に、性別適合手術やホルモン治療を行って性自認に身体的な性別を合わせるべきか、あるいは、精神療法などで性自認を身体上の性別に合わせるべきかという議論がされることがある。これは性自認をめぐる問題である。

ＬＧＢＴのうちＴは性自認に関する問題、つまり、性自認と生物学的性別が適合しない人を指す。Ｔにあたる人にも多様な立場が存在し、生物学的な意味での性別とは異なる性自認を生きる人のことをトランスセクシュアルという。また、他者から期待される性別の規範とは異なる性自認を生きる人のことをトランスジェンダーという。そして、容姿（服装や化粧など）に関する「らしさ」の割り当てに抵抗する人のことをトランスヴェスタイトという。

このように、ＬＧＢＴと呼ばれる人々の中にも多様な立場が存在することを知るのは重要である。また、ＬＧＢＴ以外にも、性愛の対象となる性別がないアセクシュアルな人々や、動物や人形を性愛の対象とする人も存在する。ＬＧＢＴという概念を導入することで、性的少数者のことを一枚岩的に捉える場合があるが、政治分析を行うに際しては、それが妥当でないこともある。

フェミニズム運動とＬＧＢＴの関係も複雑である。フェミニズム運動もＬＧＢＴも共に多様な立場を含むためである。たとえば、フェミニズムの一部にはレズビアンを排除しようとする立場がある。レズビアンも異性愛の男性と同様に女性を欲望の対象として支配しようとする「ラベンダー色の脅威」だというのである。また、フェミニストの中でも女らしさの呪縛から逃れることを目指す人々は、トランスセクシュアルの人が望んで女らしさを身につけようとする態度をとるのを嫌悪する。

ＬＧＢＴは人種やエスニシティ、女性をめぐる問題と、アイデンティティに関する問題だという点では共通している。だが、他の問題と比べると一見するだけではわかりにくい場合が多い点、また、当事者が自らの立場を人に知られたくないと考えている可能性が高い点に特徴がある。これらの特徴は相対的なものではあるが、それが政治的組織化を困難にしているところがあり、ＬＧＢＴの権利を主張する団体が選挙政治や利益団体政治よりも裁判所を活用しようとする背景にある（その成果として、ローレンス対テキサス州事件では、ロウ対ウェイド判決と同様に、当事者の同意のもとに行われる同性愛行為にプライバシー権が及ぶとする連邦最高裁の判決が出された）。

2　宗教・犯罪・医療

ＬＧＢＴの問題を考えるうえでは、宗教との関係を念頭に置く必要がある。旧約聖書の中に、ソドムという街が神の怒りに触れて焼き滅ぼされたとの記述がある。それは、ソドムで異性間以外の性行為が行われていたためだという解釈が有力である。英語で異性間以外の性行為をソドミーというのは、そのためである。宗教右派はその記述を根拠に、神はＬＧＢＴを許容しないと主張する。生殖に結びつかない性行為には、同性愛行為以外にも、獣姦や、避妊具を用いた異性間性行為も含まれる（この認識が、前節で性教育を行うことに批判的な立場がとられることがあると指摘した背景にある）。なお、生殖を重視するならば、高齢者を含む生殖機能が働かない人をどう扱うかという問題も発生しうるが、それが政治争点化することはない。

同性愛行為に批判的な立場をとる人は、それを犯罪化するよう主張することが多い。ただし、その妥当性については様々な議論がある。同性愛行為は、相手に対する強制がない場合は他人に危害を加えたり権利を侵害したりすることがないため、一般的に刑事法が想定する被害者が存在しない。もちろん、麻薬犯罪や売春など、被害者なき犯罪と呼ばれる犯罪も存在するため、被害者の不存在をもって、犯罪化することが不適切だと主張するのも必ずしも適切ではない。ただし、刑事法が、個人の内面には注意を向けず、他者に向かう外形的な行為に基づいて罪を規定するのが一般的だとすれば、同性愛行為を犯罪化するのは不適切だという議論も成立する。リバタリアンのように、政府の活動領域を小さなものに限定すべきだとする人々は、同性愛行為の犯罪化に批判的な立場をとる。

また、同性愛を病気とみなし、医療の対象とするべきだとの議論も存在する。これにも多様な立場が存在する。病気は治療か根絶の対象とされるべき、本来あるべきものからの逸脱状態と考えられるのが一般的なことから、性的少数者の中にはそのような措置に否定的な態度をとる人が多い。だが、たとえば、性自認を身体上の性に一致させるための精神治療や、身体的な性別を性自認に合わせるための性別適合手術やホルモン治療を行う場合に、何らかの財政的支援や保険適用を望む人は存在する。そのような措置は、性自認が身体的な性別と一致しないのは病気だと宣言することの裏返しでもある。医療保険や政府が果たすべき役割についての認識の問題ともあいまって、性的少数者、性的少数者に批判的な人の双方に多様な立場が存在するのである。

3　ストーンウォールの反乱とＨＩＶ／ＡＩＤＳ禍

ＬＧＢＴの人は建国期から常に存在してきたはずだが、犯罪の対象とされるなど抑圧され、沈黙を強いられてきた。長きにわたり不可視の存在とされてきた彼らが公然と異議申し立てをする契機となったのが、一九六九年のストーンウォールの反乱である。これは、ストーンウォールというニューヨークのゲイバーに警察が立ち入り捜査を行ったことに反発して行われた暴動であり、不当捜査や不当逮捕にＬＧＢＴコミュニティが対抗する姿勢を公然と示した点で画期的だった。女装したゲイがヘアピンを警察官に投げつけたことからこの反乱が始まったという真偽の定かでない逸話をもとに、「ヘアピンの落ちる音が世界中に響き渡った」という表現とともに、この事件は報道された。

性的逸脱者という否定的なアイデンティティを強制された人々が異議申し立てを行うようになった背景には、ジェンダー研究の発展があった。多様な性のあり方を求める人々が、自らの経験のみならず学術研究の成果も踏まえて医療や化学の権威に対抗し、そのアイデンティティの意味合いを肯定的なものに変化させようとし始めたのである。そして、ＬＧＢＴの人々が自らの立場をカミングアウトすることが重要な戦略だとの認識も強まっていった。ＬＧＢＴは他の人とは違う得体の知れない存在だとの認識が存在する中で、実はＬＧＢＴは様々なところに存在していて、多くの人が日常的に接している、いわば普通の存在なのだということを知らしめることが重要だと主張されたのである。ただし、性的少数者の中にも自らのアイデンティティを公表することや、メディア等を通して戯画的に描かれる「典型的な」性的少数者像を嫌う人も存在することに注意が必要である。

ＬＧＢＴに肯定的なイメージを作り出そうとする人々に衝撃を与えたのが、ＨＩＶ／ＡＩＤＳ禍だった。近年では一九六〇年代にアメリカにＨＩＶウイルスが持ち込まれていたのではないかとも指摘されているが、疾患対策予防センターが未知の病を発見したと報告したのは一九八一年だった。その罹患者がゲイであったことが、ゲイ、さらには性的少数者に対する偏見を強めた。ＨＩＶ／ＡＩＤＳがゲイの問題だと認識されたことが、問題を複雑にした。未知の病に対しては早期に治療方法を確立するなどの対応をとるべきだったにもかかわらず、ＨＩＶ／ＡＩＤＳは同性愛者に課された天罰であるかのような議論がＬＧＢＴに批判的な人々によってなされた。その結果、ＨＩＶ／ＡＩＤＳへの対応の優先順位は低いと考えられ、セックスワーカーや薬物中毒者をはじめ、様々な人々を罹患させてしまった。

今日では、ＨＩＶ／ＡＩＤＳを特定の人の病とみなして周辺化してしまったことに対する反省から、ＬＧＢＴとそれを取り巻く問題は、単にアイデンティティの問題というだけでなく、広く社会構造の問題と位置づけるべきだとの議論もなされるようになっている。

4　軍の問題

伝統的に軍では同性愛者への嫌悪（ホモフォビア）が強いこともあり、軍隊におけるＬＧＢＴの人々の地位をめぐる問題は象徴的な意味を持つと考えられてきた。歴史的には軍隊には同性愛者の雇用を禁じる規定が存在していたが、それに風穴をあけようとしたのがビル・クリントン大統領である。彼は一九九二年の大統領選挙の最中から軍を含む公職における同性愛者雇用禁止規定を撤廃すると公約しており、大統領就任後、早期に同性愛者の入隊を許可する大統領令を発布する方針だった。だが、軍の制服組のみならず、連邦議会の有力議員からも疑問を呈する声が上がるに及んでクリントンは公約を撤回し、一九九三年に「聞くな、語るな」（通称DADT）という玉虫色の方針を示した。これは、軍当局が兵士の性的指向を尋ねるのを禁止する一方で、軍内部の同性愛者も自らの性的指向を公言したり行為に及んだりしない限り除隊されることはないというものである。これは、同性愛者が軍隊に所属することを可能にした点で前進だという評価がある一方で、かえって軍隊内部で同性愛者を探し出そうとする魔女狩り的行為が増加したとの指摘もある。

二〇一一年にはバラク・オバマ大統領がDADTの規定を撤廃すると発表し、同性愛者も軍隊内部で自らの性的指向を公言することができるようになった。二〇一五年には国防総省は機会均等政策の一環として性的指向を根拠とした雇用や昇進の差別を禁止すると定め、トランスジェンダーの人々にも入隊を認める決定を行った。LGBTの人々に対する軍隊内部での差別は制度的にすべて禁止され、性的少数派問題に関するガイダンスなども実施されるようになった。

だが、二〇一七年にはトランプ大統領が、トランスジェンダーの受け入れに伴う高額の医療費や混乱を引き受けられないことを根拠に、トランスジェンダーの人の入隊を認めない方針をツイッター（現在はX）で表明した。現在米軍には数千人のトランスジェンダーの人がいると推定されているが（調査により数字に大きなばらつきがあり、一万人を超えるという調査もある）、トランプの方針は現役の軍人を含む人々から強い反発を招いた一方で、保守派の中にはトランプの方針を支持する人々もいた。なおバイデン大統領はトランプ政権の措置を撤回している。

5　同性婚

結婚は人々の結びつきの中でも最も深いものと考える人が多いこともあり、同性婚の是非をめぐっては様々な意見がある。同性愛者に対して批判的な立場を示す人の中には、結婚は生殖に関わる可能性のある場合に限定されるべきであり、同性婚を認めてはならないとする人々がいる。それに対し、リベラルな立場の人の中には、異性愛者という伝統的な主流派の枠組みから外れた人に対して差別的取り扱いをするのは好ましくないとして、同性婚を認める人々がいる。アメリカでは、長い間認められていなかった異人種間の結婚も認められるようになった。同様に性差別も克服して同性婚を認めるべきだという立場である。いずれの場合も、結婚の重要性を認めるがゆえに、同性婚は象徴的な意味を持つとの立場から、同性婚に対して強い立場をとることが多い。

ただし、ＬＧＢＴの人がすべて、同性婚に積極的な立場をとるわけではない。むしろ、ジェンダーやセクシュアリティの問題を根源的に問い直す立場からは、結婚はジェンダー化された社会支配を正当化しようとする抑圧的な制度だとされる。このような立場からすれば、多様な家族の形態を認めるべきであって、保守的で抑圧的な結婚という制度と規範を容認すべきでないということになる。ただし、ＬＧＢＴの中でも同性婚を求める声は比較的強く、同性婚の実現を象徴的な争点として取り上げて活動してきた人々も多かった。

連邦制を採用するアメリカでは、結婚についても州政府が管轄しているため、同性婚を求める活動は州レベルで行われることが多かった。その結果、一九八〇年代以降、州や都市のレベルでドメスティック・パートナーシップやシビル・ユニオンという名称で、異性間の結婚と類似した権利を同性カップルに認める動きが登場するようになり、同性婚を認める州も出てくるのではないかと予想された。その中で、州レベルでの同性婚容認を困難にするため、同性婚反対派は連邦レベルでも積極的な活動を行ってきた。それが、一九九六年の結婚防衛法という連邦法につながった。これは、夫婦としての一組の男女間の結びつきのみを結婚とみなし、これに当てはまらないカップルには、連邦法上で夫婦に与えられる権利を認めないとするものだった。

二一世紀に入ってから一〇年ほどの間、同性婚についての世論は反対派が六割弱、賛成派が四割弱という状況が続いていた（図6-2参照）。共和党支持者の中で反対派が強く、政党規律が強まっていることを考えても、連邦議会を通して同性婚を認めさせるのは困難な状況にあった。そこで、同性婚実現を目指す人々は、州レベルで訴訟を提起する戦術をとった。アメリカでは州の裁判所が連邦の統治機構に対抗する決定を行うこともあり、二〇〇三年にマサチューセッツ州最高裁判所が同性婚を禁止する州法を違憲とする判決を出したのを皮切りに、複数の州の最高裁判所が同様の判決を下した。また、州議会でも、ドメスティック・パートナーシップやシビル・ユニオンを認めるところが増えていき、メイン、メリーランド、ワシントンなどの州では、州民投票の結果、同性婚が合法化された。

このような動きを受けて、二〇一〇年頃から同性婚に対する支持が増大するようになり、世論調査でも同性婚支持者が反対派を上回るようになった。オバマ大統領も二〇〇八年の大統領選挙の際には、結婚は男性と女性との間で行われる神聖な結合だと述べて同性婚に慎重な立場を示していたが、二〇一二年には同性婚を支持するようになった。そして、連邦最高裁は、二〇一三年には結婚防衛法

図6-2：同性婚をめぐる世論

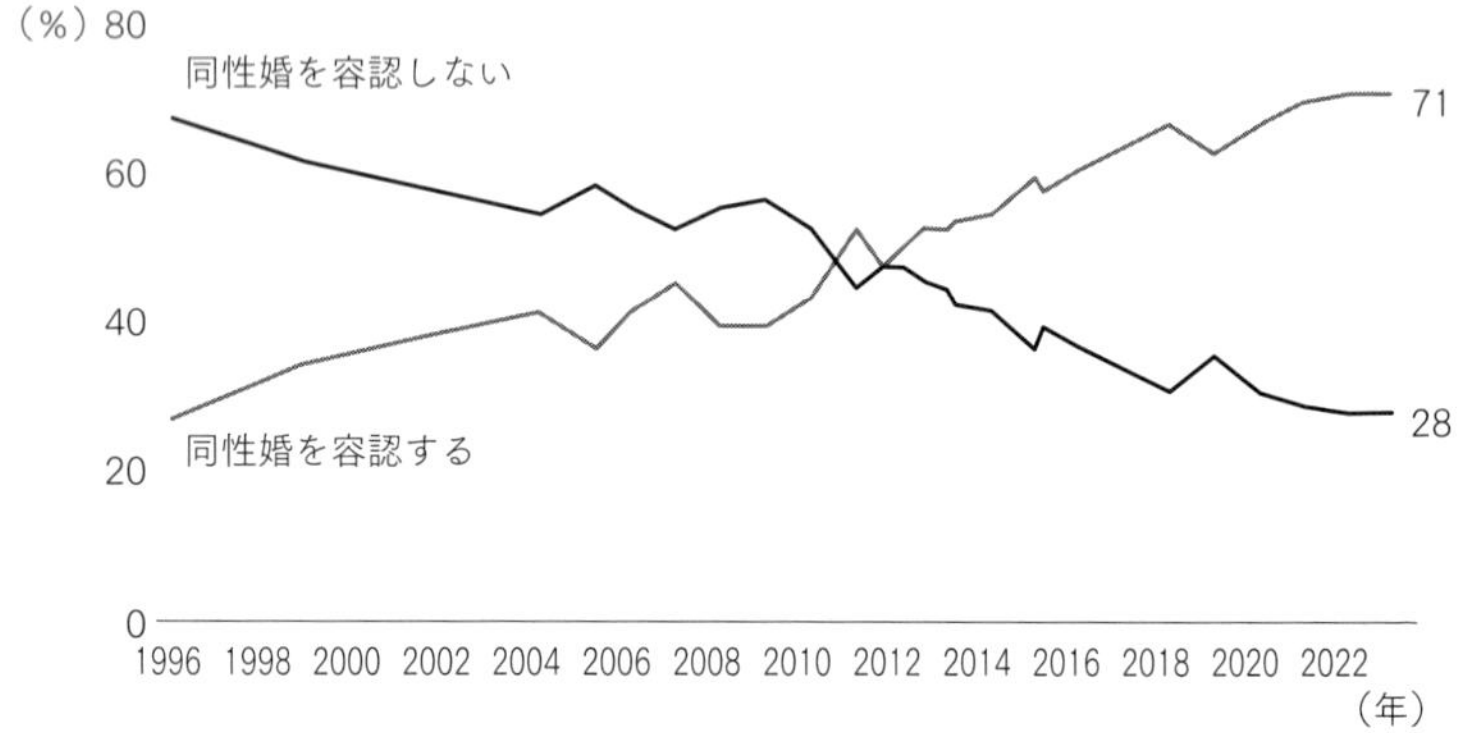

（出典）Gallup(2023)

に対し違憲判決（ウィンザー判決）を出し、二〇一五年には同性婚を禁じる州法に対し違憲判決（オバーゲフェル判決）を出した。この結果、アメリカでも同性婚が容認されることとなったのである。

オバーゲフェル判決は、人種問題におけるブラウン判決と同様の画期的判決として歴史に名を残すだろうと指摘する論者もいる。ただし、この判決はリベラル派判事四名と中間派判事一名が多数意見を構成し、保守派判事四名がすべて反対する状態で下されたものであり、連邦最高裁の構成が変化したこともあり覆される可能性もある。

また、オバーゲフェル判決は必ずしもリベラルな判決ともいえない。アンソニー・ケネディ判事が記した判決文は、結婚という制度を守ることの重要性を強調する文章となっている。一九六〇年代以降のリベラルな風潮に反対する保守派は家族の価値を強調して対抗するようになっていたが、家族の解体に危機を感じる保守派の中で同性婚は家族制度を守るための必要悪だと主張する人も登場している。このような文脈を考えれば、オバーゲフェル判決は保守的な性格も持ち合わせているといえる。オバーゲフェル判決が画期的な判決であることは論を待たないとはいえ、同性婚をめぐる議論はアメリカ国内で終結することはなく、今後もアメリカ政治の主要論点であり続けるだろう。

（西山隆行）

第7章　イデオロギーと社会争点

はじめに

アメリカ政治に現れる争点は、その特徴によって二種類に分けることができる。一つは、経済的な利益対立をめぐる経済争点である。人にはそれぞれの経済的立場があり、立場と結びついた利益を最大化しようと相争う。たとえば、労働者と雇用者との間の争いなどがイメージしやすい。

もう一つは、新しい権利や価値を求める者と、それに反対する者が争う社会争点である。人には経済的立場以外にも社会的な立場があり、そこには様々な経緯によって形作られた優劣が存在する。アメリカでは、劣位に置かれた人々が優位の人々と同等の権利を求めるとともに、新しい権利や価値の承認を求めてきた。たとえば、黒人の権利を白人と同等に認めよという主張がなされてきた。このような主張に対して、異なる社会的立場にいる人々は説得されたり、あるいは反発したりする。社会争点をめぐり、新しい権利や価値、世界観を主張する人々の運動は、経済的な価値ではない非物質的な価値を求めることから、「新しい社会運動」と呼ばれたこともあった。

経済争点と社会争点のどちらもアメリカ建国期から存在しているが、社会争点がアメリカ政治の最前線で争われるようになるのは、一九六〇年代以降である。公民権運動の成功は、抑圧されていた人々による運動が成功しうるということをアメリカ社会に知らしめただけでなく、公民権運動に参加した人々の経験と知識が他の運動へと伝播することで、様々な社会争点の表出につながった。

本章では、社会争点がアメリカ政治においてどのように争われるかについて概観した後、人工妊娠中絶、同性婚、公立学校における祈祷、銃規制について論じる。

Ⅰ　社会争点をめぐるイデオロギーと政治過程

1　「リベラル」と「保守」の対立

現代のアメリカ政治では「イデオロギー」という言葉は政策的立場のセットを意味する。一つのセットが「リベラル」であり、経済争点については政府による再配分を重視し、社会争点については新しい権利や価値を擁護する。もう一つのセットが「保守」であり、経済争点については政府による市場介入を限定すべきだと考え、社会争点については新しい権利や価値の認定は、従来の安定した社会を脅かすものだとして反対する。

社会争点をめぐる対立は、経済争点とは異なり妥協点が見出しにくい。経済争点であれば、両者の間をとるといった妥協が成立する可能性があるが、新しい権利や価値については、認めるか、認めないかという争いになり、妥協は困難である。新しい権利や価値が認められず従来の社会が継続すれば、リベラル派の敗北であり、認められれば保守派の考える望ましい世界のほころびを意味する。政治が妥協のアートだとすれば、そもそも社会争点はそこから外れる傾向にある。

現代のアメリカではリベラル系団体は民主党を支持し、保守系団体は共和党を支持する傾向にあり、民主党と共和党はとくに社会争点において妥協が難しい状況にある。

2　連邦制と権力分立制

連邦制をとるアメリカでは、連邦だけでなく州も社会争点のアリーナとなる。基本的には、州境を超える問題については連邦が、州内に留まる問題は州が舞台となり、争点が州内に留まるように見える場合であっても合衆国憲法の規定（たとえば人権規定など）に関係する場合には連邦で争われる。同一の社会争点であっても、どのような角度から争われるかによって、州と連邦のどちらが舞台となるかは異なってくるのである。さらに、いったん争点が連邦で争われるようになった場合でも、州での争いは継続しうる。本章で扱う事例でも示されるように、州で生じた争いが連邦に持ち込まれ一定の政策変更が実施された後にも、州では形を変えて争いが継続するということが多々見られる。

さて、ここまで州と連邦と一口に述べてきたが、どちらでも立法府・行政府・司法府から構成される権力分立制が採用されており、どの部門も社会争点についての政策変更を実施しうる。立法府は法律の制定・改正によって、行政府は大統領もしくは州知事による法執行方法の変更によって、司法府は判決によってである。

3　選挙と社会争点

社会争点をめぐる政策変更にとって、誰が公職の座に就くのかを決める選挙は重要である。連邦政府では議員と大統領は選挙で選ばれる。連邦裁判所の判事は有権者によって直接選ばれるわけではないが、大統領の指名と議会上院の承認によって任命されるという点で、間接的に民意が反映される。

州政府では州議会議員と州知事については選挙で選ばれ、州裁判所の判事については州知事による任命や選挙等によって選任される。いずれにせよ、公職者は選挙によって直接・間接に任命されており、社会争点を争う諸団体は選挙に注力する。

アメリカで行われる選挙では、日本の選挙で見られるような党指導部による候補の公認は行われず、予備選挙によって党の候補者が選ばれる。予備選挙は関心の低い有権者が参加しない傾向にあるので、有権者を動員する力を持った利益団体の影響力が相対的に強まる。それゆえ、民主党予備選挙を勝ち抜こうとする民主党候補者はよりリベラルな、共和党予備選挙を勝ち抜こうとする共和党候補者はより保守的な立場を有権者にアピールすることになる。社会争点を掲げる団体は予備選挙という仕組みによって政治に対する影響力を持つことができる。本選挙においても、社会争点を掲げる団体は中核的な支持層としての重要性を持ち続ける。

4 立法と司法

それでは、選挙を勝ち抜いた公職者から構成される政府内で、それらの団体の望む政策はどのように実現されるのだろうか。議会における立法は大きく政策を変更することができるが、通常、議会内の手続きは過半数の議員の同意を必要とする。とくに、連邦議会上院では議事規則との関係で一〇〇票中六〇票の特別多数が必要（討論終結動議、クローチャー）となり、法案作成のハードルは高く設定されている。

さらに、一九七〇年代後半からは、先に示したように民主党はリベラルの政党へ、共和党は保守の政党へと整序されてきており（イデオロギー的分極化）、両党の間で意見を違える社会争点については合意形成が難しくなっている。また、大統領の所属政党と議会の多数派が異なる分割政府状況も頻発するようになっており、これも立法を難しくしている。本章で扱う社会争点では、いくつかの立法が連邦政府によってなされているが、いずれも司法判決の重要性に比べると限定的である。

裁判所は、社会争点を掲げる団体にとって重要なアリーナである。議会での立法には常に多数派の同意形成が必要となるが、裁判所には一人であっても訴え出ることができる。新しい権利や価値を求めるという行為は、多くの場合その人を少数派にするが、裁判所へのアクセスは開かれている。

裁判所の中でも、連邦裁判所がとくに重要である。州政府が管轄する事項とされている争点でも、それを合衆国憲法に結びつけることで連邦に争いの場を移し、たとえばある州法が合衆国憲法違反だという判決を勝ち取れば、全米で一気に政策を変更できる可能性があるためである。本章でみるように社会争点の多くでは、連邦最高裁判所による判決が争点の枠組みを大きく変更している。

II　人工妊娠中絶

1　権利としての中絶を求める女性団体

アメリカにおける人工妊娠中絶は、長らく州政府によって規制されてきた。一九世紀末には多くの州で、医師が必要性を認めない中絶を違法とする反堕胎法が制定されている。反堕胎法の制定を後押ししていたのは、この時期に専門職としての地位を確立しようとしていた医師たちの利益団体であるアメリカ医師会だった。反堕胎法は、専門教育を受けていない者による中絶処置を違法化することで、医師による医療行為の独占を進めるという側面もあった。

一九六六年、女性の地位向上と権利獲得を目指す全米女性機構が設立された。この団体は現在でも最大の女性団体であり、職場での女性の権利、政治における女性の過少代表などを問題視すると同時に、権利としての中絶を主張した。この背景には、女性が自分自身の生殖をコントロールする権利を持たなければ、他のいかなる自由も実際には行使することができないという考え方があった。

2 ロウ対ウェイド判決

一九七三年のアメリカでは、三一州で中絶が違法だった。アメリカ全土で中絶の権利を確立するためには、各州議会での法律改正もしくは各州裁判所での訴訟という方法がありえた。しかし、これには多大な時間と労力がかかる。そこで活動家が着目したのは連邦裁判所での法廷闘争であった。州法の規定が問題となる場合、基本的には州裁判所で訴訟が提起され、州の最高裁判所での判決が最終的なものとなる。しかし、訴訟が合衆国憲法に関わる場合には連邦裁判所への提訴が可能となる。もしも中絶を禁止する州法が合衆国憲法違反であるという主張が連邦最高裁で認められれば、中絶を禁止する各州の法律を一気に違憲無効に追い込める可能性があった。

一九七〇年、中絶を必要としたジェーン・ロウ（仮名）は、二人の女性法律家の助けを借りて、母体の救命の場合を除いて中絶を犯罪としているテキサス州法が合衆国憲法違反であると訴訟を起こした。訴訟は連邦地方裁判所に始まり、連邦最高裁へと上告された。連邦最高裁は上告を受理し、合衆国憲法第一四修正条項のもとで保護されるべき基本的人権としてプライバシーの権利が存在し、女性が妊娠を終了させる権利もプライバシー権に含まれると判断した。

連邦最高裁は女性が中絶を選択することを、合衆国憲法上の権利として認めたのである。ただし、連邦最高裁は女性の権利を無制限とはせず、胎児を保護するという州の利益によって制限されるとした。判決では妊娠期間を三期に分け、両者のバランスをとろうとした。第一期には州は中絶を禁止しても規制してもならない。第二期には母体の健康を維持する限りにおいて、州は中絶についての規制を行うことができる。第三期には胎児は母体外での生存が可能になるため、母体の救命の場合を例外として、州は中絶を規制することができる、というように。なお、一九九二年ケイシー判決では三期区分法は破棄され、母体外で生存可能でない胎児の中絶を求める女性に対して州は実質的な障害を設けてはならない、とされた。

ロウ対ウェイド判決は、合衆国憲法に直接には書き込まれていない中絶の権利を認めたという点で画期的であったといえるが、それゆえに中絶反対派の活発化を促すことになった。中絶支持派のプロ・チョイスと反対派のプロ・ライフの間の争いは判決を契機に激しくなっていった。

3　中絶反対派の目覚め

カトリック教会はロウ対ウェイド判決が下されてすぐに反対の立場を明示した。母体にはすでに生命が宿っており、その生死を人の手によって決定してはならないという立場であった。一九七〇年代後半には主に福音派プロテスタントから構成される宗教右派も反中絶の姿勢を明らかにした。

教会の組織力は強力だった。一九七五年には全米カトリック司教会議が反中絶のための大規模なキャンペーンに打って出た。現職議員に対しては憲法修正や中絶を制限するための立法を求めて圧力をかけ、選挙では反中絶を表明する候補を支援した。カトリック教会はもともと全米の司教管区を統率しており、すぐに全国規模で動員をかけることができた。

他方で宗教右派にはカトリックのような強固な全国組織はなかったが、こちらはテレビ伝道師と呼ばれるカリスマ的な宗教指導者が団体を率いていた。モラル・マジョリティがその代表で、会員にダイレクト・メールやパンフレットを送付し、反中絶を掲げる保守的候補への投票を促すという戦略をとっていた。

ロウ対ウェイド判決の後には、中絶に反対する全米生命権利委員会や、イーグル・フォーラムといった団体も設立された。どちらも今日まで継続している大規模な団体であり、中絶禁止の憲法修正、ロウ対ウェイド判決の変更を迫るための新しい訴訟、中絶の権利行使を困難にするための立法などの戦略で対抗しようとした。

一九八〇年代には過激化する反中絶団体もあった。オペレーション・レスキューは中絶クリニックに対してピケをはり、妊婦の入院を実力で阻止するなどした。さらに、中絶クリニックの襲撃、医師の殺害にまで及ぶ者さえ現れた。

4　ロウ対ウェイド判決への挑戦

ロウ対ウェイド判決の後、中絶反対派による巻き返しが生じた。ロウ対ウェイド判決では中絶は憲法上の権利として認められたが、その権利行使の制限はなお可能だということに反対派は気づいた。たとえば、中絶処置に対して公的支出を禁じる、民間の医療保険に対して中絶をカバーするプランを設けることを制限する、医療従事者に中絶処置に対する拒否を認める、中絶を求める女性に再考期間を設ける、両親または夫の同意を求めるといった間接的な規制が、多くの州で立法化された。

トランプ政権期、州を舞台にした中絶制限策はさらに進んでいった。ロウ対ウェイド判決が認めた中絶の権利に正面から挑戦するような立法が、共和党が優勢な州でなされるようになったのである。二〇一八年にはミシシッピ州で中絶可能期間を妊娠一五週までに限定する中絶規制法が制定されたのに続き、二〇一九年にはジョージア、ケンタッキー、ミズーリ、ミシシッピの各州で妊娠六週目以降の中絶を禁止する、いわゆるハートビート法が制定された。

これらの立法を推進した保守派は、それぞれの州の中絶政策の変更を意図するだけでなく、リベラル派から提起される訴訟によって、連邦最高裁でロウ対ウェイド判決を覆すという野心も抱えていた。そのような判例変更を予感させるような連邦最高裁の変化も起きた。トランプ大統領による三人目の最高裁判事任命によって、二〇二〇年以降、連邦最高裁は九名のうち六名が保守派という構成になったのである。そしてついに二〇二二年、連邦最高裁は、ミシシッピ州中絶規制法の合憲性が争われた裁判において、合衆国憲法は中絶の権利を認めておらず、中絶政策は州の裁量によるべきものだという判断を示した（ドブス判決）。

ドブス判決後すぐさま、一三州で中絶が禁止されることになった。他方で、一六州は中絶の権利を州法もしくは州憲法で明示的に認めている。アメリカの中絶政策は今後、州を舞台として争われていくことが予想される。

III　同性婚

1　権利としての同性婚を求めた人々

同性の二人による結婚を同性婚と呼ぶ。アメリカでは結婚制度は主に州政府の管轄事項であり、最初に同性婚を認めたのは二〇〇三年のマサチューセッツ州であった。二〇一五年の連邦最高裁判決（後述するオバーゲフェル判決）によってアメリカ全土で同性婚が認められるようになったが、同性婚が異性婚と同様に法的に承認されるまでには長い道のりがあった。

同性愛者の権利獲得運動が活発化したのは一九七〇年代であり、その中で同性婚を求める動きが始まったのは一九八〇年代であった。この時期、アメリカではＨＩＶ／ＡＩＤＳの広がりと、子どもを持つ同性カップルの増加という現象が生じていた。前章で述べたとおり、ＨＩＶ／ＡＩＤＳはアメリカでは当初、同性愛者の間で広がる病だと誤解され、治療方法の確立が遅れた。一九八〇年代に二万人ほどの死亡者を出したＨＩＶ／ＡＩＤＳは、同性愛者コミュニティに、パートナーの治療、死亡、葬儀といった様々な段階で、治療同意権や相続権など結婚が認められていれば保障される権利の重要性を知らしめることになった。他方、子どもを持つ同性カップルの増加も、子どもの扶養、親権や相続などについて、結婚が認められないことの脆弱性を広く知らしめることになった。

ただし、LGBT運動に関わるすべての人が結婚の権利を求めたわけではない。結婚は旧来の社会制度であり、そこに組み入れられてはならないという考え方も存在した。同性婚の権利を求めて運動を行ったのは、結婚という法的権利を重要だと捉え、結婚が異性カップルにのみ認められるのではなく、同性カップルにも等しく認められるべきだと考えた人々であった。

一九八〇年代にはゲイ・レズビアン支援・防衛協会（GLAD）、ヒューマン・ライツ・キャンペーン、訴訟団体のラムダ・リーガルなどの同性愛者団体が同性婚を目標に活動をしていた。これらの団体による運動は多岐にわたるが、性的マイノリティの存在を社会に周知することに貢献したのはパレードやカミング・アウトという戦略であった。

一九八七年一〇月一一日には、約二〇万人もの人々が参加した「レズビアンとゲイの権利のためのワシントン行進」が行われ、HIV／AIDSについての調査研究へ連邦政府支出の増額と、同性愛者に対する差別の禁止を訴えた。この行進は公民権運動のハイライトである一九六三年ワシントン大行進を模したもので、社会的に大きな注目を集めた。

一九八八年以降、一〇月一一日は「ナショナル・カミングアウト・デイ」とされている。カミング・アウトとは、自らがLGBTであることを周囲の人に明かすという行為であり、差別されるリスクを冒してでも性的マイノリティの社会的認知を促進しようとするものであった。現在のアメリカでは七〇％以上の人が、同性愛者の家族・親友・職場の同僚がいると答えるほどになっている。

同性愛者団体は、パレードやカミング・アウトといった戦略とは別に、訴訟戦略も採用していた。同性婚に対する肯定的な意見が否定的意見を上回るようになるのは二〇一〇年代に入ってからであり、同性婚はそれ以前には広い支持を集めることのできる政策目標ではなかった。つまり、同性婚の実現にとっては多数決原理の働く議会の立法よりも、訴訟の方が可能性のある方法だった。

同性婚をめぐる最初の重大な判決は、一九九三年ハワイ州最高裁判所によって下された。この訴訟は、ラムダ・リーガルの弁護士の助けを借りて、同性婚が認められていないハワイ州に住む同性カップルが結婚の権利を求めて起こしたものである。ハワイ州最高裁は、同性カップルの結婚を認めないことはハワイ州憲法の定める平等権に違反するおそれがあり、その決定に「やむをえない州の事情」があるかを明確にせよと、差し戻しの判決を下した。この判決は、同性婚実現まであと一歩のところに迫るものだった。

2　同性婚に反対する保守派

ハワイ州最高裁の判決は同性婚支持派を勇気づけると同時に、同性婚反対派を目覚めさせた。同性婚に強く反対してきたのは宗教右派である。聖書を字義どおりに解釈することを特徴とするキリスト教福音派は、結婚とは男女間にのみ認められた神聖な結びつきだとしてきた。キリスト教連合のほかに、「伝統的家族」を重視する家族評議会やイーグル・フォーラムといった団体も宗教右派と連携して反対の立場をとった。先に取り上げた反中絶の団体と同様に、反同性婚の団体も旧来の性的規範を守るために新しい権利に反対したのである。

反対派は積極的なロビイングを行い、一九九八年には同性婚を禁止するハワイ州の憲法修正を実現した。これは、州裁判所が同性婚の権利を認定した場合に備えて先回りするものであった。反対派は連邦政治にも働きかけ、一九九六年には結婚防衛法の制定にこぎ着けている。同法は、連邦法における結婚を一人の男性と一人の女性の結合だと定義すると同時に、ある州で成立した同性婚を他州は尊重しなくてもよいとし、その婚姻状態を連邦政府は認めないものとした。結婚防衛法の成立は反対派にとっての勝利であった。

3　裁判所と同性婚

同性婚推進派は結婚防衛法を前にしても各州での訴訟を続けた。二〇〇一年、ゲイ・レズビアン支援・防衛協会が組織した弁護団はマサチューセッツ州で権利としての同性婚を求める訴訟を起こした。同性カップルに結婚を認めないのはマサチューセッツ州憲法の保障する法の下の平等に違反するという原告側の訴えを、州最高裁判所は受け入れた。二〇〇三年、マサチューセッツ州において全米で初めて同性婚が合法化されるに至った。

他方で、同性婚を憲法や法律で明示的に禁止するようになった州も数多く存在した。そのような状況を大きく変えたのは、二つの連邦最高裁判決だった。二〇一三年の判決は、ある州で認められた婚姻状態にある同性カップルに連邦法上の優遇措置を認めない結婚防衛法が、合衆国憲法の定める法の下の平等に反し違憲であると判断した（ウィンザー判決）。この判決はあくまでも結婚防衛法についての違憲判決であり、同性婚を可能とするかについてはなお州の判断に任されていた。

二〇一五年の判決が同性婚にとって決定的であった。同性婚を禁止する州法に対して、連邦最高裁は結婚の権利が合衆国憲法上の基本的権利であることを確認し、そのうえで、同性カップルに結婚の権利を認めないことは、第一四修正条項の定める法の適正手続きと法の下の平等に違反すると判断した（オバーゲフェル判決）。この判決によって、国内の全域で同性婚が認められるようになった。

ただし二〇二三年には結婚式を挙げようとする同性カップルに対するサービス提供を、言論の自由を理由に拒否することを連邦最高裁が認めており、同性婚に関連する争点は今後も支持派と反対派との間で争われるだろう。

Ⅳ　公立学校での祈祷

1　公立学校と政教分離

公立学校における宗教の扱いは、アメリカにおいて重大な社会争点である。各州で広く公立学校が創設された一九世紀初頭には、多くの州では多数派であったプロテスタントの信仰に基づいた祈祷や聖書朗読が学校で行われていたが、次第に公教育から宗教的内容は薄れていった。このような世俗化を、二〇世紀初頭に台頭したキリスト教原理主義者（聖書を字義どおり解釈するという点で今日の宗教右派と通じている）は問題視し、公立学校における朝の祈祷もしくは聖書朗読を義務づける州法の制定を推進していった。

一九五〇年代になると、州法によって宗教的行為を義務づけるということが、合衆国憲法第一修正条項の定める政教分離、すなわち国教樹立禁止条項と宗教活動の自由条項との関係で問題視されるようになった。公立学校に子どもを通わせる宗教的マイノリティの親たちが、プロテスタント流の祈祷や聖書朗読に対して声を上げた。一九五一年、ニューヨーク州教育委員会は始業時に公立学校教員が読み上げるべき無宗派の祈祷文を作成するとともに、生徒には教員による祈りに続いて自発的に復唱することを求めた。一九五八年、ニューヨーク州に住むユダヤ教徒のスティーブン・エンゲルは、子どもがユダヤ教とは異なる方法で祈りを捧げていることを知り、州の定めた祈祷文を公立学校で用いることは、第一修正条項の定める国教樹立禁止条項に違反しているとして、ニューヨーク州教育委員会を訴えた。この訴訟を支えたのは、市民の権利を擁護するアメリカ市民自由連合、アメリカ倫理連合、ユダヤ系アメリカ人の利益を代表する米国ユダヤ人協会であった。

一九六二年、連邦最高裁は六対一という大差でニューヨーク州法が国教樹立禁止条項に違反しており違憲だと判断した（エンゲル対ビターレ判決）。翌一九六三年には公立学校の始業時に聖書の朗読を定めるペンシルヴェニア州法についても違憲判決が下された（シェンプ判決）。最高裁によるこれらの判断は一九六〇年代のアメリカでは大きな反発を呼び、南部を中心に、公立学校における祈祷や聖書朗読は続けられた。最高裁判決に批判的な人の割合は、一九七〇年代から今日まで六〇％前後で推移している。

2 政教分離を徹底する裁判所

公立学校における祈祷は始業時に限られたものではなく、卒業式やスポーツイベントのセレモニーでも行われてきたが、連邦最高裁はそれらについても違憲判決を下している。一九九二年にはロードアイランド州の公立学校の卒業式でのユダヤ教司教による祈りが国教樹立禁止条項に触れるかどうかが争われた。この祈りは、特定の宗派に偏らない形でなされたが、学校行事に宗教を持ち込むという点で国教樹立禁止条項に違反していると連邦最高裁は判断した（リー対ワイズマン判決）。

二〇〇〇年には課外活動として行われたアメリカン・フットボールの試合前の祈祷についても争われた。テキサス州のサンタフェ高校では、アメフトの試合前に、選挙で選ばれた生徒による祈祷が行われていたが、最高裁は祈祷が明らかに世俗的な目的に資するものではないので違憲だと判断した（サンタフェ高校判決）。リベラル派は、公立学校における祈祷をめぐる訴訟では勝利を重ねてきたといえる。

3 公立学校に宗教を取り戻そうとする宗教右派

一九七〇年代末に登場した宗教右派は、連邦最高裁判決に不満を持つ人々の声を拾い上げた。社会が過度にリベラル化してしまったと考える宗教右派は、連邦と州で公立学校に宗教を取り戻そうとした。公立学校における祈祷や聖書朗読にとっての最大の妨げは一九六二年のエンゲル対ビターーレ判決だったので、宗教右派は公立学校での祈祷や聖書朗読は国教樹立禁止条項に抵触しないという一文を加える憲法修正を狙ったが、連邦議会で必要な票をまとめることはできなかった。

そこで宗教右派は争い方を変え、課外活動の時間に学校施設を宗教的な団体が使用することを禁じられないよう求めた。サッカークラブや読書サークルが放課後などの課外の時間に学校施設を使用することができるのに、聖書朗読サークルなどの宗教的な団体だけが施設へのアクセスを拒否されるのは不平等だと主張し、平等というリベラル派が依拠してきた論理を巧みに取り入れた。この戦略は功を奏し、一九八四年には連邦政府によって平等アクセス法が制定されている。

他方、州政治の場面で宗教右派が目指したのは、公立学校において「沈黙の時間」を設けることであった。一九八五年に「瞑想と自発的祈りのための沈黙の時間」を定めたアラバマ州法が連邦最高裁によって違憲判決を受けた後、宗教右派は「自発的祈り」に言及しない形の「沈黙の時間」を州法によって定めることを推進していった。この種の「沈黙の時間」には、生徒は祈ることも、瞑想することも、あるいは本を読むこともできるものとされた。宗教右派はこのような「沈黙の時間」の設定であれば、政府による特定の宗教の促進にはあたらず、国教樹立禁止条項に違反しないと考えた。「沈黙の時間」を設ける州は、二〇〇八年には三四州に広がった。連邦政府による平等アクセス法の成立と、州レベルでの「沈黙の時間」の設定の広がりは、宗教を公立学校に取り戻そうとする宗教右派にとっての大きな成功であったといえる。

V　銃規制

1　銃規制と全米ライフル協会

二〇二二年のアメリカには約四億三千万丁の銃があり、家に銃があると答える人の割合は四五％に上る。アメリカでの銃による殺人の発生率はＯＥＣＤのＧＤＰ上位二三か国平均の実に二五倍である。銃乱射事件を一度に四名以上の負傷者もしくは死者が出た銃撃事件と定義すると、一九六六年から二〇二〇年の間に一六八件、二〇一〇年以降に限っても五一件起きている。二〇一七年のラスベガスでの事件は五八名という史上最悪の犠牲者を出した。学校でも銃乱射事件は起きており、一九九九年コロラド州コロンバイン高校、二〇〇七年ヴァジニア工科大学、二〇一二年コネティカット州サンディ・フック小学校、二〇一八年フロリダ州マージョリー・ストーンマン・ダグラス高校、二〇二二年テキサス州ロッブ小学校と、枚挙にいとまがない。

悲惨な事件が起きるたびに銃規制が話題に上るが、徹底的な銃規制は実現していない。アメリカの人々が銃規制に無関心だということはなく、世論調査によれば厳しい銃規制を設けることに賛成する人は、二〇二二年には五七％を数えるにもかかわらずである。この理由として強力な規制反対派の存在を挙げることができる。アメリカにおける銃規制は、賛成派と反対派が激しく争う重大な社会争点となっている。

アメリカで最も強力な反銃規制団体は一八七一年設立の全米ライフル協会である。全米ライフル協会は、軍事的な射撃技術向上のための団体として始まり、二〇世紀初頭にはスポーツとしての射撃やハンティングを楽しむ銃愛好家の団体であった。当初は連邦政府による銃規制に対しては賛成の立場をとっていた。この時期には、マシンガンや銃身の短いショットガンを代表とするマフィア御用達の危険な銃器の規制を目的とした一九三四年全米火器法や、州境を越えて取引を行う業者に対する免許制度を設け、銃販売の記録を残すよう義務づけた一九三八年全米小火器法が制定されている。この時期の全米ライフル協会にとって、銃所持の権利は主要なテーマではなかった。

マーティン・ルーサー・キング牧師やジョン・F・ケネディ大統領の暗殺などを受けて、一九六八年に連邦政府が制定した銃規制法が全米ライフル協会に変化をもたらした。この法律は、ライセンスを所持しない者がライフルやショットガンなどの銃と弾丸を居住州外で売買すること、もしくは州境を越えて取引することを禁じた。

銃規制が団体の利益を侵害するということを認識した全米ライフル協会は、一九七五年に立法活動支部を設立し、銃規制法撤廃のための活動を始めた。この運動は、一九八六年銃所持者保護法として結実し、一九六八年法の規制は緩和され、銃所持者による州境を越えた火器の輸送などが許されるようになった。

他方で全米ライフル協会は、一九七七年には協会の憲章を修正し、「よき市民による銃の所持と携帯の権利が、憲法上の個人の権利であるということについての教育を進め、促進させる」ことを団体の目的として謳うようになり、銃所持が合衆国憲法第二修正条項の認める権利であるという主張を始めた。全米ライフル協会は銃の愛好者団体から、銃所持の権利を主張する団体へと姿を変えたのである。しかしながら、権利としての銃所持を求める運動が成果を得るまでには長い時間がかかった。第二修正条項が個人による銃所持の権利を認めているという個人権説は、一九七〇年代、憲法学者の間では一般的ではなかった。第二修正条項は州が民兵を組織する権利を定めており、州に銃規制の権限があるとする州権説が常識的な理解であり、連邦最高裁でもこの解釈が採用されていた。

そのような中で、全米ライフル協会は銃所持を憲法上の権利として確立しようと試み、一九七〇年代から法学者への研究助成を始め、第二修正条項についての研究を促していった。協会の研究資金は若い研究者にとって魅力的だった。第二修正条項研究は、憲法学の世界では重要な研究テーマとしてはみなされていなかったが、一九七〇年代以降、第二修正条項をテーマとした法学論文の数が増えるとともに、州権説ではなく個人権説を唱える研究者も増えていった。

2 銃規制支持派とブレイディ法

一九七四年には、銃規制団体である拳銃統制全国会議が誕生している。この団体は一九八〇年に拳銃統制社、二〇〇一年には銃暴力防止のためのブレイディ・キャンペーンと名称を変えて銃規制を推進してきた。団体の名称は、一九八一年のロナルド・レーガン大統領暗殺未遂事件で重傷を負ったジェイムズ・ブレイディ補佐官に由来している。

銃規制支持派と反対派には団体としての強さに大きな違いがある。全米ライフル協会が三〇〇万人を超える会員を持ち、二億三〇〇〇万ドルの年間予算を計上しているのに対して、ブレイディ・キャンペーンの会員数と年間予算は全米ライフル協会の七%にも満たない。銃所持の権利は特定の人々が享受する利益であるのに対して、銃による安全はただ乗りが可能な利益であるという違いがこの背景にはある。

このような状況にもかかわらず、一九九〇年代には連邦での銃規制が進んだ。一九九三年には、連邦政府からライセンスを受けた販売業者に顧客の拳銃取得資格の調査を義務づけるブレイディ法が成立した。一九九四年には銃乱射事件を受けて成立した包括的犯罪防止法の中で、一〇年間の期限付きではあったが半自動小銃の製造と販売が禁止された。これらの立法成果は拳銃統制社をはじめとする銃規制支持派の勝利であった。

3 銃規制の現在

一九九〇年代の銃規制の流れは長くは続かなかった。二〇〇三年には銃所持と販売についてのデータを連邦政府が保持することに制限がかけられるようになった。二〇〇四年には半自動小銃の製造と販売禁止についての一〇年の時限立法が更新されることなく期限を迎えた。二〇〇五年には合法的武器取引保護法によって、銃犯罪の被害者が銃の製造・販売業者に責任を問えないようにした。これらの変化はいずれも全米ライフル協会の支持するところであった。

銃規制反対派の活動は、司法の場で実を結んだ。連邦最高裁は二〇〇八年の判決で、初めて第二修正条項が個人による銃所持の権利を認めていると判断した（ヘラー判決）。二〇一〇年に全米ライフル協会が起こした裁判では、連邦最高裁は、第二修正条項の認める銃所持の権利は連邦政府だけでなく州政府も保障しなくてはならない権利だと判断した（マクドナルド判決）。この二つの判決によって、個人の銃所持の権利は連邦政府にも州政府にも侵害されないものとして確立した。さらに二〇二二年、連邦最高裁は銃携帯を制限するニューヨーク州法に違憲判決を下し、公共の場での銃を携帯する権利も第二修正条項は認めているとした。

バイデン政権においては、銃規制政策に変化が生じている。二〇二二年、テキサス州ロッブ小学校や、ニューヨーク州バッファローでの銃乱射事件が銃規制法案の機運を高め、二一才未満の銃購入者への身元調査の拡大や学校警備の強化を盛り込んだ法案が民主党議員による支持に加え、共和党からも賛成者を得て成立した。ブレイディ法以来の重要な銃規制立法であった。ただし、銃規制推進派が必要と考えるアサルトライフルの禁止や銃購入許可年齢の引き上げなど徹底的な規制はいまだ実現していない。

Ⅵ　形を変えて続く社会争点

一九六〇年代以降今日に至るまで、社会争点はリベラルと保守のイデオロギーが衝突するアメリカ政治の前線となっている。立法と司法いずれにおいても両者は争い、まず勝利を手にしたのはリベラル派だった。

リベラル派は、連邦最高裁による合衆国憲法の再解釈によって求める権利を獲得してきた。本章で取り上げた中絶と同性婚の権利はその典型である。しかしながら、アメリカの司法が一貫してリベラルな方向に権利を拡大してきたわけではないのは、本章で述べたとおりである。リベラル派による司法を介した社会変革を前にして、保守派も司法における闘争の重要性を理解し、対応していった。銃所持の権利を求めた保守派は、第二修正条項の解釈変更に活路を見出し、最終的には連邦最高裁で勝利を収めている。

連邦最高裁の構成がトランプ政権期に大きく変わったことの意義は極めて大きい。九名の最高裁判事のうち過半数を超える六名が保守派で占められるようになったのは、社会争点がアメリカ政治の前面に出るようになった一九六〇年代以来、初めての事態である。そして保守派の最高裁判事たちは若く、今後も長くその地位に留まることが予想される。

それゆえ今後、ロウ対ウェイド判決で確立された中絶の権利が覆されたように、他の争点においても同様の変化が起きる可能性がある。たとえば、本章で取り上げた同性婚の権利も例外ではない。社会争点をめぐる争いは、一つの法律や判決によって対立状態が解消されるということはない。新しい法律や判決は、賛成派と反対派を改めて刺激し、新しい対立へと駆り立てるのである。本章冒頭で述べたように、社会争点は、間をとるという形での妥協が難しく、賛成派と反対派の活力が続く限り争われ続けていく。そして、アメリカにおけるリベラルと保守という二つのイデオロギーは、今後も活力の源であり続けるだろう。

（梅川　健）

第8章　社会福祉政策

はじめに

アメリカの社会福祉政策は日本と比べ、その発展の仕方や変化のタイミングも異なる。本章では、社会福祉政策の中でも主要政策である公的年金、公的医療保険、公的扶助に焦点を当てる。まず、政策の変化を読み取るための視点について述べる。その後、どのような背景で各政策が発展してきたのかを三つの時期に分けて述べながら、アメリカ独自の福祉国家が形成されていった背景について論じる。そして各政策の今を確認しつつ、将来の変化の可能性について述べる。

Ⅰ　社会福祉政策の分類

社会福祉政策の分類の仕方の一つに、公的権力の強さ、政府の関わり方によるものがある。表8-1はそれを示したものである。政府が最も直接的に関与する社会福祉政策は、政府が現金支給をするか、政府が調達した現物を支給する形のものである。その対極にあるのが、民間企業や慈善団体などが政府からのインセンティブもない状態で行うプログラムなどである。

政府が関与するプログラムの中で、どの類型のプログラムの方が成立しやすいかというのは難しい

表 8-1：社会福祉のアプローチ

公共 ←――――――――――――――――――――――――――→ 民間

アプローチ	政府による直接支給	政府による間接支給	政府による規制	政府による財政的サポート	完全な民間による支給
説明	政府による所得移転	政府以外の仲介者を通じての現物の提供またはバウチャーの提供	民間プログラムへの規制	民間プログラムへの奨励	市場や任意団体にすべて委ねる
主な運用方法	現金支給、政府による現物支給	仲介者の支払い、バウチャー	違反時の制裁を含んだ規制や目標の設定	税制優遇措置	政府の関与なしで民間で運用
アメリカにおけるプログラム例	高齢者年金、メディケイド、公的扶助、退役軍人年金・医療サービス	メディケア、フードスタンプ、住宅バウチャー	民間年金、民間医療保険への規制（いわゆるオバマケアの主要部分を含む）	給与外手当への税控除	民間企業による有給休暇、慈善事業

（出典）Jacob S. Hacker. *The Divided Welfare State: The Battle over Public and Private Social Benefits in the United States* (Cambridge University Press, 2002) p.30 をもとに作成。

問いである。まず言えるのは、次節でも述べるアメリカの自由主義的な政治文化の中では、政府の関与が間接的になればなるほど合意が得られやすいことだろう。他方、直接支給、間接支給、規制で比較すると、直接支給は政府権力の拡大を警戒する政治文化の中で成立しにくい。しかし、規制も多くの民間アクターを政策の政治過程に含むことになるため、こちらも合意形成が難しくなる。

このような政府の関与の仕方による分類のほかに考慮に入れなければならないのが、どのような歴史的タイミングで、連邦政府と州政府のどちらが、どのような対象者に、どのような内容のプログラムを提案するかといったことである。以下、アメリカの社会福祉政策の歴史をたどりながら、どのような歴史的・政治的な背景で各プログラムが成立し変化したのかを述べる。

II　合衆国建国期と社会福祉政策

アメリカの社会福祉政策の発展には、植民地時代に形成された貧困に対する考え方が大きく影響しており、一九世紀までの発展は退役軍人を対象とするプログラムを除き極めて抑制されたものであった。二〇世紀になるとアメリカでも社会福祉政策が発展していくが、それは同時期のヨーロッパの主要国と比べるとなお未発達であったといえる。

1　植民地時代の救貧政策

一六〇一年にイギリスで成立したエリザベス救貧法が、アメリカ植民地にも伝わった。同法は、就労能力がある者には労働を義務づけた。救貧の対象は、高齢者、病人、障害者など就労能力がない者に限定された。このような救貧法の考え方は、ピューリタニズムに裏付けられていた。ピューリタニズムは、イギリス国教会の改革を求めたプロテスタントの一派ピューリタンたちの思想であるが、そこでは勤労が重要な美徳とされた。

このような伝統は、アメリカという国がキリスト教の国として建国され、ピューリタニズムの国として定義されていく過程で継続した。そして、合衆国憲法およびそれによって作られた政治システムが、その伝統を再生産させたといえる。

2　憲法上の州政府と連邦政府の役割分担

合衆国憲法は一七八八年に制定されたが、その最大の特徴は分権化が徹底されていたという点である。これは、イギリス本国の圧政に苦しんだ経験から、できるだけ権力が一点に集中しないような政治システムを作ろうとしたからである。

まず、連邦レベルの厳格な権力分立により、アメリカの大統領は日本の首相と異なり、立法府に対して法案を提出する権限がない。このような構造では、大統領がリーダーシップを発揮して大がかりな法案を成立させることが困難になる。

さらに社会保障分野の政策過程にとって重要なのは、連邦政府と州政府が統治権限を共有する連邦制である。アメリカは合衆国という国が存在する前に各々憲法を持つステイト（邦＝国）が存在した。合衆国を形成する際には、それらが保持していた権限を連邦政府に一部委譲するという形をとった。

宣戦布告、課税、州際通商の規制などが委譲される権限の中に含まれる一方で、市民の福祉に関わる政策分野はその中に明記されていなかった。その結果、社会福祉政策は原則的には州政府の管轄であると考えられたのである。

3　二〇世紀初頭までの社会福祉政策の発展

一九世紀初めにヨーロッパで産業革命が起き、それはアメリカにも伝播した。産業化は都市化を伴い、多くの農業従事者が都市に流入した。雇用主はできるだけ安い労働者を求め、彼らに長時間の労働を強いた。そして経済不況になると労働者を解雇することで対処した。都市部にはスラムが出現し、そこでは失業者などが非衛生的な状態の中での生活を余儀なくされた。

スラムの拡大は治安の悪化をもたらし、都市全体にも悪影響を及ぼした。しかし州政府の関与はかなり限定されていた。まずはピューリタニズムの伝統により、労働可能な人間が貧困にあるのは個人の怠慢の結果という考えが広まっていたことがある。しかし、アメリカ特有の事情がその伝統を増幅させた。

第一の事情は、都市に存在した政治マシーンと呼ばれるものである。この非政府組織は、アメリカにやってくる移民たちの生活の面倒をみる代わりに、彼らを政治的に動員して都市政治における影響力を拡大しようとした。経済階層の底辺に留まりがちな移民は、この政党組織の存在によって救われた。しかしその副作用として、政治マシーンが非公式な生活支援を独占的に行うことでその地位を維持していたため、州政府による社会福祉政策の必要性を訴える声が大きくならなかったのである。

この時期に社会福祉政策が広まらなかったもう一つの理由は、フロンティアの存在である。アメリカが一八〇三年にフランスからルイジアナ一帯を購入してから、西部への移住がさらに盛んになった。新たな土地に住み着き、そこで農業などで身を起こすということがアメリカン・ドリームとして語られるようになった。重要なのは、それがアメリカ人にとってセーフティネット的な役割を果たしたことである。すなわち、ある土地で経済的に成功しなくても、働く能力さえあれば、フロンティアに移住し新たな生活を始められるという認識がアメリカにおいて存在したのである。

このように政治マシーンとフロンティアの存在が、ピューリタニズムの伝統を増強する役割を果たし、その結果アメリカの社会福祉政策の発展を抑制することとなったのである。連邦政府は基本的には自由放任主義に基づく経済政策を採用し、市民の安全と基本的な自由を守る夜警国家としての役割を果たすのみであった。

ただ連邦政府による社会福祉政策が全く存在しなかったわけではない。アメリカが建国される前から退役軍人に対するプログラムが存在した。市民の治安を守る夜警国家と裏腹のものであるともいえ、このようなプログラムは他国でも見られた。アメリカでは、とくに南北戦争で戦った連邦軍の退役軍人を対象とした年金プログラムが最も大規模なものであった。

このプログラムは、当初は戦争によって受けた障害に応じて支給額が決まる年金であった。しかし時間が経過し、政党が得票競争をする中で、それは有権者への利益分配政策と化し、急速に当初の対象者以外にも拡大していった。一八九〇年の改革で、明らかに軍役とは関係のない者も対象者になったことは年金の性質を大きく変えた。

二〇世紀初頭になって退役軍人の数が減少するとプログラムも縮小し、この政策が利益誘導型のプログラムになっている実態に否定的な態度を示す者が多くなった。これがアメリカの伝統に反するものだと批判されたことは、その後の社会福祉政策をめぐる議論に影響を与えた。

一九一〇年代になると革新主義運動が盛り上がった。ドイツやイギリスなどのヨーロッパ主要国で肉体労働に従事する労働者（多くが男性）に対する社会福祉政策が拡大しているのを受けて、アメリカでも同様のプログラムを成立させようとする動きが拡大した。

それによって多くの州で労働者災害補償法が成立したが、労働者向けのプログラムはそれ以上進まなかった。その代わりに拡大したのは、母親と子ども向けのプログラムである。一九一一年にはミズーリ州とイリノイ州で最初の被扶養児童扶助法が成立し、一九一二年には連邦レベルで児童労働、孤児、児童保健などを管轄とする児童局が作られた。続いて一九二一年には、シェパード・タウナー法が成立した。これは主に出産と乳幼児の育児に関わる連邦レベルの社会福祉プログラムとしては最初のものであった。

このようなアメリカにおける政策発展をヨーロッパと比較して、二〇世紀初頭のアメリカで成長した福祉国家は「母性福祉国家」と呼ばれる。これは、労働可能な男性労働者を対象とするプログラムの成立がアメリカの伝統に照らせば困難なのを受けて、改革者たちが実現可能なものを模索した結果といえる。乳幼児とその母親は、アメリカ社会でも援助に値するグループとして容易に認識されたからである。

4　リベラリズムと政策発展

一九二〇年代までは、労働可能な男性は政府によるセーフティネットの整備が必要ない者と考えられてきた。しかし大恐慌で未曾有の数の人々が長期にわたって失業状態に陥ると、その考え方を修正する圧力がかかった。そこで登場したのが、アメリカ的なリベラリズムの考え方であり、ニューディール政策であった。その一環として一九三五年に成立した社会保障法によって、労働者向けの失業保険が導入され、また老齢年金の設立や被扶養児童への扶助の拡充もそれに含まれた。さらには労働組合の権利も認められた。

しかし、リベラリズムの興隆によっても変わらなかったアメリカ的伝統もある。たとえば、社会保障法に含まれたプログラムでも個人主義、連邦主義が重視されていること、社会保障法に労働者向け公的医療保険が含まれなかったこと、そしてシングルマザー以外への公的扶助の拡大や国民皆医療保険が実現しなかったことが挙げられる。一九三〇年代前半のニューディール政策の一部へ違憲判決が下されたことも、合衆国憲法が危機的状況に際しても重要な役割を果たすことを改めて示した。

III　大恐慌とアメリカ的リベラリズムの登場

一九二九年に始まり、四分の一以上にも及ぶ労働者が失業したとされる大恐慌は、アメリカの社会福祉に対する伝統的な考え方に強い外的圧力をかけた。教会や財団をはじめとする民間の力、そして地方政府や州政府の力を総動員しても経済の大幅な回復は見られなかった。非常事態におけるリーダーシップを人々が連邦政府に求めるのは自然の流れであった。

そこで「ニューディール（新規まき直し）」を訴えて登場したのがフランクリン・ローズヴェルトであった。彼は、古典的自由放任主義や州権主義の考え方ではアメリカが直面している問題を解決できないとして、連邦政府が主導権を発揮することを訴えた。

ローズヴェルトは、アメリカ市民が大恐慌によって苦しみ続けるのを見て、アメリカ市民が本当の自由を得るためには連邦政府の積極的な関与が必要であるとした。市民が自由を達成するために政府権力が必要である、これがリベラリズムの考え方である。これは、市民の自由は政府権力を否定するところから得られるというアメリカの伝統的自由主義からの決別を意味した。

フランクリン・ローズヴェルトは、このリベラリズムに従って、全国産業復興法や農業調整法などを成立させ、企業や農業従事者に対して生産調整を行った。また同時に、労働者の団結権や団体交渉権を認めるなどして労働者の権利を保護した。このような流れの中で、社会福祉政策を拡充してさらなる労働者の保護を図ろうという動きも出てきたのである。

1　一九三五年社会保障法の成立

一九三五年に成立した社会保障法は、アメリカの社会福祉政策を大きく拡大した。これに含まれた主なプログラムは、老齢年金、失業保険、公的扶助などであった。

老齢年金は、連邦政府が運営責任を持つプログラムで、六五歳になると年金の支給が開始される。当初は賦課方式ではなく積立方式がとられていることで（のちに賦課方式の比重が高まった）個人責任の重要性が、そして州ごとにある程度支給額が異なることを認めることで州権主義の伝統が、それぞれ尊重された。

公的扶助には、老人扶助、盲人扶助などのほかに要扶養児童扶助（ＡＤＣ）が含まれた。これらは連邦政府が提供する包括的補助金によって州政府が運営するプログラムであった。これ以前には州によっては類似のプログラムが実施されていたが、それを連邦政府の使途を明確に指定しない補助金によって拡大させたものである。他方、資産調査を伴うことでアメリカの伝統として重要な自助努力の考え方が強く残った。そして、公的扶助の対象者に、就労可能な男性が含まれなかったことも留意すべき点である。

このようにリベラリズムの登場によって、社会福祉プログラムに対するアメリカ市民の受け止め方が変化していった。そして、いったんこれらのプログラムの受益者が増えていくと、それを維持・拡大しようとする政治的運動が勢いを増していった。他方、アメリカの社会福祉政策についての議論の根底にある建国期以来の伝統は、プログラムの形成過程のみならず、その後も引き続き政策の方向性に影響を及ぼし続けた。

2　リベラリズムの限界

一九三〇年代の政策変化によって変わらなかった部分で重要なのが、フランクリン・ローズヴェルトが導入しようと試みて失敗した公的医療保険である。革新主義の時代から、イギリスやドイツに倣ってアメリカでも公的医療保険プログラムを導入しようとする動きが大きくなっていった。それに対して反対運動の中心となったのがアメリカ医師会である。

アメリカ医師会は、公的医療保険を「社会主義的医療」と呼び、リベラリズムを社会主義へと至る線上に位置づけた。そのようにして、連邦政府の医療保険分野への介入を、アメリカの伝統に反するものであることを訴えたのである。ローズヴェルトは反対運動の盛り上がりを見て、社会保障法に公的医療保険を含むことを断念せざるをえなかったのである。

公的医療保険の挫折後、その代わりに民間保険が拡大した。そして、それによって利益がもたらされる民間保険業界は現状維持を支持した。さらに、労働組合なども民間保険を労使交渉の中で給与外手当として獲得するようになると、現状維持派に与するようになった。

一九六〇年代になると民主党のジョン・F・ケネディとリンドン・ジョンソン両大統領がニューディール政策をさらに発展させようとした。その結果、フランクリン・ローズヴェルト政権では手がつけられなかった人種問題については一九六四年に公民権法が成立したことにより大きく前進した。公的扶助分野では一九六二年に要扶養児童扶助が要扶養児童家庭扶助（AFDC）と名称が変更されると同時に拡大された。また、貧困者への新たな現物支給プログラムであるフードスタンプが成立するなど、その他多くの新たなプログラムが誕生した。

医療保険の分野でも進展があった。一九六五年に高齢者向けのメディケア、貧困者向けのメディケイドが成立した。しかし、これは皆保険運動の挫折ということも意味していた。すなわち、リベラル派は全市民を包括する皆保険プログラムの成立を目指してきたが、民間保険の拡大とそれを支持する政治連合の拡大を受けて諦めたことがこの背景にあった。その結果、民間保険では救えない高齢者と貧困者を対象とする公的プログラムを成立させることを優先させたのである。

しかし一九六〇年代後半になると急速に社会福祉プログラムの拡大への支持が冷めていった。公民権運動の先鋭化やベトナム戦争への反対運動の高まりが起こり、社会不安が広がったことが要因として大きい。その中で、さらなるリーダーシップを連邦政府に求める主張に耳を傾けるアメリカ市民は少なくなっていった。

Ⅳ　新自由主義と政策変化

一九七〇年代以降、ニューディール期から続いてきた社会福祉政策についての考え方を修正する時期に入った。一九七〇年代にはリチャード・ニクソンが新連邦主義を唱え、一九三〇年代から続いた連邦政府の権力の拡大基調に疑問を提示し、社会福祉政策についてもできるだけ州政府に権限を委譲させるための議論を始めた。そして一九八〇年には連邦政府の大幅な権限縮小を公約にしたロナルド・レーガンが当選した。この時期以降はさらに民主党にも変化が生じ、一九九〇年代にビル・クリントン大統領は共和党が多数を握る議会と協力して民主党リベラル派からすれば裏切りとも受け止められる内容の福祉改革を行った。社会福祉政策の縮小の動きは、日本を含めた他の先進国でも見られたことであった。しかしアメリカでは、新自由主義的な考え方に加え、社会福祉政策に対する伝統的な考え方や人種に関わる問題も関係した。

1　ニクソン政権の政策転換

新連邦主義をスローガンにして登場したニクソン大統領にとって、社会福祉政策の見直しは最優先政策の一つであった。とくにジョンソン政権のもとで拡大した「偉大な社会プログラム」を非効率的であると批判した。複数のプログラムが乱立する状況を打開するために、ニクソンは家族援助プログラムを提唱し、要扶養児童がいる貧困家庭には連邦が定める金額を自動的に振り込む制度を作ることを提案した。これには、ソーシャルワーカーなど福祉プログラムに付随して拡大している人員を削減しようとする意図も含まれていた。

ニクソン政権による福祉改革は、議会の両院が民主党多数だったこともあり成立することはなかった。またそれまでに「偉大な社会プログラム」の受益者が増加したことも、福祉削減につながるニクソンの提案が有権者に歓迎されなかった原因でもある。しかし、リベラリズムに基づく福祉プログラムの拡大に対して疑問を呈したニクソン政権のメッセージは、一九八〇年代以降に盛り上がる福祉改革の動きに先鞭をつける役割を果たした。

ニクソン政権は、医療保険制度についても影響を与えた。ニクソンは一九七三年に健康維持機構（HMO）法を成立させた。これによってマネジドケアと後に呼ばれる仕組みが広がる契機となった。マネジドケアは医療保険プランの一つの形態で、保険者が病院や医師など医療サービス提供者と通常よりも割り引かれた診療報酬で契約を結びネットワークを形成する。保険者は保険料を抑えることができる一方で、医療サービス提供者は患者を安定して確保できるというメリットがある。

それまで患者は保険に加入さえしていれば、医療サービスを受ける機関には制約がないことがほとんどで、医療サービス機関はそれぞれ保険者と契約を結んでいた。同法はその慣習を大きく変えるものであった。

さらに重要なのは、同法によって医療関係者の患者に対する姿勢を変化させたことである。とくに人頭払い方式のプランの場合には、医療機関としては医療サービスを提供しない方が利益が出るため、医療サービスをできるだけ抑制しようとするインセンティブが働く。医療費の抑制はＨＭＯの重要な目的の一つであったが、それと同時に本来必要な医療サービスが受けられないケースが多くなるなどの問題も増えていった。

2　新自由主義と社会福祉政策

レーガンは、「連邦政府は問題の解決者ではない。それは問題そのものなのである」と大統領就任演説で述べた。彼は、減税や大幅な規制緩和を主張し市場原理主義を重視する新自由主義の考え方を採用した。そして「小さい連邦政府」を志向する政策を積極的に唱えた。

福祉改革については、その効果のみならず、道徳の側面からその必要性を訴えたことが重要であった。すなわち、シングルマザーは生活するのに十分な福祉が提供されるがゆえに、家族を形成するインセンティブが奪われてしまう、これはキリスト教的な家族観を重視するアメリカの伝統的価値に反するとレーガンは主張した。

またこの時期の福祉改革の議論には人種が深く関係した。福祉を不正に受給し続けるとくに黒人シングルマザーを揶揄した「福祉女王《ウェルフェア・クイーン》」という言葉が一九七〇年代半ばから広まっていた。これによって福祉に依存した黒人のシングルマザーが何の努力もしないで悠々自適な生活をしているというイメージが流布した。

このイメージは、福祉に依存することによって勤労意欲を失ってしまうということをアメリカ市民に改めて想起させるという点で重要であった。しかし、それよりも重要であったのは、この言葉が福祉プログラムと人種問題とを結びつける役目を果たしたことである。レーガン政権期の一九八〇年代に強まった反福祉感情の高まりについては、アメリカ社会の根底にいまだ存在する人種差別意識が刺激されたことも背景として重要であった。

レーガン政権では包括的な福祉改革は実現しなかったが、福祉プログラムに対するイメージが変化し、さらに「ウェルフェアからワークフェア」を実現させようとする動きが強まった時期として位置づけられる。ワークフェアとは、福祉受給者に対して勤労を求めるものである。それは一九九〇年代になってから連邦レベルの福祉改革として結実していく。

3 「第三の道」と福祉改革

ビル・クリントンは副大統領となったアル・ゴアとともに、民主党指導者会議で中心的役割を果たしていた。これは、民主党リベラル派から一定の距離をとりながら、一九八〇年代から強まった政治の保守化の流れの中でリベラリズムのあり方を見直し、新たな政策の可能性を探ろうとするグループであった。クリントンは「第三の道」を提唱し、選挙戦から「我々が知っている福祉の終焉」を訴え、政権発足直後の一九九三年の一般教書演説でも福祉改革の必要性を強調した。

それを政策として実現したのが一九九六年の貧困家庭一時扶助（TANF）である。これは民主党大統領と議会共和党の執行部が全面的に協力して成立させたということのみならず、エンタイトルメントプログラム（所得基準などの受給資格を満たせば、その他の制限はなく得られる社会保障）であったAFDCを廃止させたという意味でも重要であった。

ＴＡＮＦについて最も重要な点は、福祉受給の期間を生涯で合計五年に限定したこと、そして受給している間も就労活動（職業訓練、ボランティア活動などを含む）を原則的に週三〇時間以上行わなければならないとしたことである。これによって、ワークフェアの実現がなされたのである。

またクリントン政権は、老齢年金の財政問題に対処しなければならなかった。一九九〇年代初頭に社会保障信託基金の財政が悪化していたこともあり、クリントン政権は発足後まもなく社会保障諮問委員会を立ち上げた。そこから出された提案には、積立金の一部を民間で運用することや、個人勘定制度を創設し個々人の判断で投資できるようにすることなどが含まれた。民主党内からの反発もあり、この案はまとまらなかったが、このような改革案はそれまでの民主党政権下ではありえない内容であった。

福祉改革や年金改革で「第三の道」を探ろうとするのとは対照的に、クリントン政権は皆医療保険については、その導入を目指し連邦政府の役割の強化を主張した。ファーストレディのヒラリー・クリントンを座長にしたタスクフォースを立ち上げて改革案を立案した。しかしそれは成立しなかった。結果的にみれば、クリントンが医療保険の分野でしようとしたことは、「第三の道」を目指す政権全体の目標、そして一九八〇年代から本格化したアメリカ政治全体の保守化の流れに合わなかったのである。

次のジョージ・Ｗ・ブッシュ政権になっても、保守化の流れは続いた。同政権は、クリントン政権で提案された老齢年金の個人勘定制度の導入を積極的に進めようとした。また二〇〇三年には、メディケア処方薬・改善及び近代化法を成立させ、メディケア関連の処方薬の費用に民間保険を適用させることを認める制度が導入された。これと並行して、メディケア全体を民営化しようとする動きも活発化していった。

V　社会福祉政策の将来

バラク・オバマ大統領は「チェンジ（変革）」をスローガンにして、二〇〇八年の大統領選挙で当選した。そして医療保険改革（通称オバマケア）を目玉改革として位置づけ、それを成立させた。しかしこのオバマケアは、民主党のリベラル派が長年働きかけてきたシングルペイヤー制（単一の公的機関が医療保険財政を管理する制度）ではなく、共和党内で一九九〇年代から議論されてきた仕組みを採用したものであった。公的扶助においては、就業条件を緩和するなどしたが、世論全体としては、一九八〇年代から続くアメリカ市民の「小さな連邦政府」への志向はオバマ政権下でも変わらなかった。オバマ政権を継いだドナルド・トランプ政権が発足直後からオバマケアを廃止するために動き始めた背景がそこにある。また、トランプ政権は公的扶助についても縮小に向けて働きかけた。

1　オバマ政権下の社会福祉政策

オバマケアはオバマ政権の大きな業績の一つになった。医療保険をめぐる問題は二〇〇〇年代に入ってからとくに注目された。無保険者数は、一九八〇年代後半からじわじわと上昇してきており、二〇〇八年には無保険者数は人口比で約一五%までになった。また医療保険に加入していてもその保険料の上昇に苦しんでいる者、免責額が高い、支給額の限度が低いなどして保険を持っていても自己破産に追い込まれる者の実態がメディアなどで大きく伝えられた。企業で働き、雇用主から医療保険を提供されている労働者は比較的恵まれていたが、問題だったのは、雇用主から保険を提供されない、または雇用主を持たない個人で保険に加入しなければならなかった人々であった。

そこでオバマは選挙戦から医療保険改革の必要性を訴え、二〇一〇年三月には、通称オバマケア（患者保護及び医療費適正化法）を成立させた。オバマケアは大きく二つの仕組みで皆保険を目指そうとするものであった。第一に、個人に医療保険に加入することを義務づけるとともに保険を購入するために財政補助を提供したことである。第二に、メディケイドの適用を拡大して、連邦貧困ラインは超えているものの所得が低く保険商品を購入できない層（連邦貧困ラインの一三八%まで）を含んだことである。

オバマケアは、成立過程で大きな論争を引き起こしたが、執行が始まってもそれは収束しなかった。二〇一〇年一一月に行われた中間選挙では、共和党は反オバマケアを鮮明に打ち出し「オバマケアを廃止せよ」をスローガンとして大きく議席を伸ばした。その後も共和党はオバマケアの廃止を主張し続けた。

しかしオバマケアは本格施行が始まった二〇一四年から受益者を増やしていった。その結果、共和党も真っ向からオバマケアの廃止を主張することが難しい状況になった。オバマケアによって医療保険の適用を現に受けている人々から保険を奪い取るという政策は政治的に困難であるからである。

オバマケアは、それまでの民間保険を中心的な存在として位置づけるという仕組み自体は大きく変えることはなかった。後述するが、とくに個人で保険商品を購入する際に、公的プログラムを選択肢として提供できる制度（通称パブリック・オプション）を導入できなかったことは後の政治的争いにも影響を残した。

オバマは老齢年金の財政問題にも取り組むことを選挙戦の時から明らかにしていた。老齢年金は、このままでいくと二〇三七年までに社会保障信託基金の積立金が底をつくという予想がなされていた。その後は、年金支給額が大幅減額にならざるをえない。クリントン、ジョージ・W・ブッシュ両政権では、個人勘定制度を形成する、基金の民間運用を認めるなどの対処法を提案していた。

他方オバマ大統領は二〇一四年の一般教書演説で、連邦政府が老齢年金分野における連邦政府の新たな政策を提案した。これは、通常の老齢年金の支給額が不十分で、なおかつそれ以外に401（k）やIRAと呼ばれる民間のプログラムにも加入していない人々を対象としたものであった。オバマ大統領は、連邦政府が補足的な年金プログラムにより積極的に関与することを訴えた。いわばこれは年金版のパブリック・オプションのようなものであった。しかしこれについては、民主党でさえ根回しが十分にされていなかったということもあり本格的な議論にも入れなかった。

その後オバマ政権は共和党議会との予算に関する交渉の中で、雇用主提供年金の分野で共和党に譲歩せざるをえない状況に陥った。それを取り返すためもあり、政権末期になると、老齢年金の財政問題を解決するために高額所得者の社会保障税率を引き上げることを積極的に訴えた。これはバーニー・サンダースやヒラリー・クリントンが二〇一六年の大統領選挙戦で訴えていたことでもあり、民主党リベラル派のかねてからの主張を改めて繰り返したものである。しかし政権末期だということもあり、実現はしなかった。

オバマ政権は、年金同様TANFに対しても大きな変化をもたらすことはできなかった。オバマ政権が誕生した時までには、TANFが成立してから一〇年以上経過しており政策の効果についての研究が進んでいた。福祉受給者は大幅に減少したものの、それが雇用につながったかといえば、その効果は限定されているとする分析もなされていた。

それを受けてTANFを再びAFDCのようにエンタイトルメントプログラム化する動きが強まった。しかし、それは立法活動を必要とし、とくに社会福祉政策分野では非協力的な姿勢を貫く議会共和党が相手では成立の可能性はなかった。そこでオバマ政権は大統領令の形で対応せざるをえなかった。二〇一二年八月、オバマ政権はTANFの就労活動要件を緩和することを州政府が求めてきた際はより寛容に認めるべき旨の指示を保健福祉省に対して行った。これは共和党から強い反発を招いた。

オバマ大統領としては、次に大統領に就任すると予想されていたヒラリー・クリントンに、より寛大なセーフティネットを構築するという希望を託したつもりであった。しかし、大半の予想を覆して選挙に勝利したのは共和党のドナルド・トランプであった。

2 トランプ・バイデン・世論・社会福祉政策

トランプは選挙戦の時から反オバマケアの姿勢を明らかにしていた。トランプ自身は過去に皆保険制度導入について前向きな発言を行っていたが、オバマケアに反対することが選挙戦略上プラスに働くと計算したのであった。

トランプは政権発足直後から、オバマケアの骨抜きを狙う大統領令に署名したり、オバマケア廃止のための立法活動を支持するなどした。しかし共和党は二〇一七年に予算調整法案の形でオバマケア廃止を目指したが、議会上下両院で多数を押さえていたにもかかわらず、それを成立させることができなかった。穏健派共和党議員が、法案はオバマケアの受益者から権利を奪い取るものだとして反対に回ったからである。

代わりにトランプが行ったのは、二〇一七年末の税制改革法案の一部として個人に対する保険加入の義務づけを撤廃したことである。共和党内では、これをもって反オバマケア闘争の区切りとしたいグループと、引き続きオバマケアの完全廃止を主張するグループが存在する。しかし全体でみれば、反オバマケア運動は以前と比べれば下火になっているといえる。

トランプ大統領はＴＡＮＦ関連予算の大幅削減も行った。二〇一七年に提案された予算には、一〇年間で二一九億ドルにも及ぶ削減が含まれていた。また同時に進めたのは、ワークフェアの徹底である。オバマ政権が緩めたＴＡＮＦの就労義務に関する規制を再び強化するだけではなく、ＳＮＡＰ(二〇〇八年にフードスタンプより改称)やメディケイドなどについてもその受給のために就労義務を新たに課すなどの検討を、二〇一八年に入って本格的に各省庁に大統領令によって指示した。

老齢年金やメディケアについては、トランプは選挙キャンペーン中から「うまく機能しているプログラム」として給付を削減しないと約束していた。しかしいったん政権が始動すると、その態度を少しずつ変化させていった。税制改革の議論の中で社会福祉分野の歳出の見直しを迫られたからである。二〇一八年度の予算ではまず、制度的には老齢年金と制度的な関連性がある障害者年金の削減を行った。

しかし、社会福祉政策をめぐる政治的争いは、二〇二〇年初頭に始まった新型コロナウイルス感染症の広がりによってその様相が大きく変化した。パンデミックを抑え込むために、連邦政府は巨額の予算を投入すると同時に、コロナ禍によって打撃を受けた企業や労働者に対して経済対策が行われた。コロナ禍においては、生活を守るために連邦政府への人々の期待が増大し、社会福祉予算を削減すべきだとする主張はできなくなった。

コロナ禍が収束することなく、トランプは二〇二〇年一一月の選挙で敗れ、大統領の座をジョー・バイデンに明け渡すことになった。バイデンは、コロナ禍の非常事態を野心的な政策を実施する好機と捉えた。就任直後の二〇二一年三月に成立した景気刺激策であるアメリカ救済計画の予算規模は一・九兆ドルに及んだ。それに合わせて提案された予算一・八兆ドルの「アメリカ家族計画」には社会福祉の拡大が盛り込まれた。

ただし、パンデミックによって連邦政府に対する警戒心が解かれたかと言えばそうとはいえない。感染拡大の一つの要因として、オバマケアが成立してもなお無保険者や低保険者（窓口負担や免責額が高い保険の加入者）が多いことが挙げられた。それでもオバマケアの欠陥を本格的に修正しようという機運は大きく盛り上がらなかった。民主党左派は、オバマケアに含めることができなかったパブリック・オプションの導入、さらには、オバマケアを廃止して民間保険に頼らないシングルペイヤー方式に切り替えることを主張している。しかし、この「次の一手」は、オバマケアの成立を支えた医師会や民間保険業界団体の離反を招く可能性が高い。他方、共和党は連邦政府の規制の拡大を招くおそれがあるとして攻撃をする。大まかに言うと、世論は総論では賛成だが、話が増税や連邦政府による個人の選択の制限に及ぶとなると反対が強くなる。

バイデン政権の一期目は、コロナ禍によって拡大された連邦政府の権力をどのように「平常」に戻すのかについて争われた時期であるといえる。その争いはバイデンや民主党が一方的に有利だったわけではない。二〇二四年選挙で誕生する政権も同様の政治的文脈を引き継ぐ。その意味では社会福祉政策についても、誰が大統領に就任して、どのような枠組みで政策について語るのかで、政策の方向性が大きく左右されることが考えられる。

Ⅵ　アメリカ的社会福祉政策をみるための視点

国民の生存権を保障する憲法を持ち、国民皆医療保険が存在するのが普通だと考えられる日本に住む私たちには、オバマケアがいまだに選挙の争点となったり、生活保護にあたるＡＦＤＣが廃止され受給期間が限定されたりするようなアメリカでの光景は、時に理解困難であるだろう。これを理解するためには、国としての成立の経緯、その発展の仕方が日本とは大きく異なっていることを押さえなければならない。

アメリカの建国過程において、自由主義的な政治文化、「小さな連邦政府」を志向する政治文化が広まった。またその政治文化を増強するように、高度に分権化された政治システムが合衆国憲法によって導入された。そして社会福祉政策は、勤労や倹約を重要視するピューリタニズムを背景に、貧困は原則的に個人の責任であるという伝統によってその政策発展が大きく抑制されてきた。そしてフロンティアの存在というアメリカ特有の背景もあり、大恐慌が起こるまで連邦政府の夜警国家的な役割が大きく変わることはなかった。

フランクリン・ローズヴェルト大統領が経済不況を打開するために行ったニューディール政策とともに今日的な意味でのリベラリズムという考えが現れた。しかし、アメリカにおいては反福祉の考え方が建国の理念と結びついており、リベラリズムが一九三〇年代以降広まった後も反福祉の理念が根強く根底に流れ続けた。一九六九年にニクソン政権が誕生した後に起こったニューディール政策への反動は、その表出だったといえる。

二〇〇〇年代に入って、レーガン政権以降の新自由主義的政策の拡大や、グローバル化の進展によって、アメリカの社会経済に歪みが生まれてきている。貧富の格差は拡大し、絶望感の中で暮らしている人々が二〇〇八年にはオバマ大統領を生み出し、そしてまた違った形で二〇一六年にはトランプを大統領選挙で当選させたといえる。しかし、このような状況でも過去のニューディール的な大きな連邦政府を要請する声は高まっていない。世論調査を見ても、連邦政府の役割について警戒心を示す人は二〇〇〇年代以降も低下する明確な傾向を示していない。この現象にどのような出口が待っているのか、これについては本章のテーマではないが、これまでのイデオロギーや党派対立の形が大きく変わる時期に来ているのかもしれない。

最後に、アメリカの社会福祉政策の変化について理解するために重要なキーワードを三つ挙げて本章を閉じたい。

まずは「底辺への競争」である。これは二〇世紀初頭までには使用されていたものだが、一九九六年の福祉改革以降に再注目された用語である。各都市が、できるだけ税率を下げ、規制緩和をして企業にとって魅力的な場所になるための競争をすることを描いた用語である。なぜこの競争は「底辺」に向かっていくのか。それは、各都市がこのような競争を続けていくと、行き着く先は、各都市の財源が減少し、政治が企業の力によって牛耳られてしまう未来にほかならないからであるという。州や市レベルで独自の税制や産業規制などを行うことができる連邦制を採用するアメリカでは、国内で「底辺への競争」が起きやすいと考えられている。

それが社会福祉政策にどのような影響を与えるかというと、地方政府は財源が不足した状態の中で社会福祉政策を独自に行うことが困難になるということである。そして地方政府レベルで福祉を拡充すると、他地域からの人々の移住を誘発してしまうという考え方がある。それが第二のキーワードの「福祉磁石」という考え方である。

アメリカでは、州政府に大きな自由裁量権があるため、地方政府によってセーフティネットの充実度が異なっている。それが一九九六年の福祉改革によって貧困者にとっては貴重なエンタイトルメントプログラムであったAFDCが廃止されたことで、州や地方政府の福祉磁石の効果が大きくなるのではないかと注目されたのである。これについては、予想されるよりは効果がないとする研究もあるが、地方政府がこのような環境の中で政策選択を行わなければならないということは、アメリカの社会福祉政策を理解するために重要である。

最後に挙げるキーワードは、「隠れた福祉国家」である。アメリカは他の先進国と比べると政府による社会福祉関連支出が少ない。しかし、冒頭の表８－１に記載した「政府による財政的サポート」の部分にあたる税制優遇措置などの規模が大きい。これは政府にとっては税収減を意味するため、本来は社会福祉関連支出という「見える福祉国家」と合わせて考えるべきであるとする議論がある。そして、それを合わせるとアメリカの社会福祉政策の規模は、他の先進国より大きく劣るということにはならないとされる。しかし問題は、このような「隠れた福祉国家」の恩恵を受ける者は「見える福祉国家」の場合と比べると収入が高い層であり、また企業もこの恩恵を受ける対象となることである。

このように、アメリカの社会福祉政策の成り立ちや発展過程を考えるためには、アメリカの建国過程から、憲法、政治、経済、文化、宗教など様々な側面について学びつつ、それがどのように関係しあうのかを捉えていかなければならない。


（山岸敬和）

第9章　教育と格差

はじめに

アメリカン・ドリームという言葉に示されるように、機会の平等と立身出世は、アメリカ社会に深く根付いた理念である。本章では、機会の平等を担保する手段の一つである教育と、立身出世と深い結びつきのある格差を扱う。まず教育については制度や政策の特徴をいくつかの観点から概観した後、近年の教育改革の動向を簡単に示す。次に格差については、その実態と原因を明らかにしたうえで、立身出世を掲げるアメリカにおける連邦政府の貧困支援政策の特徴を指摘する。本章ではこれらを通じて、アメリカの教育と格差の基本的特徴についてだけでなく、アメリカの理念と現実との間のギャップについても理解を深めていく。

I　教　育

1　連邦制

アメリカにおいて、教育の第一次的責任は、連邦政府にはない。合衆国憲法には教育に関する市民の権利や義務だけでなく、連邦政府の義務についても定められていない。実際、初等中等教育を担う公立学校の予算のうち、連邦政府が負担している割合は一〇%に満たない。

合衆国憲法第一〇修正条項によれば、同憲法が連邦政府に委ねていない権限または州政府に禁止していない権限は、各々の州政府または人民に留保される。そのため、州政府が教育に関して州憲法や州法を定め、州内の教育を担っている。したがって、教育のあり方は五〇州それぞれで異なる。

アメリカでは一般に、初等中等教育を指す言葉として、「K－12」が用いられている。一年間の就学前教育のキンダーガーテン（K）から、一二年間の小学校・中学校・高校までの計一三年間の教育期間のことである。この期間の主な教育の担い手は、就学年齢の子どもの約九〇％が通う公立学校である。

公立学校の運営主体は州政府であり、その中でも中心的な役割を果たしているのは、州内の各学校区の教育委員会の代表者たちから構成される州教育委員会である。教育行政のあり方の違いは、州間だけでなく州内の地域間でも大きい。州政府が、公立学校の運営を学校区に委ねているためである。学校区とは、州を行政的または地理的に区分した特別行政区のうち、教育行政を担うものである。近年、統合が進展して数を減らしつつあるものの、全米で一万三〇〇〇以上も存在している。

学校区は、課税権や土地収用権を有しているので、主に固定資産税による税収を財源として、区内の公立学校（たいていは一〇校未満）を運営している。一般に、学校区の予算のうち連邦政府の負担は一〇％に満たず、残りを州政府と学校区がおよそ半分ずつ負担しあっている。

学校区内の教育行政の担い手は、教育委員会である。教育委員会は、主として学校区内の住民たちの直接選挙によって選出されたメンバーで構成される。教育委員会は、州政府の定める法令規則の範囲において、学校区内の公立学校の始業日、終業日、教育カリキュラムなどの設定、教科書の選定、教員の雇用、学校設備の維持管理などを行っている。さらに教育委員会は、学校区内の公立学校の小学校・中学校・高等学校の年次の区分も設定できる。最も一般的なのは、六年・二年・四年や五年・三年・四年である。

それに対して、私立学校は、基本的には連邦政府、州政府、学校区などからの資金提供を受けず、授業料や寄付金などで運営される代わりに、いずれのレベルの政府機関からも大きな規制を受けることがない。そのため、公立学校は学費が不要であるのに対し、私立学校は高額な学費を支払う必要がある。なお二〇二三年時点で私立学校に通う子どもは全体の一〇%である。歴史的な経緯から、後述するように、私立学校には宗教学校が多い。

高等教育に関しても、連邦政府の果たす役割は限られている。アメリカには日本のような国立大学は存在せず、基本的に「公立大学」とは州立大学を指す。連邦政府が運営する高等教育機関は、軍や省庁といった連邦政府機関に所属する軍人や職員などを専門的に育成することを主たる目的としたものに限られている。

ただし、高等教育機関への連邦政府の財政支援の規模は州政府に匹敵している。二〇一七年度の高等教育機関への政府支出のうち連邦政府が占める割合は約五一%にも上った。

以上のように、概してアメリカの教育は、州政府や地域住民の自治を原則として成り立っており、連邦政府の役割は限られている。しかしながら、連邦政府は建国以来、合衆国憲法第一条八節の「一般の福祉」条項、合衆国憲法第一修正条項から第一〇修正条項までの「権利章典」、同第一四修正条項の「法の下の平等保護」などを根拠として、教育政策への影響を強めていったため、教育政策の実態は複雑に入り組んでいるといえよう。

2　人　種

公共施設での人種分離を「分離すれども平等」と判示した一八九六年プレッシー対ファーガソン判決以来、アメリカでは、公立学校における人種別学が一般的であった。もちろん、平等と言いながらも、公立学校間で歴然とした格差があった。すなわち、白人たちの通う公立学校は、黒人たちのそれよりも潤沢な予算が組まれ、教育能力の高い教員がより多く配置され、充実したカリキュラムが設定されていた。人種間での教育機会の格差が制度化され、それが司法によって肯定されていたのであった。

転機は一九五〇年代に訪れた。一九五四年、公立学校における人種別学について争われたブラウンI判決において、連邦最高裁判所は、プレッシー対ファーガソン判決を覆し、人種別学は本質的に不平等だと判示した。また連邦最高裁は、一九五五年ブラウンII判決で、学校区に対して公立学校における人種統合を進展させるよう要請し、必要があれば裁判所が介入すると表明した。

しかしながら、公立学校における人種統合は、リトルロック高校事件に示されるように、南部白人を中心に根強い抵抗があった。それに加えて、郊外には白人が、都市部には黒人が多く暮らすという、人種ごとの住み分けが進展していたために、公立学校での人種統合は進まなかった。そのため、一九七〇年頃から、各学校区は強制的に、白人の子どもを都市部の学校へ、黒人の子どもを郊外の学校へと通わせることで、人種統合を進めようとした。遠方に子どもを通わせる手段として採用されたのが、無料での強制バス通学であった。

強制バス通学に対しては、とくに白人から強い反発が起きた。多くの白人がより郊外へと引っ越したり、子どもを私立学校へと転校させたりした。そこで、保護者が自発的に子どもを遠方の公立学校へと通学させたいと思わせるほど魅力的なカリキュラムを持つ公立学校を用意し、それによって学校区の内外から多くの子どもを惹きつけ、人種統合を進めようとする動きが生まれた。そうした公立学校は、魅力的なカリキュラムで磁石のように子どもを引き寄せるという意味で、マグネット・スクールと呼ばれ、現在では全米に普及している。特色ある教育という点では後述するチャーター・スクールと類似しているものの、マグネット・スクールは人種統合の進展が目的であり、魅力的な教育はあくまで手段に過ぎない点に違いがある。

こうした努力の甲斐もあり、一九八八年には、黒人生徒のうち四五%が、白人が多数の公立学校に通うまでになった。ところが、一九九〇年代に入ると、裁判所は、公立学校において人種統合を推し進める立場から手を引き、学校区の裁量に委ねるようになった。その結果、人種統合は一転して悪化の一途をたどることとなった。一九八八年には「過度に人種隔離された公立学校」(生徒の九割以上が非白人の公立学校)は全公立学校の五・七%であったのに対し、二〇一六年には一八・二%と三倍以上に増えた。また一九八八年には「過度に人種隔離された公立学校」に通う黒人生徒は全黒人生徒の三二・一%であったのに対し、二〇一六年には四〇・一%にまで増えた。

近年は、白人の多い地域が、非白人の生徒が多く在籍する貧しい学校制度から分離して独自の学区を作ろうとする(場合によっては成功する)例が目立っており、「人種別学」はますます進んでいる。

3 宗教

私立学校の多くは、宗教学校である。二〇一九年時点では、私立学校に通う子どものうち、約七六%が宗教学校に通っており、そのほぼ半数が、カトリック系の学校に通っている。

二〇世紀半ばまで、公立学校では主流派であるキリスト教プロテスタントの教義に基づいて祈祷や聖書朗読が行われることが多かった。そのため、カトリック系を中心に異なる宗派・宗教の移民が流入すると、公教育の現場でも宗教対立が生じるようになった。対立を避けようとした移民たちは、自らの教義に基づく私立学校を開学し、公的資金の援助を求めた。ところが、ほとんどの州が、現在まで残る「ブレイン修正」と呼ばれる州憲法修正を実施し、とくにカトリック系学校を念頭に、宗教団体への公的資金の提供を禁じて宗教学校への抑圧を強めた。

近年、こうした状況に変化の兆しが見られる。主に私立学校に通う子どものいる貧困家庭への授業料等の公的支援として、現在、一五州が導入している教育バウチャー（私立学校の授業料等に充当できる現金引き換え券）を、宗教学校にまで拡大することを容認する司法判決が立て続けに出されたのである。二〇〇二年ゼルマン判決において連邦最高裁は、宗教学校をバウチャーの対象として含めることは、合衆国憲法第一修正条項の国教樹立禁止原則に抵触しないと判示した。二〇一七年トリニティ・ルーテル教会判決で連邦最高裁は、宗教学校を教育バウチャーの対象から外すことは合衆国憲法第一修正条項の信仰の自由に反しており違憲と判示した。二〇二〇年エスピノザ判決、二〇二二年カーソン判決のそれぞれにおいても連邦最高裁は宗教学校への教育バウチャーに門戸を開くような判断を示している。そのため、州憲法にブレイン修正を定めているか否かを問わず、宗教学校にも教育バウチャーを利用できる可能性が高まっている。

創造論教育もまた、重要な争点である。一八五九年にチャールズ・ダーウィンの進化論が示されて以降、次第に公立学校で創造論教育ではなく進化論教育を施すことが一般的になっていった。それに対抗する形で、宗教に熱心な人々による反進化論教育の活動が活発化した。一九二〇年代には、一部の州で進化論教育を禁ずる州法を制定するにまで至った。一九二七年、テネシー州最高裁判所が、進化論教育を禁ずる州法は合衆国憲法に反しないと判示すると（スコープス裁判）、進化論を支持する科学者や教師の反対の甲斐もなく、ほとんどの生物学の教科書から進化論が削除され、反進化論教育が定着していった。

一九六〇年代から、進化論教育が息をふきかえした。まず、一九五七年のスプートニク・ショックを受け、科学と教育の重要性が再認識され、進化論が記載された教科書が出版されるようになった。それから、進化論教育を禁じる州法や、創造論教育かそれに類似する「インテリジェント・デザイン論」（何らかの知性によって世界が創造されたとする説）に基づく教育の義務づけに対して、裁判所が合衆国憲法第一修正条項の国教樹立禁止原則に反するとして次々に違憲判決を下した。

ただし、裁判所は、創造論教育やインテリジェント・デザイン論に基づく教育を施すこと自体は禁じていない。そのため現在、進化論教育の普及に歯止めをかけるべく、宗教右派が積極的に活動を続けている。たとえば、学校区の教育委員会の選挙で創造論教育を支持する人々を当選させようとする取り組みなどがある。

II　近年の教育改革

1　競争原理の導入と連邦政府の介入

一九八三年、ロナルド・レーガン政権が発表した「危機に立つ国家」と題する報告書は、全米での教育改革の機運を高めた。同報告書は、教育の質が著しく低下している実態を示したうえで、国家が危機に瀕していると評し、その解決策として、学力向上のための教育改革を訴えた。この報告書以降、現在に至るまで、アメリカでは様々な教育改革が行われた。一連の教育改革では、教育現場に競争原理の導入を求める保守派と、教育格差の是正や学力向上のために連邦政府による教育政策への介入の強化を求めるリベラル派との間での対立および協調が重要な役割を果たしていた。

そもそも、教育現場への競争原理の導入というアイディアの起源は、新自由主義を代表する経済学者のミルトン・フリードマンの一九六二年刊行の著書にまで遡れる。フリードマンは、市場経済においては経済的自由こそが肝要であり、政府の介入は最小限に抑えなければならないと考えていた。フリードマンは、そうした考えを教育分野にまで当てはめ、公教育が中心の教育制度を厳しく批判し、教育の民営化や公立学校間の競争を主張した。フリードマンによれば、公立学校に通う生徒は、その学校が良いからという理由で保護者によって選ばれた結果として通学しているのではなく、あくまで保護者が居住する場所に応じて自動的にその学校に割り当てられたに過ぎない。しかも公立学校は、公的な補助金によって運営されている。したがって、公立学校に競争原理を働かせることで、教育の質は向上する、とフリードマンは主張した。フリードマンの考えを受容したのが、共和党を中心とする保守派であった。

それに対して、民主党を中心とするリベラル派は、人種や所得間の学力格差を問題視し、その解決策として連邦政府の関与の強化を求めた。またリベラル派は、保守派の目指す競争原理の導入について、恵まれた環境下にいる生徒のためのエリート学校を生み出す一方で、恵まれない環境下にいる生徒が軽んじられてしまうものであり、学力格差を助長しかねないものと捉える傾向があった。それからリベラル派は、競争原理の導入によって、学校や教員が生徒の学力試験の点数ばかりを重視するようになる結果、学校の授業が試験偏重になり、学力測定の対象ではない教科がないがしろにされ、学力試験の点数だけでは評価できない生徒の学びが軽視されてしまうとも危惧していた。

なお、民主党の教育政策の態度決定において欠かせない存在として、公立学校の教員で構成される全国教育協会や全米教員連盟といった教員組合が挙げられる。民主党は、自らの政党の重要な支持基盤である教員組合の影響もあり、公立学校の教員の既得権益を脅かす教育改革については及び腰なところもある。

2 学校選択制

保守派が教育現場に競争原理を働かせる手段の一つとして目をつけたのが、学校選択制であった。たとえば、チャーター・スクールや教育バウチャーなどが挙げられる。チャーター・スクールとは、保護者、教員、住民組織、営利団体が、特色ある教育の実施のために、州政府もしくは学校区からの認可を得て設置する公立学校のことである。州法の義務や規則の適用の除外を受け、幅広い裁量が委ねられるため、独自の教育を提供できる一方で、あくまで公立学校なので、学費は不要である。保護者からすれば、チャーター・スクールの存在は、居住する場所に応じて自動的に割り当てられる公立学校以外の選択肢が得られることになる。従来の公立学校としては、チャーター・スクールに対抗すべく努力しなければならなくなる。チャーター・スクールは、一九九二年にミネソタ州で開校されて以降、全米に広がり、二〇二〇年には約七八〇〇校が開校されており、約三七〇万人（全公立学校生の約七・五％）の子どもが通っている。

リベラル派からも、チャーター・スクールは公立学校改革の一環として一定の支持を得ている。他方で、公立学校の教員にとっては望ましいものではない。既存の公立学校を廃校し、その代わりにチャーター・スクールを開校する際、まず教員は一斉に解雇され、その後、一部の者のみが、より悪い条件のもとで再雇用される場合が多いからである。

私立学校に対する教育バウチャー制度や税控除制度の導入も、教育現場に競争原理を持ち込むアイディアに基づいている。学費の格差が、公立学校と私立学校との間の競争原理を弱め、公立学校の質の低下を招いているとする批判に基づいて導入が進められ、二〇二三年時点では一五州とコロンビア特別区が採用している。現在のところ、これらの制度は、非宗教系の私立学校に通う子どものいる貧困家庭への授業料等の公的支援として導入されているが、保守派は、貧困世帯に限らず教育バウチャーを配布し、また利用可能な学校を宗教学校にまで拡大することを望んでいる。

3　生徒の学力測定と教員・学校評価

二〇〇二年、ジョージ・W・ブッシュ政権下で初等中等教育法の再授権法として成立した落ちこぼれ防止法は、連邦レベルで初等中等教育に競争原理を導入するだけでなく、連邦政府の教育政策への介入の強化をもたらすものでもあったため、超党派的な支持を集めて成立した。同法の中でも重要なのは、州政府が連邦政府から補助金を受け取るための新たな条件が加えられたことである。その補助金とは、本来、州政府が初等中等教育法第一編に基づいて貧困家庭の子どもの通う公立学校に支給するために州政府に与えられるものだった。新たに加えられた条件は、州政府に生徒の学力測定と学力水準の向上を義務づけ、生徒が一定の学力水準を達成できない場合、教員や学校に懲罰的な措置を講じるというものだった。

ところが、落ちこぼれ防止法のもとで、リベラル派が懸念していた多くの課題が浮かび上がった。たとえば、貧困地域にある多くの公立学校が、学力試験の成績が振るわないとして、予算削減の憂き目にあった。また、試験偏重型の教育が蔓延した。一方で保守派も、落ちこぼれ防止法が連邦政府による州政府への過度な介入を招いているとして、批判を強めることとなった。

こうした状況下で、オバマ政権は、競争原理に基づく制度の再構築と、連邦政府の介入の度合いを弱めて州政府の役割を重視する教育改革を進めた。さらに、教員の質の向上こそが生徒の学力向上には欠かせないとして、民主党の支持基盤である教員組合からの反発を恐れずに、頑なに守られていた教員の身分保障の打破に乗り出した。二〇〇九年より開始された競争的補助金の「頂点への競争」事業や、二〇一五年に成立した、初等中等教育法の再授権法の全生徒成功法である。

「頂点への競争」事業とは、州政府が、あらかじめオバマ政権によって示された基準を満たす教育改革案を競い合い、オバマ政権に認定されてようやく獲得できる競争的補助金のことである。その基準として、たとえば、州政府に対して、成績の振るわない公立学校の多くを、廃校、チャーター・スクールへの転換、教員の交代などの処置を施すことを求めたり、生徒の学力向上と関連づけた教員評価制度を導入するよう要求した。

全生徒成功法では、落ちこぼれ防止法の多くが修正された。たとえば、生徒の学力試験の成績のみで学校を評価する仕組みが廃止され、州政府に対して、成績だけでなく学習環境や生徒の出席率などの多様な学校評価を実施するよう定めた。また、評価が振るわない学校に対する連邦政府の懲罰的な介入を廃止し、州政府等が独自に対応することが義務づけられた。

III 格差

1 アメリカにおける富の偏在

二〇一一年、ニューヨーク市のマンハッタンで、富の集中に抗議して改革を訴えたウォール街占拠運動が起きた。この運動のスローガン「私たちは九九%だ」はよく知られている。実際、アメリカの総資産のうち上位〇・一%の富裕層が占める割合は、一九七八年には七%であったが、二〇一八年には一八％にまで拡大しており、この割合は、下位九〇％の人々が占めるのに匹敵している。

その一因として、所得格差の広がりを指摘できる。上位〇・一％の富裕層が占める給与所得は、一九七九年には一・六％であったが、二〇二一年には五・九％にまで増加している。この間、下位九〇％の人々のそれは六九・八％から五八・六％へと減少している。また、上位〇・一％の富裕層が占める資本所得は、一九六〇年代から七〇年代には約一五％であったが、二〇一七年には四九％にも上っている。経済成長の恩恵も、上位層に集中している。一九七九年から二〇二一年にかけて、上位〇・一％の富裕層の賃金は四六五・一％（年率で四・二％）と急増しているのに対して、下位九〇％の人々のそれは二八・七％（年率〇・六％）しか伸びていない。

こうした近年の富の偏在は、グローバル化や、専門的な技術、知識、教育に高い価値が置かれる経済構造への変化といった経済的要因だけでは説明できない。なぜなら、これらの変化はいずれの先進諸国でも生じていたにもかかわらず、アメリカにおいてのみ顕著に富の偏在が見られるからである。

より詳細に近年のアメリカ特有の変化をみていくと、大企業の経営陣の報酬額の急増、金融サービス業界の隆盛、超富裕層を対象とした低い税率などに気づく。たとえば、全米の上位三五〇の企業の最高経営責任者の報酬額の平均は、一九六五年には従業員の報酬額平均の二〇倍であったが、二〇二一年には三九九倍にも広がっている。また、二〇二二年における全米の上位二五のヘッジファンドのマネジャーの報酬総額は二一五億ドルにも上る一方で、アメリカの主要銘柄に名を連ねる大企業五〇〇社の最高経営責任者の報酬総額は八三・五億ドルに過ぎない。それから、給与所得に対する累進課税制における最高税率は、一九七〇年代には七〇％であったが、二〇二三年には三七％にまで下がっている。さらに、キャピタル・ゲインに対する最高税率（長期保有）は、一九七六年には約四〇％であったが、二〇一〇年には一五％にまで低下し、二〇二三年時点では二〇％である。キャピタル・ゲインは、投資会社、ベンチャーキャピタル、ヘッジファンドなどのマネジャーが、通常の報酬以外に受け取る成功報酬（一般的に約二〇％）である「キャリード・インタレスト」の税法上の扱いである。

2　富の偏在とアメリカ政治

こうしたアメリカ特有の変化に伴って富の偏在が生じた理由として、しばしば、利益団体政治が指摘される。最高経営責任者や投資会社等のマネジャーといった超富裕層の利益を代表する団体が、莫大な資金を使ってロビイストを雇い、政治献金を行うことで、「小さな政府」を主導する共和党だけでなく、本来は「大きな政府」を支持している民主党に対しても政治的影響力を強めた。それにより、一九八〇年代から、最高税率の引き下げや金融規制の緩和といった彼らにとって望ましい立法を推進させていった。

さらに超富裕層は、自らにとって望ましくない立法の成立の阻止も進め、富の偏在を助長させた。たとえば、一九九〇年代末には、金融システムを不安定化させるとして金融デリバティブ取引を規制する気運が高まったものの、金融業界の強力なロビー活動により失敗に終わった。二〇〇〇年代初頭、エンロン社の不正発覚に端を発し、様々な企業で不正行為が発覚したため、企業統治に規制をかけるべきだとする声が高まり、一定の規制と透明性の確保が達成された。ところが、株主に報酬の諸慣行を含む企業統治にまで関わらせる改革については、経営者たちの頑なな抵抗にあい、頓挫してしまった。二〇〇〇年代後半には、超富裕層のみを利する抜け穴だとしてキャリード・インタレストに対する税法上の優遇が注目を集めるようになったが、投資家たちを中心とする強い反対を受け、抜本的な是正は進まなかった。

こうした立法阻止の成功は、現在まで続く分極化という政治環境にも後押しされていた。イデオロギーに基づく共和党と民主党の間の鋭い対立（イデオロギー的分極化）は、互いの妥協点を見出して歩み寄って法案を成立させることを困難にしていたからである。

超富裕層の攻勢に対して、一般的な労働者の利益を代表するはずの労働組合は、弱体化していたために十分に抵抗できなかった。一九七〇年代初頭には、労働組合の組織率は三三％以上あったが、二〇二一年には一〇・三％にまで落ちこみ、民間部門に至っては六・一％にまで低下していた。

労働組合の弱体化の原因は、グローバル化の進展や製造業からサービス業への産業構造の変化に加え、経営者たちの働きかけに起因する政治の不作為にもあった。一九七〇年代、労働組合は労使関係の法改正を目指したが、産業構造の変化によって経営者側の力が相対的に強まっていたために、経営者たちの強い反発にあって失敗に終わった。

労働組合の弱体化は、企業統治にも影響を与えた。役員報酬が、その役員の成果や企業の状況とは無関係に、かつ莫大な金額に設定されることを阻止できなくなったのである。

3　カネと政治の結びつきの強化

従来、政治資金規制の連邦法のもとで、個人や企業による政治献金には上限規制が設けられていた。ところが、近年、富の偏在をさらに助長しうる、政治資金規制の緩和の動きも生じている。まず、二〇一〇年シティズンズ・ユナイテッド事件において、連邦最高裁は、選挙の際に企業等が特定の候補者や政党と直接関係のない政治活動のために費やす選挙関連支出を制限する連邦法に対して、合衆国憲法第一修正条項の言論の自由に反するとして違憲判決を下した。それから、同年の非営利団体スピーチナウ判決において、ワシントンDC地区連邦控訴裁判所は、特定の候補者や政党から独立した団体への献金の制限を同様に違憲とした。

これらの判決を受けて、特定の候補者や政党から活動に関して直接指導を受けていない団体、いわゆるスーパーPACが多数設立され、富裕な個人や企業等から無制限に多額の献金を集めるようになった。スーパーPACを運営しているのは、たいてい候補者や政党と関わりの深い人物なので、事実上、規制の抜け穴とされているのが実態である。

それから、二〇一四年マカッチェン判決において、連邦最高裁は、一選挙期間（二年間）の個人献金の総額規制を違憲無効とした。これまで個人献金は、候補者一人当たりの上限、全国政党委員会一つ当たり（全国、上院、下院それぞれに共和党、民主党が計六つ設置）の上限、政治活動委員会（PAC）一つ当たりの上限などのように、対象の区分ごとに献金額の上限が定められていたうえに、一選挙期間（二年間）の献金総額も規制していた。ところが、この総額規制が撤廃された。そのため、たとえば全選挙区の共和党候補に候補者一人当たりの上限まで献金することも、共和党のすべての全国政党委員会に一つ当たりの上限まで献金することも、共和党系のすべてのPACに一つ当たりの上限まで献金することも、さらにはこれらすべての区分への献金を同時に実施することも可能になった。

二〇一六年連邦選挙（大統領選挙と連邦議会議員選挙）では、スーパーPACへ五〇万ドル以上を献金した超富裕層たちの献金総額が一〇億ドルを超え、選挙献金総額の一五％を占めていた。また、わずか八人の億万長者が約一・八億ドルも献金していた。これら富裕層の献金は、共和党に大きく偏っていた。

4　アメリカン・ドリームは夢物語？

アメリカン・ドリームという言葉があるように、アメリカでは建国以来、機会の平等を活かして、個人の努力と勤勉さで成功を勝ち取ることができるとされてきた。しかしながら、実際は、富裕世帯に生まれた子どもは高い所得を得やすいのに対して、貧困世帯に生まれた子どもは高い所得を得にくい。合衆国内国歳入庁の研究によると、二〇一五年度の所得上位一〇％目に位置する富裕世帯の子どもの所得の期待値は、所得下位一〇％目に位置する貧困世帯の子どものそれの三倍以上もあり、平均所得の世帯の子どものそれと比べても一・八倍ほど高い。

こうした機会の格差の一因として指摘されるのは、教育である。一般に、世帯所得が高いほど、その世帯の子どもは教育の機会に恵まれる傾向がある。二〇一四年度の四年制大学卒業者のうち、所得上位二五％の富裕世帯の子どもが五四％も占めているのに対して、所得下位二五％の貧困世帯の子どもは一〇％しかいない。さらにアメリカでは、学歴が高いほど、所得も高い傾向がある。二〇一七年度の全米の二五歳以上の失業率は三・七％、一週間当たりの所得の中央値は九〇七ドルであるのに対して、四年生大卒はそれぞれ二・五％、一一七三ドル、高卒はそれぞれ四・六％、七一二ドル、高卒未満はそれぞれ六・五%、五二〇ドルとなっている。

機会格差は、初等中等教育段階から生じている。その原因は、学校区を中心とした公教育制度である。アメリカの学校区は、主に固定資産税による税収を財源として、公立学校を運営している。そのため、地価が高く富裕世帯が多く暮らす学校区と、地価が低く貧困世帯が多く暮らす学校区とでは税収の差が大きく、子ども一人当たりの費用に差が生じ、教育の質（教員の質、子ども一人当たりの教員数、教科書の更新頻度、課外活動の充実度）や学校設備（図書館、体育館、教室、特別教室、校舎、体育館など）の質にまで地域差が現れてしまっている。もちろん、貧困地域の学校は連邦政府や州政府からの補助金を多く受け取るので、ある程度は是正されるが、それでもなお差は大きい。

二〇一五年度の公立学校の生徒一人当たりの年間支出額の平均は一万七〇〇ドルだが、ニューヨーク州の世帯所得平均が九万三〇〇〇ドルを超える富裕地域のとある学校区では、生徒一人当たりの年間支出額は六万三〇〇ドルにも上っている。それに対し、ミシシッピ州の世帯所得平均が一万九二〇〇ドルを下回る貧困地域のとある学校区では、七五〇〇ドル未満しかない。

富裕層の子どもは、高い評判を得ている公立学校に通うために地価の高い地域に引っ越したり、授業料の高い私立学校に通ったりすることが可能なのに対して、貧困世帯の子どもは、居住する貧困地域の学校区内の、得てして質の高くない公立学校にしか通うことができないため、親の所得の格差が子どもの教育の質の格差と密接に関係してしまっているのである。

5　アメリカン・ドリームの終焉？

近年、機会の格差はますます広がりつつあるという。子どもが三〇歳になったときの世帯所得と、その子どもの親が三〇歳だったときの世帯所得について分析した研究によると、一九四〇年代生まれの子どもの約九〇％が、彼らの親よりも高い所得を得ていたのに対して、一九八〇年代生まれの子どもの約五〇％しか、彼らの親よりも高い所得を得ていなかった。さらに興味深いことに、こうした上層への移動の困難さは、程度の差はあれ、あらゆる所得階層、地域、人種で生じている。こうした次世代での所得の上方への移動の可能性は、親と比べたときの子の（インフレを考慮したうえでの）所得の絶対的な上昇値によって評価されるので、絶対的上方移動性と呼ばれる。

近年の絶対的上方移動性の低下は、主に経済や教育の発展によって説明される。すなわち、これらが持続的に発展し続けていた第二次世界大戦後から一九七〇年代までの間には社会全体の所得が上がったために絶対的上方移動性も高くなり、これらの発展が低調となったその後の時代には所得が上昇しにくくなり、絶対的上方移動性が低くなった。

それに対して、近年、相対的上方移動性については大きな変化はないとされている。相対的上方移動性とは、社会全体における所得階層の位置づけについて、親と比べたときの子の上昇の可能性を評価したものである。ある所得階層の親を持った子が大人になったとき、より高い所得階層に移っている割合が高ければ、相対的上方移動性が高い社会だといえる。

たとえば、下位二〇％の所得階層世帯に生まれた子どもが、三〇年後に上位二〇％の所得階層世帯に上昇している割合は、一九七〇年代初頭生まれの子どもについても、一九八〇年代初頭生まれの子どもについても違いがなく、ともに八％前後である。また、中所得世帯の子どもが上位二〇％の所得階層世帯に上昇している割合も時代によって変化はなく、ともに二〇％前後である。

ただし、今後も相対的上方移動性に変化がないとは限らない。近年、所得格差に基づく教育格差が急速に拡大してきている。近い将来、高い所得階層世帯に生まれた子どものみが高い所得階層になれる一方で、他の所得階層世帯に生まれた子どもは親と同じかそれ以下の所得階層にしかなれないという、相対的上方移動性の低い社会になりつつあることに警鐘が鳴らされている。

6 マイノリティと格差

格差を考えるうえで欠かせないのが、人種である。とくに黒人と白人との間の格差は深刻である。二〇二二年の世帯所得の中央値は、黒人が五万二八六〇ドルなのに対し、白人のそれは八万一〇六〇ドルである。こうした差異の要因として、まず、教育水準、親の所得・教育水準などが指摘される。確かに、いずれも白人と比べて黒人の方が不利なデータが示されているが、より深刻なのは、これらに加えて、人種それ自体も格差をもたらしていることである。たとえば、二〇二一年のデータによれば、大卒の黒人の平均所得は大卒の白人のそれの七六％に満たない。生まれと育ちの社会経済的属性が同一の黒人と白人であっても、黒人の方が白人よりも就労率が低く、また賃金も低いという。

資産も白人が黒人やヒスパニックを圧倒している。二〇一九年の黒人世帯の資産の中央値は二万三〇〇〇ドル、ヒスパニック世帯のそれは三万八〇〇〇ドルなのに対して、白人のそれは一八万四〇〇〇ドルもある。

貧困も特定の人種に集中している。二〇二二年のデータによると、黒人の貧困率は一七％、ヒスパニックのそれも一七％なのに対して、白人のそれは九％、アメリカ人全体は一二％である。

性別での所得格差もまた深刻な問題である。二〇二二年の女性の平均賃金は男性のそれの八二％である。男女の賃金格差は、性別以外の労働者の特性を考慮した後でも、さまざまな理由で依然として存在している。上司などから女性は男性よりも効率、能力、適性などが低いとみなされたり、出産、育児、介護で男性よりも会社に負担を強いる可能性が高いとみなされるなどして、就職、昇進、昇給で不利益を被っている。また女性自身も出産、育児、介護のためにキャリアの中断、昇進の断念、低賃金ではあるがより柔軟に働ける職種への転職などを余儀なくされる場合もある。

人種と性別の双方でマイノリティの立場にあるものの置かれる状況は一層厳しい。二〇二一年時点で、白人男性の給与と比べて白人女性は二一％低く、黒人女性に至っては三七％、ヒスパニック女性になると四二％も低い。

一九六〇年代から、男女間・人種間の格差を社会が積極的に是正する政策、いわゆる積極的差別是正措置（アファーマティブ・アクション）が採用されるようになった。積極的差別是正措置とは、歴史的な社会的・構造的差別によって弱者とされてしまった人種的マイノリティや女性の機会の不平等を是正するため、雇用や大学等の入学選考で彼らを救済する措置である。一九六〇年代から、連邦政府の主導で採用されるようになった。しかしながら、一九七〇年代から、特定の人種や性別のみを「優遇」している「逆差別」であるとする主張が次第に影響力を持つようになった。人種的マイノリティ団体や女性団体、民主党リベラル派はこうした動きに対抗したものの、とくに共和党保守派からの強い反対を受け、裁判所での訴訟や州憲法での違憲化などの動きへとつながっていった。二〇二三年時点で、九つの州において、公立大学の入試選考の際に人種や民族を考慮することを禁じている。また同年には連邦最高裁が、大学入試における人種を考慮した積極的差別是正措置は合衆国憲法第一四修正条項の平等保護条項に違反すると判示し、その利用を厳しく制限した。

7　連邦政府の貧困支援

機会の平等と立身出世を理念として掲げるアメリカにおいて、連邦政府はどのように貧困支援に取り組んでいるのだろうか。合衆国憲法には、日本国憲法でいうところの生存権の規定はないので、本来的には、連邦政府の貧困支援は限られている。とはいえ、二〇世紀を通じて連邦政府の役割は拡大していった。二〇二〇年度には、アメリカの社会福祉支出のうち、連邦政府は六六%も担うに至っている。連邦政府の主要な貧困支援事業を挙げると、メディケイド、補足的栄養補助プログラム、勤労税額控除、補足的所得保障、貧困家庭一時扶助などがある。

二〇二一年度の連邦支出総額に占める割合は、順に七・七%、二・七%、〇・九%、〇・九%、〇・二%である。これらはいずれも、老齢・遺族・障害年金などの社会保障支出の一六・五%や、高齢者を対象とした公的医療保険であるメディケア支出の一〇・一%と比べても低い。なお、社会福祉に占める連邦政府の役割は大きいものの、州間での社会福祉サービスの質の格差の是正にはあまり貢献していない。アメリカ全体では、低所得者一人当たりへの年間の州政府の社会福祉支出額は八〇四九ドルだが、最も高いマサチューセッツ州では一万七七三四ドル、最も低いジョージア州では四〇三八ドルと大きな開きがあるからである。

メディケイドとは、一九六五年に導入された貧困者向けの医療保険事業である。この事業は、連邦政府と州政府の双方が費用を負担している。二〇二三年には約九三〇〇万人が受給しており、貧困支援としての役割は大きい。医療費の高騰に伴いメディケイド支出が年々急増しているので、連邦政府も州政府も費用負担に悩まされている。

補足的栄養補助プログラム（SNAP、旧フードスタンプ）とは、一九六四年に導入された貧困者向けの食料費の補助事業である。食品のみを対象とした金券の配布を通じて行われる。二〇二三年には約四一九〇万人が受給し、貧困者の生活を支える重要な事業とみなされている。一九七一年の法改正以来、健康で勤労可能な年齢の成人が受給するには、就労も義務づけられている。

勤労税額控除（EITC）は、一九七五年に導入された貧困者向けの現金給付型の公的扶助である。貧困者は納税後に税額控除を受けられ、一定額の還付金を給付される。勤労へのインセンティブを強めるために導入された。二〇二二年には約三一〇〇万人が還付金を受け取った。アメリカでは貧困支援事業に対して批判が集まる傾向は強いが、同事業は勤労者に対する公的扶助であるため、批判されることが少ない。

補足的所得保障（SSI）は、一九七二年の立法で成立し、その二年後に導入された貧困な高齢者もしくは障害者を対象とした現金給付型の公的扶助である。二〇二三年には約七五〇万人が受給した。

最後に、貧困家庭一時扶助（TANF）は、貧困世帯への現金給付による公的扶助である。メディケイドと同様に、連邦政府と州政府の双方が費用を負担している。一般にアメリカで「ウェルフェア」という言葉が用いられる際に念頭に置かれているのが、この事業である。一九九六年福祉改革により、従来の要扶養児童家庭扶助（ＡＦＤＣ）から改められた。

かつてのＡＦＤＣのもとでは、子どものいる貧困世帯であれば受給資格が与えられていた。ところが、一九七〇年代から、受給者の多くが怠け者で救済に値しない、とする言説が支持を集めるようになった。当時、実際の受給者の多くは白人であったにもかかわらず、受給者の多くは怠惰で勤労意欲に欠けた黒人ばかりに違いないとする人種偏見が、それを助長していた。

そこでＴＡＮＦは、受給者に就労もしくは教育を義務づけ、さらに、生涯の受給期間を五年と制限した。また、より受給者に厳しい措置をとることに関して州政府に大幅な裁量を与えた。その結果、福祉改革直前には、貧困状態にいる世帯の約六八％がＡＦＤＣを受給できていたのに対して、二〇二〇年には二一％の世帯しかＴＡＮＦを受給できなくなるほど受給率が大幅に減少した。また、無収入の三人家族に対する月額支給の全米の平均額が四八三ドルなのに対して、最も多いニューハンプシャー州では一〇八六ドル、最も少ないミシシッピ州で一七〇ドルと、州間での格差も深刻になっている。

なお、一九九六年福祉改革では、合法移民に対する制限が新たに加えられた。上述した五つの事業のうちＥＩＴＣ以外の四事業について、五年以上のアメリカ居住が条件として追加されたのである。

このように、連邦政府の貧困支援は、健康で勤労可能な成人に勤労を強く働きかけており、勤労に価値を置くアメリカ的価値観と合致しているといえよう。

（梅川葉菜）

第10章　諸産業と政府の関わり

はじめに

本章では、規制政策と通商政策を題材として、政府と諸産業がどう政策的影響を及ぼしあっているのかを検討する。アメリカでは、人々の自由が重んじられ、政府が経済にあまり干渉しないという印象があるかもしれない。確かに、市場の「見えざる手」を信頼して、政府がなるべくそれに影響を与えるべきでないという考え方が有力な地位を占め、今日のイデオロギー対立でも保守派の中心的主張になっている。

しかし、営利企業にせよ、その他の組織や個々人にせよ、それぞれの利害にも基づいて行動するから、様々な主体が政府を利用して自らに有利な状況を実現しようとするのは世の東西を問わない。また現代では、市場が全面的に信頼できるものではないこともわかっている。放っておくと、大不況が生じたり格差が拡大したりするばかりでなく、ある分野の市場が一部の企業に支配されて価格が操作されたり、工場からの排水や排煙で環境が汚染されたりといった不都合が生じうる。こうした「市場の失敗」に対応する必要性は、政府の役割に否定的な論者にもある程度受け入れられている。

このように、政府と経済の関わりをめぐる政治は、イデオロギーだけでも利害だけでも説明できない。以下本章では、まずⅠで、連邦レベルを念頭に置きながら、経済的な規制政策の政策過程の全般的特徴と、現代における規制政策の展開を検討する。次いでⅡでは、州レベルの規制政策について、権限面や政策の方向性に関する連邦政府との違いを整理したうえで、連邦政府との分業や協働、そして他の州との競争や協力という点について、連邦制という枠組みの中で各州がどのように政策を展開するのかを説明する。Ⅲでは、通商政策について、政策過程のあらましを整理したうえで、その現代的展開を検討する。

I　連邦による規制政策

1　規制政策の特徴

政府は、経済活動を市場取引に任せておくと生じる様々な問題、つまり「市場の失敗」に対処すべく様々な活動を行う。そこには、第11章で扱われる、景気を調整するための金融政策や、第8章および第9章の対象である、格差の拡大や貧困に対応する社会福祉政策も含まれる。これらの政策の特徴が、公定歩合の決定や健康保険の提供のように、市場における取引の条件を決定したり、特定の主体に財やサービスを提供したりする点にあるのに対して、本章で主に検討する規制政策は、企業などの諸主体の活動を直接禁止したり制約したりするところに力点がある。

アメリカでは、全体として他の先進国ほど政府の存在感が大きくはないものの、規制政策が相対的に重要な役割を果たしてきた。日本やヨーロッパでは、政府が鉄道に代表される基幹産業を国有化して直接経営することが少なくなかった。それに対して、アメリカでは政府の経済への過度な干渉が嫌われた結果、あくまで民間企業に任せたうえで規制するという方法が多くとられてきたのである。他の先進国で、二〇世紀後半から進んだ民営化に際してアメリカの規制手法が参考にされるということも生じている。

では、規制政策はどのように作られるのだろうか。一般に、新たな規制を立法で実現するのは容易でない。それは、規制をめぐる利害対立の構造による。公共交通の運賃規制にせよ、自動車の排ガス規制にせよ、規制が実現すると極めて多数の主体（上の例で言えば、消費者等）が少しずつ恩恵を受ける一方で、規制される少数の事業者が集中的に大きなコストを引き受けることになる。そのため、規制が社会的に望ましいと考えられても、それを推進する側には政策を実現するための大きなコストを負担する動機を持つ主体があまりいないのに対して、規制される側は反対する強い動機と、多くの場合カネなど必要な組織資源を併せ持つ。

このような事情はどこでも共通しているが、アメリカの場合は政策過程が政府外の主体に大きく開かれているため、規制の推進にあたって利益団体が大きな役割を果たすことが多い。利益団体が政治家やマスメディア等への訴えかけを行い、それが世間の関心を集めることで、規制の必要性が共有されていき、政治家にも支持されていくのである。たとえば、一九六〇年代から連邦レベルでタバコの広告規制や受動喫煙防止対策がとられていった背景には、タバコ規制を推進しようとする利益団体の努力だけでなく、タバコの健康への悪影響を示す科学的な調査結果が注目されたことがあったが、それでもタバコ業界から徹底した抵抗を受けた。

規制政策は、導入するのも容易でないが、その後効果的に執行するのも簡単でない。右のタバコ規制にせよ、独占禁止規制（アメリカでは、反トラスト規制という言い方をすることが多い）にせよ、規制の目的は市場を適正な状態にすることにある。とはいえ、立法の段階で何が適正かを条文に事細かに定めておくのは難しい。そのため、行政機関に大きな裁量を与えて執行させるのが普通であり、執行する機関の能力によって成果が大きく異なってくる。十分な手立てを打たないと政策は効果を持たないし、やりすぎてしまうと市場の効率性を阻害することになる。行政機関による規制の内容や手続きについて、規制される側が不満を持つ場合は訴訟を起こすことも少なくなく、裁判所も規制政策の執行において重要な役割を果たす。

規制政策の執行には、もう一つの困難がある。企業など規制対象は、すでにみたようにカネを持っているだけでなく、対象となる産業に従事している以上、現状や関連する知識に通じている。そのため、こうした企業や業界は行政機関を説得して味方につけてしまえば、規制政策からくる負担を軽減できるばかりか、政策を自分たちの有利に利用できるかもしれないのである。アメリカでは二〇世紀半ば以降、規制機関がその対象の「虜《とりこ》」になってしまうことがしばしば問題視されてきた。ただ、この「虜理論」は必ず現実化するとは限らず、ある機関が本当に虜になっているかどうかを検証するのも容易でない点が注意を要する。

規制の妥当性や有効性をめぐる議論の背景には、政府が市場に介入する程度に関するイデオロギー的立場の違いもある。規制に消極的な大統領は、執行役の行政機関の人事を行う際に規制反対派を送り込んで、政策の執行を停滞させることもできる。ただし、多くの重要な規制政策に関しては、大統領の影響を制約するために、証券取引規制を行う証券取引委員会や、放送通信技術の規制を行う連邦通信委員会のような、独立行政委員会と呼ばれる機関が執行に当たっている。これらの機関は、独任制の長官でなく、複数の委員たちの合議で決定を行い、委員の任期は通常五年以上と大統領よりも長く、また大統領が理由なく解任できないといった特徴がある。これは、規制政策が政治に左右されないようにする制度的工夫である。ただし、それによって保証される委員の自律性が、かえって規制対象による取り込みを容易にしているのではないかという見方もある。

2 規制政策の展開

アメリカでは、連邦政府の役割が憲法上限定されている。そのため、第1章でみたように、今日まで連なる連邦政府の規制政策への本格的な関与は、経済活動が州をまたぐのが当たり前になった一九世紀末に始まった。独占禁止規制を行う連邦取引委員会等、今日も存在する重要な機関が作られていき、一九二九年からの大恐慌をきっかけに、証券取引委員会や労使関係を規律する全国労働関係委員会といった新たな規制の担い手が設けられていった。この頃に導入されていった規制政策の大半は、各種の料金規制に代表されるように、多くが様々な分野の市場における競争が適正に機能するようにするためのもので、アメリカでは「経済規制」と呼ばれる。

これ以降、二〇世紀半ばまでは、第二次世界大戦後に経済成長が続いたのもあって、政府機関の能力を信頼する形で各分野の規制政策が積極的に実施されていった。しかし、その後徐々にほころびが生じていく。一つには、一九五〇年代以降、社会科学の研究者らが虜理論を提起し、規制機関への無批判な依存に警鐘を鳴らし始めたことがある。さらには、行政機関が適切に規制政策を執行する専門能力をそもそも持たないのではないかという疑問も出されるようになった。一九七〇年代のオイルショック以降、政府不信が強まったのもあって、規制政策についてもそれに反対する保守派の影響力が拡大することとなった。

経済規制が停滞した一方で、一九六〇年代以降拡大したのが、「社会規制」と呼ばれる一連の規制である。これは、市場の失敗に関する規制である点では経済規制と同じだが、着眼点が異なる。すなわち、職場における差別の防止、企業が販売した製品の安全性の保証、製品を製造する過程で工場から出る排水による環境汚染の防止といった、企業活動に伴って生じうる危険やリスクから人々を保護したり、そのために関連する情報を提供したりするものである。一九〇六年の食品薬品法によって、農務省が食品および薬品の安全性を規制するようになったのが、連邦での社会規制の先駆けと考えられている。一九七二年に消費者製品安全委員会が立法によって設置されたのは、この時期の社会規制の強化を象徴するものといえよう。前述したタバコ規制も、この流れに属するものである。

しかし、社会規制で保護される利益は、経済規制のそれに輪をかけて社会全体に拡散している。にもかかわらず、経済規制が停滞したこの時期に社会規制が相次いで導入されていったのはなぜなのだろうか。そのカギは、利益団体政治にあるとみられている。とくに一九六〇年代以降、環境保護運動や消費者保護運動が盛り上がりを見せ、前者ではシエラ・クラブ、後者ではラルフ・ネイダーを指導者とするパブリック・シティズンや、コモン・コーズといった団体が相次いで登場し、大きな存在感を発揮するようになったのである。また、環境保護や消費者保護を重視する立場は、今日でこそリベラルに分類されるものの、当初は必ずしもイデオロギー対立の文脈で捉えられていなかった。

それでも、一九七〇年代以降、政府の市場への介入に懐疑的な保守派の考え方が優位に立つようになった。戦後それまでで最も保守的といわれた一九八〇年代のロナルド・レーガン政権は、徹底的に規制緩和を進めようとした。またジミー・カーター（一九七〇年代後半）、ビル・クリントン（九〇年代）の両民主党政権も、総じてリベラルながら、保守派の批判を受けて規制緩和を受け入れた。とはいえ、この間に規制政策が完全になくなったわけではない。規制を骨抜きにするような立法には、民主党を中心にリベラルから反対が出た。またこの頃には、各種の規制機関自体が、管轄する規制政策の重要性をアピールする利益団体の役割を進んで果たすようになっていた。

この間に発展し、イデオロギー対立の影響を大きく受けたのが環境保護政策である。一九六二年に刊行されたレイチェル・カーソンの『沈黙の春』は、農薬等の化学薬品の危険性を訴えて環境保護運動の盛り上がりに大きく貢献した。それに応じる形で、一九七〇年には大気汚染防止のためのマスキー法が制定されるとともに、リチャード・ニクソン大統領が環境保護庁（ＥＰＡ）を設置した。環境汚染の規制は様々な分野で進められてきたが、初期に存在感を持ったのが自動車の排ガス規制であり、日本を含む世界中の自動車メーカーが対象になるなど大きな影響が及んだ。

しかし、その後環境保護をめぐるイデオロギー対立が強まった。たとえば、レーガン大統領が環境保護の反対派を高官としてＥＰＡへ送り込んだのに対して、ＥＰＡは徹底的に抵抗してその高官を事実上追い出すことまでしている。次のジョージ・Ｈ・Ｗ・ブッシュ大統領は共和党でも穏健派であり、新たな大気清浄法の立法にあたって主導権を発揮した。しかし、その後はたとえば保守派が二酸化炭素による地球温暖化を認めないというように、事実認識のレベルで激しい対立が生じてきた。

以後二一世紀にかけて、二大政党のイデオロギー的分極化が進んだだけでなく、一九九四年の中間選挙以降、共和党が連邦議会で優位に立ってきたことは、立法による規制政策の変更をいよいよ難しくしている。連邦議会が身動きをとれない中で重要性を増しているのが、大統領による行政機関に対する指示である。前述したように、規制機関は総じて大きな裁量を与えられている。そのため、規制を弱めるにせよ、強めるにせよ、大統領が大統領令などの形で、行政機関に対して特定の法解釈をとるよう指示することによって、ある程度実質的な政策の修正が可能である。

こうした状況下で目を引くのが、二〇〇七年以降世界規模で生じた金融危機への対策である。そもそも、一九九〇年代に超党派の合意で進められた金融取引の規制緩和がこの危機の一因であった。それに、住宅購入等の際に条件の悪いローン（サブプライム・ローン）のはらむリスクを知らずに契約したことで苦況に陥る人が大量に発生したことから、経済規制と社会規制の両方の不足が指摘されたのである。二〇一〇年に制定されたドッド・フランク法は、連邦準備制度理事会や証券取引委員会といった多くの機関に新たな規制権限を与えた。また消費者金融保護庁が設けられ、金融商品の購入について消費者への情報提供の徹底や苦情の受付を行うことになった。

大恐慌以来の経済危機が生じ、バラク・オバマ大統領のもとで民主党が連邦議会でも多数派を握り統一政府が実現したことで、政府の市場への関与に否定的な保守優位の雰囲気が変わるかどうかが注目された。しかし、その後も二大政党の分極化はむしろ強まる一方で、トランプ政権を経ても規制政策をめぐる対立の図式に変化はないとみられる。

Ⅱ　州による政策

1　州レベルの経済政策の特徴

本章ではここまで、連邦レベルの規制政策を検討してきたが、連邦政府に与えられているのが州際通商の規制権限に限られることからわかるように、合衆国憲法上、規制は主に州レベルで行われることが想定されていた。実際、鉄道運賃規制にしても独占禁止規制にしても、多くの州では連邦で実施される前に導入されており、行政委員会方式の規制も採り入れられていたのである。各州は「民主主義の実験場」と呼ばれるように、同じアメリカという国の中で、似通った政治制度を持ちながら、社会経済的な条件や人々の考え方が異なるため、共通の課題に対してしばしば大きく異なる政策的対応がなされてきた。市民の多くも、連邦よりも身近な州・地方政府をより信頼している。

近年は二大政党のイデオロギー的分極化が進み、かつ多くの州で一方の政党が優位に立っていることから、州による政策の違いが際立つようになっている。その際、人口・経済規模の違いから、州によって存在感が大きく違ってくる。たとえば、四〇〇〇万人近い人口を持つカリフォルニアは、域内総生産でイギリスを上回る。同州は環境保護などの規制の厳しさで知られるが、市場としての重要性から、産業界もそれに合わせざるをえない。また州の規模が小さくても、特定の産業が集中する場合、その州による規制が大きな影響を持つことになる。二〇〇三年にヴァジニア州が導入した迷惑メール規制は、当時最大手のインターネット・サービス業者であったアメリカ・オンラインの本社が同州にあったため、全国のみならず世界中に影響を与えた。

州レベルに独自の政策形成過程として、次の二つが注目される。第一は、イニシアティヴ（住民提案）とレファレンダム（住民投票）を活用した規制立法である。こうした、直接民主主義的な政治制度はすべての州に設けられているが、一部の州では積極的に活用されており、カリフォルニアはその代表例である。たとえば、同州の裁判所は二〇一八年にコーヒーの発がんリスクを警告する表示を義務づける判決を出したが、これは一九八六年にイニシアティヴで成立した、有害物質について消費者の知る権利を定めた州法（プロポジション六五）に基づいている。

第二が、各州の司法長官の活動である。州の顧問弁護士の位置づけにある司法長官は、多くはより上位の公職をねらっている。「訴訟による規制」を通じて功績を上げようとすることも多く、とくにタバコや広告表示規制といった社会規制分野での動きが目立つ。二一世紀初めにニューヨーク州の辣腕司法長官として知られたエリオット・スピッツァーは、その後州知事となった（が、任期中に性的スキャンダルで辞任している）。大半の州では、司法長官が選挙で選ばれる。規制対象となる財界側は、敵対的な人物が選ばれないよう、多くの場合共和党側に立って選挙戦に関与する。

ミュニシパリティと呼ばれる市などの地方政府も、州から授権された範囲で独自の規制を行える。古くは一九世紀半ば以降、酒類の販売の可否を自治体単位で決定するという州法も作られたことがある。今日も規制は多岐にわたるが、たとえば、ウーバーやリフトといったオンラインの配車サービスについては、州レベルだけでなく自治体レベルでも、ドライバーの身元確認を含む登録制度を導入するといった規制が導入されている場合がある。容易に想像されるように、そうした規制の背後には、こうしたサービスと競合するタクシー業界の働きかけがある。

地方自治体を含む、州レベルに独自の規制分野として極めて重要なのが、ガス、水道、電気、電話といった公益事業の管理である（ただし、州や国をまたぐ部分については連邦が規制する）。これらの事業は、いずれも地域全体に配線や配管を行う必要があり、莫大な初期投資を要することから、公共性が高いと考えられ、様々な産業の中でも独自の扱いがなされてきた。ただし、その方式は様々である。

たとえば、水道に関しては、一九世紀までは民間業者によって運営されていたものの、その後はほとんどの地域で主に自治体による公営事業となっており、民間への委託は限られている。それに対して、ガス、電気や電話に関しては、分野による違いもあるものの、一九世紀後半から、各自治体と民間事業者との契約に基づく管理や自治体による規制に始まり、二〇世紀前半からは州による規制が主流となっている。そこでは、行政委員会である公益事業委員会が主役となって、事業者に対して価格等の統制を行っている。

日本では近年、電気、ガス、そして水道の供給が相次いで自由化されており、その際しばしばアメリカの自由化の事例が参照された。ただし、すでにみたように水道は大部分が公営で、電気とガスについても、本書執筆の時点で自由化されているのは半数前後の州に過ぎない。連邦政府は一九九二年のエネルギー政策法で、既存の事業者に、他の業者に対して送電・送ガスのために施設を開放することを義務づけた。これによって徐々に自由化が進んだものの、とくに電力に関しては、一九九八年に自由化したカリフォルニアで、電力価格が高騰したり停電が頻発したりし、二〇〇一年には大手電力会社が経営破綻するというように混乱が生じ、その翌年には自由化をとりやめるという事態となったのが、他の州を及び腰にさせている。

この例からわかるように、どのように規制を行うか、行わないかの判断は個々の州に任されているものの、各州は連邦政府や他の州の動向に注意を払いながら行動を決めている。そこで次に、そのメカニズムを検討しよう。

2　連邦制の中の州

まず連邦政府とのタテ方向の関係で、州による規制を考えてみよう。連邦政府の規制対象は州際通商に限られるとはいえ、今日ではある経済活動が当然に州内に限定されると考えられる場合の方が少ない。そのため、連邦と州で管轄が多くの分野で重なっているのが実状である。連邦法と州法の間で矛盾が生じた場合は、合衆国憲法の規定から前者が優先する。ただし、連邦法に反しない限り、州がより厳しい規制をかけることもできる。

この点、近年では経済規制と社会規制で動向が大きく異なる。一九八〇年代以降、交通や情報通信、そして金融といった多くの経済規制分野で、規制を緩和しかつ州が追加的な規制をしにくいような内容を持つ連邦法が制定されていった。これは、規制緩和の流れを受けたばかりでなく、州によって規制内容が異なることで、企業側の対応コストがかさむことを踏まえた対応であった。連邦では社会規制に関しても同様の立法を行ったものの、社会規制は有権者からの支持がより厚いこともあり、州は経済規制についてよりも積極的に独自の立法を進めてきた。そのため、環境保護規制や食品成分表示など、社会規制の多くの分野では今日、州法の存在感がより大きくなっている。

なお、連邦と州との間で、州がより厳しい規制を望むとは限らない。二〇一〇年に連邦で成立した医療保険改革、通称オバマケアは、人々が保険に入りやすくなるよう健康保険市場を規制するものだが、その後保守的な州の司法長官から違憲無効だとする訴訟がいくつも提起され、また二〇以上の州が同法に反するか、その適用から進んで外れる内容を持つ立法を行っている。それに、州が連邦法と矛盾する政策をとった場合、ただちに法的措置がとられるとは限らない。たとえばマリファナの使用は、連邦法では目的を問わず禁じられているが、本書執筆の時点で、医療用としては三八、娯楽用としても二四州（そのほかに首都ワシントンを含むいくつかの地域）で合法化されている。それに対して、本書執筆の時点では、連邦司法省は事態を静観している。

次に、州と州とのヨコ方向の関係で、州の規制を考えてみよう。連邦との関係と大きく異なるのは、異なる州同士が競争関係にある点である。連邦からの支援はあるにせよ、州はそれぞれ財政的な自立を求められ、大半の州で赤字財政が禁じられている。また、アメリカの人々は引っ越しを多くすることでも知られる。つまり、州は互いに税収源となるような企業や人を取り合う関係にある。規制が厳しいと、とくに社会規制であれば個人には人気が出るかもしれないが、企業には負担になるので、産業を誘致したい州には規制を緩くしておく動機がある。

この点よく知られているのが、デラウェアの事例である。同州は面積で下から二番目、人口でも下位に入る小さな州で、特徴的な産業もない。しかし、企業の設立や運営について会社法を他州よりも自由度の高いものにすることで、ニューヨーク市と首都ワシントンという政治・経済の中心地に近いという地の利もあり、国内外の大企業の多くが本社を置いている。ただし、すべての州が同じように規制を緩めるわけではない。カリフォルニアやニューヨークといった州は、規模の大きさや経済的な重要性から、放っておいても企業が集まる。それに、規模が小さくともリベラル派が強い州であれば、たとえばメイン州のように積極的に規制を行うものもある。

他方、州が互いに協力することも少なくない。異なる州で規制にばらつきがあると、規制対象となる産業にとって負担が大きく、連邦が統一的規制を導入するおそれもある。それを防ぐためもあって、多くの州で合意が得られそうな分野について、州間で協力して統一法案を作成し、各州で制定する動きが進められてきた。たとえば、統一商法典はその最も大きな成果である。連邦政府との関係で、利害を共有する州が協力することもある。連邦議会に協力してロビイングをかけることもあれば、オバマケアの合憲性が争われた裁判では、オバマケアを支持する側とそうでない側それぞれで、多数の州が協力して訴訟を進めたのである。

州間の競争と協力の両方の要素を併せ持つ現象として、政策の伝播が挙げられる。すでにみたように、同じ課題に対しても州によって様々な政策的試みがなされるが、ある州で成功した政策は、しばしば他の州によって模倣される。これは、様々な分野の政策で観察され、歴史的にも酒類の製造・販売や鉄道運賃の規制といった多くの事例がある。ただし、同じ規制政策でも、タバコの広告の制限のように規制の方法と意義が比較的明らかなものと、自動車の排ガス規制のように、どのようなやり方をとるといかなる効果が上がるのかが自明でないものとがあり、それによって伝播の仕方も影響を受けることになる。

ここまでみてきたように、アメリカの企業や個人の経済活動は連邦と州の政策に大きく左右されるが、他地域との経済的なつながりがある以上、他国とどのような通商上の取り決めがなされ、それがどう運用されるかも影響してくる。この点を理解するため、次に通商政策を検討しよう。

III　通商政策

1　通商政策の政治過程

通商政策は一般に、あるディレンマによって特徴づけられる。ある国の経済全体を最も潤そうと思えば、他国との間に通商上の障壁を設けず、自由貿易を行えばよいということが経済学ではほぼ確立した知見になっている。しかし、だからといって皆が自由貿易を支持するかといえば、そうではない。自由貿易によって経済全体に恩恵が行き渡るとしても、他国との競争で不利になるような個々の産業や業種の人々が、少なくとも短期的にはそれを上回る不利益を被るからである。アメリカのような先進国であれば、他国の安い労働力と競争することになる労働者等がそれに該当する。またそこまで割を食わなくても、自分たちだけは保護の恩恵にあずかりたいと考えるのが人情であろう。

アメリカでは、政府の市場への関与に対する反発もあって、自由貿易への支持が存在感を持ち続けてきたが、それでもなお保護主義的な見方が登場するのは、こうした事情による。しかも、アメリカの政治制度はこうした個別的な保護主義志向が反映されやすい性格を持つ。関税を含む、通商政策の決定権は、憲法上連邦議会に与えられている。第2章でもみたように、議員たちは、すべてどこか特定地域の選挙区から選出され、所属政党からも自律的に、選挙区の支持層や支援元の利益団体の意向を意識して行動する傾向を持つ。そのため、選挙区の動向によっては、議員が反自由貿易の立場で行動しうる。たとえば、労働組合を支持基盤の一部に持つ民主党の議員は、従来から共和党よりも貿易の自由化に反対する傾向が強い。

しかし実際には、いくつかの理由で、アメリカの通商政策は長年自由貿易への強いコミットメントに支えられてきた。まず挙げられるのが、歴史的な保護貿易に対する反省である。一九二九年からの大恐慌に際して、恐慌の原因がヨーロッパにあるとみた議員たちは、その影響を断ち切るべく、翌年ハーバート・フーヴァー大統領の反対を乗り越えて関税を大幅に引き上げるスムート・ホーリー法を成立させた。しかし、それは通貨の切り下げや報復関税といった対抗措置を招き、その後数年で世界の貿易量が半分以下に減るという経済の停滞が生じ、第二次世界大戦の遠因ともなったのである。この経験に基づいて、戦後の通商政策は貿易の自由化が基調となってきた。

それと関連するのが、通商政策を決定する際の考慮事項である。第二次世界大戦以降、通商政策は経済的な見地のみに基づいて決定されてきたわけではない。戦前への反省と冷戦という文脈もあって、貿易の自由化が国家間関係全体の向上にも貢献するという、広義の安全保障上の考慮にも基づいて展開されてきた。国家間の経済的な相互依存の深化によって、戦争が起こりにくくなることは、政治学の研究でもある程度裏付けられている。

アメリカの自由貿易に対するコミットメントの要因として、最後に挙げられるのが、通商政策の運用方法である。通商政策の決定権を持つ連邦議会は、一九三四年の互恵通商法以降、その権限の多くを大統領や行政機関に委任してきた。これは、貿易交渉の実務上の必要性だけでなく、唯一全国で実施される選挙で選出され、景気を含むアメリカ全体の状況によって評価される大統領や、政策的な専門知識に基づいて決定を行う行政機関の方が、議員たちのように個別の利害に縛られることなく政策判断を下せる、という期待にも基づいている。議会はあえて通商政策の決定権を手放して、貿易の自由化を達成しようとしたのである。

議会外で展開する通商政策には、国務省や商務省といった省庁も関わるが、一九六二年に大統領府に設置された合衆国通商代表部（ＵＳＴＲ）が大きな存在感を持つ。ＵＳＴＲは、大統領を補佐して貿易交渉にあたるだけでなく、貿易相手国がルール違反を犯していないかどうかを調査し、それに基づいて大統領がクロと判断した場合には、関税の引き上げを含む制裁を発動できる。ＵＳＴＲの代表が大使の職位を与えられ、多くの政権で閣僚級のポストと位置づけられてきたことからも、その重要性が理解できよう。

他国との貿易交渉に際して、今日では連邦議会から大統領に貿易促進権限と呼ばれる権限が付与されることが多い。これは、大統領が交渉の末にまとめた通商上の取り決めについて、議会は一括して承認するか否かだけを議決する、というものである。この方式は、大統領に大きな裁量を与えて貿易自由化を進めるだけでなく、交渉を前に進めるうえでも重要である。アメリカの交渉相手国の立場からすれば、大統領と交渉しても、その後連邦議会によって決定事項に修正が加えられる可能性があるならば、そもそも本気で交渉する気になれないであろう。

次に、通商相手国への制裁は、様々な理由から多様な手段を用いて行われてきたが、最も代表的で広く用いられてきたものとして、以下の三つが挙げられる。第一はダンピング関税であり、輸入品の価格が意図的に輸入元の市場価格よりも引き下げられているとみられる場合に、その価格差を埋め合わせるためにかけられる関税である。それと類似したものに、相殺関税がある。これは、輸入元の国で政府から補助金を受けて生産された製品について、輸入側の国の製品が競争で不利にならないように、補助金相当分の関税をかけるというものである。最後に、エスケープクローズ（セーフガードとも呼ばれる）は、特定国からの特定産品の輸入が大幅に増加し、国内産業に損害を与えるおそれがある場合に、緊急措置として関税をかけるものである。

ここからわかるように、アメリカは自由貿易にコミットし、長期的に多くの国との間で貿易の自由化を進めてきたが、関税を全くかけないわけでも、また他国との間で摩擦が生じてこなかったわけでもない。次項ではこの点を踏まえて、通商政策の展開を検討しよう。

2　通商政策の展開

第二次世界大戦後、アメリカはそれまでの保護主義への反省から、多国間での貿易自由化を目指した。当初目標とした国際貿易機関の設置は、連邦議会の反対によって実現しなかったものの、貿易における自由・無差別・多角主義を掲げた関税及び貿易に関する一般協定（GATT）が一九四七年に成立した。これは、ドルを基軸とした国際金融と、マーシャル・プランに代表される経済復興支援と並んで、戦後の国際経済体制の柱の一つとなった。他国を復興させてアメリカの輸出先にし、冷戦のもとで西側陣営の結びつきを強化し拡大するねらいから、アメリカの国内経済を犠牲にしないようにしつつ貿易の自由化を進めようとした点で、このブレトン・ウッズ体制には自由主義が「埋め込まれた」といわれてきた。

以後、大統領は党派を問わず自由貿易の推進を掲げることになる。その主たる舞台となったGAT

Tでの交渉は、一九九四年に世界貿易機関（ＷＴＯ）が発足するまでに八次のラウンドにわたって展開され、対象分野を拡大し、より多くの国々を巻き込みつつ、貿易の自由化を進めていくことになる。これが可能になったのは、アメリカが自由化を優先していわば身を切る形で様々な譲歩を行ったからにほかならない。この方針は、アメリカが圧倒的な経済力を誇っている間は国内で受け入れられたものの、アジアやヨーロッパの諸国がこの体制の恩恵を受けて復興し、競争力をつけていくと、これらの国々の産業と競合する分野を中心に不満が表明されるようになった。

一九七〇年代には、アメリカの貿易収支が赤字に転じ、オイルショックの打撃もあってアメリカの経済的優位が終わりを迎えたのが明らかとなった。この間に多くの分野で関税率が引き下げられていたのもあって、自由化をめぐる論点が様々な非関税障壁に移っていくと、貿易相手国の不公正な貿易慣行への対抗措置の必要性がより強く意識されるようになる。一九七四年の通商法では、前項でみたような制裁の手段が導入され、既存のものも使いやすく改められた。以後一九九〇年代にかけて、自由貿易を実質化するという建前で、相手国にアメリカからの輸入を求め、輸出を抑制させるという、事実上の保護主義的な政策も展開した。日本との関係では、主なものだけでも、日本側の繊維製品、半導体、自動車といった工業製品について、アメリカへの輸出の自主規制が要求され、逆に牛肉やオレンジといったアメリカの一次産品について輸入の拡大や関税の撤廃が求められている。

冷戦が終結すると、西側諸国の結束を維持するという大義は失われた。それでも、Ｈ・Ｗ・ブッシュ大統領は、自由民主主義と資本主義の拡大を冷戦後の世界秩序の基軸に据え、貿易の自由化路線を維持した。彼が一九九二年、カナダおよびメキシコと締結した北米自由貿易協定（ＮＡＦＴＡ）

は、労働組合等の反対にあい、次のクリントン民主党政権は、共和党議員の多くの賛同を得て一九九四年の発効を実現した。さらに次のジョージ・W・ブッシュ政権は、二〇〇一年の九・一一テロ事件を受けて、自由な貿易の重要性を改めて強調した。

このNAFTAにも表れているように、この頃には貿易自由化の力点が、GATTによる多国間交渉から、少数あるいは二国の間の自由貿易協定（FTA）に移っていった。二一世紀に入って相次いで成立していった二国間FTAは、以前からの同盟国や、民主化を後押ししたい国等、戦略的な考慮にも基づいて選定された国々を相手に進められてきた。こうした変化は、アメリカの経済的余裕がさらに失われ、多角的な貿易自由化の余地がますます減っていることも反映していた。とくに中国の台頭の衝撃は大きく、アジア太平洋経済協力（APEC）への関与や環太平洋パートナーシップ協定（TPP）の策定も、アジア太平洋地域における経済的な主導権の維持を目指して進められたのである。

しかし、ここへきてアメリカの通商政策は岐路に立たされている。二〇一〇年代半ばから、貿易自由化への世論の支持が弱まっており、とくに共和党支持者にそれが顕著である。それを反映するかのように、二〇一六年の大統領選挙では、二大政党の候補者がいずれもその前年に大筋合意されたTPPに疑問符をつけ、「アメリカ・ファースト（アメリカ第一）」を掲げてあからさまに保護主義的な態度を表明したドナルド・トランプが当選したのである。彼は就任後、TPPからの離脱を宣言し、NAFTAをはじめとするFTAの再交渉に乗り出しただけでなく、保護主義的な立場から通商上の制裁を発動し、諸外国の報復につながった。

トランプのこうした行動は、貿易自由化を進めるために大統領に権限を与えた連邦議会を裏切るものといえる。では、これはトランプという異例の大統領が政権を握っている間の一時的な動きにすぎないかといえば、そうとも限らない状況になっている。共和党は長く自由貿易を金科玉条としていたが、多くの政治家がトランプに同調するようになっている。またバイデン政権は、諸外国との協調の重視をアピールし、二〇二二年五月にはインド太平洋経済枠組み（ＩＰＥＦ）を立ち上げて、日本を含む十数カ国と貿易などの経済協力について議論を進めている。しかし、国内の労働者や環境保護を重視する姿勢から、貿易の拡大への消極性が目立ち、本書第2版の執筆時点では、トランプ政権が導入した対中国の保護関税の多くが維持されている。貿易に対する見方をめぐって、アメリカに地殻変動が生じつつあるのかもしれない。

Ⅳ　イデオロギーと利害の狭間の政策形成

ここまでの検討から明らかなように、規制政策と通商政策は、企業をはじめとして大きな影響力を持つ主体の死活的な利益に関わるうえ、近年はイデオロギー対立の度合いをさらに強めている。当初党派を超えて重要とされた環境保護についてイデオロギー対立が生じていったのは、その一例である。その反面、貿易の自由化は政府の介入を排するという意味で典型的な保守派の立場であり、共和党のイデオロギーになじむものであるはずだが、その共和党やその支持者が近年保護主義を受け入れつつあるのは、より自分たちの利害に基づいて行動するようになったことを示すものともいえよう。

このように、ある主体の利害とイデオロギー的立場とが常に合致するわけではないという点が、この分野の政治を複雑かつ興味深いものにしている。

（岡山　裕）

第11章　財政と金融

はじめに

この章では、アメリカにおける財政政策・金融政策の仕組みと争点を検討する。

財政政策とは、ここでは連邦政府財政の収入と支出についての決定を指す。当然ながら、アメリカ連邦政府のあらゆる政策や制度は資金なしには成立しない。限られた資金をどのような目的に用いるのか、またその資金をどのように調達するのか、という選択が論点となる。それは連邦政府の役割や大きさ、さらに言えば目指すべきアメリカの公正や正義など、社会秩序の根幹を左右する政策といえる。

金融政策とは、雇用確保および物価と金利の安定のため通貨であるドルの流通を調整する中央銀行の決定を指す（ここでは金融機関や金融市場への規制・監督などいわゆる「プルーデンス政策」は含まれない）。現代社会は貨幣経済を基盤としており、ドルは世界においても最も重要な貨幣といえる。そのドルはどの目的を優先に、どのような金利で、どれほど社会に流通すべきか、ということを調整するのが論点となる。社会の血流である貨幣の価値を左右するこの政策は、やはり現代社会の根幹に関わる決定といえる。

これらの政策はマクロ経済政策の二本柱である。その決定はアメリカ国民の生活はもちろん世界経済にも大きな影響を及ぼしている。このためアメリカの財政・金融政策の動きは日本の新聞やテレビのニュースにおいても日々報道されている。以下では、この財政・金融政策それぞれの目的や仕組み、決定の過程、その争点と課題をみていきたい。

表 11-1：アメリカ連邦政府の財政構造（単位：10 億ドル）

予算年度			2000	2005	2010	2015	2020	構成比（2015）
収入（Receipts）	個人所得税		1,004.5	927.2	898.5	1,540.8	1,608.7	47.4%
	法人所得税		207.3	278.3	191.4	343.8	211.8	10.6%
	社会保険料等		652.9	794.1	864.8	1,065.3	1,310.0	32.8%
	物品税		68.9	73.1	66.9	98.3	86.8	3.0%
	その他		91.7	80.9	141.0	201.8	203.2	6.2%
	合計		2,025.2	2,153.6	2,162.7	3,249.9	3,421.2	100.0%
支出（Outlays）	裁量的支出	国防	295.0	493.6	688.9	583.4	713.8	15.8%
		国防以外	319.7	474.9	658.3	585.3	914	15.9%
	義務的支出	公的年金	406.0	518.7	700.8	881.9	1,089.9	23.9%
		高齢者医療	194.1	294.3	446.5	539.9	768.9	14.6%
		福祉	232.7	351.1	562.7	666.9	1,097.8	18.1%
		その他	161.0	220.5	286.0	323.7	1,730.1	8.8%
	利払い費		222.9	184.0	196.2	223.2	345.5	6.1%
	合計 *		1,789.0	2,472.0	3,457.1	3,688.4	6,553.6	100.0%
収支	統合予算		236.2	−318.3	−1,294.4	−438.5	−3,132.4	−
	オンバジェット		86.4	−493.6	−1,371.4	−465.8	−3,142.3	−
	累積債務（期末）		5,628.7	7,905.3	13,528.8	18,120.1	26,902.4	−
対 GDP 比（オンバジェット）	収入		15.2	12.2	10.3	13.8	11.7	−
	支出		14.4	16.1	19.6	16.4	26.6	−
	収支		0.9	−3.8	−9.3	−2.6	−14.9	−
	累積債務（期末）		55.5	61.3	91.4	100.8	127.7	−

＊未分配の相殺処理部分（Undistributed Offsetting Receipt）を含むため、上記項目の総和と合致しない。

（出典）Office of Management and Budget Historial Tables より筆者作成

I　アメリカ財政の構造

アメリカ連邦政府はどのように資金を得て、何に使用しているのだろうか。表11－1は、アメリカ連邦政府財政における収入、支出、収支、対国内総生産（GDP）比それぞれを5年ごとに示したものである。以下、収入と支出についてはコロナ禍前の平時であった二〇一五年の構成比（最右列）をもとに、収支については主に二〇二〇年の数値をもとにみていきたい。

1　収入

二〇一五年におけるアメリカ連邦

政府の収入額は三兆二四九九億ドル、対GDP比で一三・八％となっている。収入項目のうち最も大きいものは、個人所得税である。それは給与、配当、利子収入など個人の所得に対して課される租税である。その税収は一兆五四〇八億ドルであり、これが連邦政府の収入総額の四七・四％を占めている。一方、法人税は企業など法人所得に対して課される租税である。その税収は三四二八億ドル、対収入比一〇・六％と個人所得税の五分の一に相当している。これら所得税の特質は所得が高くなるほど、追加的な所得への税率、つまり限界税率が高くなる累進性が適用されている点にある。二〇一七年時点において、個人所得税には年間所得に応じて一〇％から三九・六％まで七段階の限界税率が設定されていた。最高限界税率は個人所得約四一・八万、夫婦で約四七万ドル以上の世帯に適用される。同様に、法人所得税の最高限界税率は三五％であった。ただし、二〇一七年トランプ減税により二〇一八年以降少なくとも二〇二五年までは、個人所得税の最高税率は三七％に、その適用所得は単身世帯で約五〇万一ドル以上、夫婦世帯で六〇万一ドル以上に変更され、法人税率は一律二一％に統一されるなど、所得税の累進性は低下している。

個人所得税の次に大きい連邦政府の税収源は社会保険料である。これは主にアメリカの公的年金（老齢遺族障害年金保険）や高齢者医療保険の保険料収入である。日本における厚生年金保険料、各種医療保険料などに相当する。この保険料は賃金など稼得に対して課せられる。その料率は公的年金部分一二・四％、高齢者医療保険部分二・九％であり、被用者の場合はこれを労使折半で、自営業者等の場合は全額を本人が負担する。公的年金保険料には所得税のような累進性はなく、むしろ課税上限（二〇一八年で年間一二万八四〇〇ドル）があるため高所得者の負担率は相対的に小さい。一方、高齢者医療保険には課税上限がなく、年間二〇万ドル以上の稼得部分には本人負担分二・三五％と累進税率が適用される。この社会保険料収入は他の租税収入とは別に、それぞれの信託基金に繰り入れられ、それぞれの支出計画に応じて積み立て、支払いが行われる。

アメリカ連邦政府の収入構造の大きな特徴は、直接税である所得税を中心としていることである。連邦政府は日本における消費税のような間接税をほとんど持たない。類似の税制として特別な物品等への課税があるが、表11－1が示すように、総収入の三％を占めるに過ぎない。アメリカで財やサービスを購入した際に課せられる間接税は、連邦政府ではなく州・地方政府独自の売上税である。

2 支出

二〇一五年におけるアメリカ連邦政府の支出は総額三兆六八八四億ドル、対GDP比で一六・四％である。その支出項目は裁量的支出、義務的支出、利払い費に分類される。

裁量的支出は年度ごとに予算額が決定される経費である。具体的には連邦議会が一二本の歳出法案を毎年度に可決することで決定される。その規模は約一兆一七〇〇億ドルであり、政府支出総額のうちおよそ三二％を占めている。裁量的支出のうち最も大きい項目は、国防費である。表11－1が示すように、二〇一五年財政年度では国防費は支出総額の一五・八％、五八三四億ドルとなっている。これは裁量的支出のおよそ半分に相当する。国防以外の項目としては、国防、住宅、教育関係費、公共事業、対外援助費などが挙げられる。

義務的支出は、毎年度の連邦議会での審議を経ずに半ば自動的に支出額が決定される経費である。

具体的には公的年金、高齢者医療（メディケア）、低所得者医療扶助（メディケイド）やフードスタンプ（SNAP）などの公的扶助、学生ローン事業、公務員退職年金等が挙げられる。これらは毎年の支出額が決定される裁量的支出と異なり、社会保障法など既定の法律で授権された内容（エンタイトルメント）に基づき、当初予算案に関わりなく年々の請求に応じて支出される。その支出額の調整にはエンタイトルメントのもととなる法律自体の改正が必要となる。

義務的支出は主に社会保障関連の支出で占められている。最大の項目は公的年金である。二〇一五年における支出額は八八一九億ドル、連邦政府支出の二三・九％を占めている。この公的年金の経費は直接連邦政府から支出されるのではなく、社会保険料とその資産運用利回りを財源とする信託基金から支出される。いわば他の一般的な財政とは別の特別会計支出である。次に大きい項目としてメディケイドと呼ばれる低所得者医療扶助を中心とした福祉が支出全体の一八・一％、メディケアと呼ばれる高齢者医療保険が一四・六％を占めている。公的年金、医療、福祉の三項目の合計は、連邦政府支出の五六・六％、義務的支出のおよそ八六％に相当している。

利払い費はいわば連邦政府の借金の利息払いである。ニューディール政策が展開された一九三〇年代以降、連邦政府はほぼ毎年度支出超過の状態にあり、不足分は国債の発行により資金調達が行われている。利払い費はこの国債保有者への利子への支払い額である。二〇一五年における利払い費は収入総額の六・一％に相当する二二三二億ドルとなっている。

3　収　支

次にアメリカ連邦政府の財政収支についてみていきたい。アメリカの財政収支には統合予算とオンバジェットの二つの指標がある。統合予算は表11‐1で示された収入、支出のすべての項目についての収支をみたものである。二〇二〇年アメリカ連邦政府の統合予算ベースでの財政収支は三兆一三二億ドルと赤字が急増している。一般のメディア等ではアメリカ連邦政府の財政収支としてこの統合予算ベースのものが紹介される。しかし、この統合予算は一般に赤字が過少に表示されるため、政府の財政の健全性を検討するうえで必ずしも適切な指標ではない。そこには一般会計とは別の原理、財源で運営されるオフバジェットの収支が含まるからである。

オフバジェットとは単年度での予算編成の調整外にある事業予算である。具体的には公的年金保険および郵便事業である。これらは社会保険料や事業収入など独自の収入源と基金を持ち、その収支調整も各年の予算編成とは別に行われる。その大部分を占めている公的年金は、独自の保険数理と推計をもとに、長期的な視点から保険料水準と年金支払額が決定されている。実際上、それは将来の退職者数の増大に備えた資金積立のために収入超過を続けてきた。その超過は減少しつつあるが、この収入を含めた統合予算は、日本で言えば年金積立金や郵貯の預金を含めて財政赤字を過少に表示するようなものといえる。このオフバジェット部分を取り除いたものが、オンバジェットでの収支である。表11‐1が示すように、その財政赤字規模は統合予算のそれよりやや大きく、二〇二〇年には対GDP比一四・九％に相当する三兆一四二億ドルの赤字となっている。

累積債務は連邦政府財政の赤字の累積額である。オンバジェットの財政収支では、表11－1にみるように二〇〇〇年に一時的に黒字が計上されているが、一九三〇年代以降基本的には赤字を続けている。特にコロナ禍以降、その累積額は二〇二〇年度では二六兆九〇二四億ドル、対GDP比で一二七・七％まで膨張している。こうした債務は、利払い費の増大を通じて財政政策を硬直化させる要因となり、また連邦政府財政の持続可能性も脅かされる。投資家たちがアメリカ連邦財政に持続可能性がないと判断すれば、アメリカの国債、さらにドルの市場価格は暴落し、インフレーションや金利の高騰などを通じてアメリカや世界経済は大きな混乱に陥ることとなる。

二　財政政策の仕組みと争点

アメリカ連邦政府の財政政策は誰がどのように決定しているのか。また何が主な争点となっているのか。以下、意思決定に関わるプレイヤー、基本的な予算編成過程、そこで争われている主な論点を順にみていきたい。

1　意思決定に関わるプレイヤー

財政政策の決定に関わる第一のプレイヤーは連邦議会である。政府収入を左右する徴税の権限はもちろん、政府支出の権限もまた義務的支出であれ裁量的支出であれ、すべて法律によって定められる。したがって、その決定権は立法府である議会にある。議会は財政年度ごとに一二本の歳出予算法を可決することで裁量的支出を決定している。この法案成立までの毎年の審議サイクルが予算編成過程と呼ばれる。一方、税収に関わる租税法、義務的経費に関わるエンタイトルメントの制定や改正は、原則としてこの過程の外にある。ただし、後述のように近年は調整法（リコンシリエーション）という枠組みのもと、これらも予算編成過程の一部として審議、立法されることも多い。

このような役割を果たすため、連邦議会の上下院それぞれに各種の委員会が常設されている。後述の予算決議やリコンシリエーションを所管する予算委員会、予算執行に必要な権限を授権する各種授権委員会、歳出予算法を所管する歳出委員会があり、またそのもとには分野別の一二の小委員会が設けられている。租税に関わる法律は下院では歳入委員会が、上院では財政委員会がそれぞれ所管している。また連邦議会には議会調査局や説明責任局などの調査機関、議会予算局（ＣＢＯ）と呼ばれる専門的な機関が設けられ、財政政策に関する意思決定の支えとなっている。

第二のプレイヤーは大統領である。前述のように、アメリカにおける連邦財政政策の決定権は連邦議会にあり、大統領以下の行政府は議会から授権される予算の執行者に過ぎない。だが一方で大統領と諸行政機関は議会に従うだけの下請け機関というわけでもない。行政府は予算執行の当事者として、省庁のニーズや問題についてより豊富な情報を持ち、また個別の議員や委員会から構成される議会に比べ、大統領は予算全体を総覧できる立場にある。何より他の政策領域と同様、予算に関わる法案についても大統領には拒否権があるため、議会はその意向を完全に無視することはできない。このようなことから大統領は予算編成過程をはじめとする財政政策の決定においても、自らの要望を政策案や予算案として表明するなど様々な形で関与している。また、その予算案の作成や調査のため独自の機関として行政予算局（ＯＭＢ）を有している。

2　予算編成過程

ここでは財政政策に関する基本的な仕組みの一つとして、毎年度の予算編成過程の概要をみていこう。アメリカの会計年度は一〇月から開始される。したがってすべての歳出予算法案を九月三〇日までに議会で成立させることが、本来の基本的な予算編成サイクルである。

連邦議会における予算審議は、当該年の二月第一月曜日に大統領から議会に提出される大統領予算教書から出発する。これは大統領が予算を執行する様々な行政機関の長として、望ましい予算編成についての意向を議会に伝えるものである。この予算教書を作成するために、ＯＭＢは前年三月から各機関に予算要求を提出させ、これを査定し、改めて各機関の要求を検討する復活折衝を行う。また各機関は当該年一月までに議会に説明するための根拠資料を作成する。ただし大統領予算教書は直接的な法的拘束力を持たない、いわば参考資料、提案、勧告に過ぎない。

予算編成過程における第一ステップは通常四月一五日を日限とする予算決議である。これはＣＢＯによる経済・財政展望に関する報告書や大統領予算教書の分析をもとに、連邦議会が自らの全般的政策と優先政策を提示し、収入推計、支出総額、収支差額、国債発行限度額、さらに二〇項目にわたる支出の機能別配分額などの大枠を示すものである。予算決議は大統領署名を要しない決議に過ぎず、したがって法的拘束力を持たないが、議会内では議事規則として機能している。

第二ステップはリコンシリエーションの制定である。予算決議に税制や義務的支出の変更が含まれる場合、連邦議会は六月一五日までにリコンシリエーションを可決させることとなる。これは、財政赤字削減を目的に一九七四年予算法で定められた枠組みで、この法律の活用によって、元来は予算編成過程外にあった義務的経費や税制の変更も予算編成過程に組み込み、予算管理のもとに置くことができる。また、そこでは法案に反対する者が上院で間断なく演説を続けることで議事を妨害する抵抗手法、いわゆるフィリバスターが禁止されている。このため、この枠組みは減税など本来の趣旨と異なる政策の実現を容易にする抜け道としても利用されてきた。リコンシリエーションは、ジミー・カーター政権期の一九八〇年以降、二〇二三年までに二三回成立している。

連邦議会の予算過程における第三の、そして最後のステップは歳出予算法および関連する税法や授権法の可決である。予算決議あるいはリコンシリエーションを受けて、歳出委員会、下院歳入委員会・上院財政委員会および関連する授権委員会は具体的な歳出予算法の制定および関連法の改正等を進めていく。裁量的支出については上下院とも歳出委員会が予算決議で受けた金額を一二の小委員会に配分し、具体的な予算を審議し、その議論をもとに一二本の歳出予算法が作成される。義務的経費や税制改正についてはリコンシリエーションに基づく指示をもとに関連する授権委員会や下院歳入委員会・上院財政委員会で、現行の授権法や税法の改正案が作成される。両院本会議におけるこれらの法案の可決、そして大統領の署名により次年度の予算編成過程が完了する。

なお、上記プロセスとは別に今日不可欠な手続きとして法定債務上限の引き上げがある。アメリカでは連邦政府に許される国債発行残高が法律で定められている。赤字予算が常態化している今日、その上限を逐次引き上げる法律改正が予算編成の前提として必要とされる。

各年度の予算編成過程の基本サイクルは以上のとおりである。しかし、これはあくまで基本的な概要に過ぎず、次の三点について注意が必要である。第一に複雑なルールや手続きの存在である。予算の配分は露骨な利害や理念の対立の場であるため、連邦議会では常に政治的な術策や攻防が展開されてきた。その結果、実際の予算編成過程には様々なルールや議事規則、またその例外が生まれている。第二にこのスケジュールは基本的には守られていない。後述するように、近年では党派間対立の激化から議会における審議が紛糾しており、予算成立の遅れが常態化している。第三に予算編成過程は財政政策のすべてではない。すでにみたように税制や義務的支出に関連する立法は、元来はこの編成過程の外にある。裁量的支出もまた別の立法で成立することもある。実際、一九八〇年代のロナルド・レーガン政権や二〇〇〇年代のジョージ・W・ブッシュ政権下の減税政策、またバラク・オバマ政権下の二〇〇九年緊急経済政策や二〇一〇年の医療保険改革、二〇二〇年以降のコロナ禍での一連の経済政策など、連邦政府の大がかりな財政出動は、このサイクルとは別に決定されている。

アメリカ連邦財政の政策過程の特徴として次の二点を挙げることができる。第一は、予算編成における連邦議会の権限の大きさである。それは日本政府の予算編成過程と比較すれば明らかである。日本においても予算案を最終的に決定するのは国会である。しかし、議院内閣制をとる日本では行政府の権限はとくに強い。日本の場合、政府予算案は各省庁の概算要求をもとに、財務省の取りまとめと調整を経て閣議決定されるが、この政府案が国会で修正されること、まして代替案が国会から発議されることはまずない。一方、アメリカの大統領予算教書も日本の政府案と同様に各省庁の概算要求を取りまとめ、その査定と調整によって作成されるがその扱いは日本に比べ軽い。もちろん大統領には拒否権や議会選挙への政治的影響力があり、これらを材料に自らの意向を実現すべく議会に働きかけを行っている。いわゆるオバマケアやトランプ減税など、議会の立法がしばしば大統領名を冠して呼ばれるのはこのためである。しかし、大統領予算教書やその意向は議会ではあくまで参考意見に過ぎず、予算案は議会において独自に作成され、審議、決議される。こうした役割分担は権力分立を徹底するアメリカの統治機構のあり方を如実に反映したものといえる。

第二は、不正常の常態化である。前述したルールの複雑化に象徴されるように、政治の根幹に関わる予算編成は元来から利害や理念の対立が現れやすく、紛糾しがちな領域である。そのうえ、近年ではさらに党派間の対立と分断が進み、審議の混乱と遅れが常態化している。予算決議が成立せず、原案などをとりあえずの代替物とみなして間に合わせる事態（みなし決議）は、一九九八年から二〇〇〇年までの間で一一回、とくに二〇一〇年以降は五年連続で発生していた。歳出予算法が期限内に成立したのは一九七四年から一九九九年までの二六年間で四回しかなく、それ以降も遅れは常態化し、むしろ一年以上も遅れる事態が頻発している。予算成立の遅れについては通常、暫定予算で対応されるが、それすら間に合わず政府閉鎖（シャットダウン）に至る事態が一九八〇年以降で七回、近年では二〇一三年度、二〇一七年度、二〇一九年度に発生している。オバマ政権期やバイデン政権期には予算編成の前提となる法定債務上限の引き上げまでもが駆け引きの材料とされていた。もし、この引き上げが不成立となった場合、アメリカ連邦政府が債務不履行に陥る危険がある。

3　財政政策をめぐる争点

財政政策をめぐる議論の紛糾はいまや連邦政府、さらには社会を機能麻痺に追い込みかねない水域に至っている。そのような対立を生む政治的争点はどのようなものであろうか。それは、財政の役割をめぐる対立である。基本的には、リベラル派の民主党勢力は経済的・社会的な役割の拡大を支持し、保守派の共和党はそれを批判する傾向にある。ただし、その争点の構造はやや複雑である。以下、財政収支、政府の大きさの二つの側面に分けて説明しよう。

第一の争点は財政収支をめぐるケインズ主義と均衡予算主義との対立である。ケインズ主義とは、政府の財政赤字を通じて総需要を管理し、景気を調整する政策思想である。極端に単純化すれば、それは不況期には公共事業や減税を通じた財政赤字の拡大によって景気の刺激に努め、好況期には財政赤字の縮小によって景気の過熱や物価の上昇の抑制を図るべき、という考えである。経済学で財政政策という場合、収入・支出に関する意思決定全体という本書での定義より狭く、この景気調整機能をめぐる意思決定を指す場合がほとんどである。ケインズ主義的な財政政策は、一九三〇年代大恐慌の時代に展開されたフランクリン・ローズヴェルト政権のニューディール政策に始まり、リベラル派の民主党が推進する政策として、戦後のアメリカ財政政策にも定着していった。

一方、保守派の共和党はニューディール期以降も、ケインズ主義的な政策に反対の立場をとっていた。彼らは均衡予算の原則を掲げ、財政赤字を不健全なものとして批判してきた。その主張の背景にあったのは経済社会に対する政府の役割の拡大を忌避するアメリカの伝統的な自由主義思想である。

第二次世界大戦後には政府による裁量的な経済介入を批判し、本来の市場経済の価値を改めて強調するミルトン・フリードマンなど、いわゆる新自由主義的な経済学理論も現れていた。それは一九七〇年代のスタグフレーションによりケインズ主義の説得力が失われるとともに、また政府赤字の累積への懸念が深まるとともに影響力を増していった。その潮流は一九八一年のレーガン政権の成立や一九九五年の共和党多数議会の実現へと結実していく。「連邦政府は問題の解決者ではない。それは問題そのものである」とは、このレーガン大統領の就任演説の中の有名な一節である。

ケインズ主義か均衡予算主義という問題自体は、しかしながら、実際には今日のアメリカ政治を二分する争点ではない。後述のように民主党が求める政府支出の拡大・維持はもちろん、共和党が主張してきた減税政策もまた、少なくとも短期的には財政赤字を拡大させる利益分配だからである。一九八〇年代初頭のレーガン政権、二〇〇〇年代初頭のW・ブッシュ政権が経済活性化を掲げて主導した、富裕層中心の大型減税はいずれもアメリカの財政赤字を劇的に拡大させた。一方で累積赤字への懸念もまた、民主党、共和党の党派を超えて共有される政策課題であり、その削減に向けた様々な取り組みが超党派で行われてきた。財政赤字か均衡主義かという論点は両党派間を分かつ争点というより、個別議員による利益分配志向を議会全体でどう理性的に抑制するか、という問題といえる。

アメリカ連邦政府の財政健全化はなお遠い。一九七四年予算法、一九八五年グラム・ラドマン・ホリングス法、一九九〇年予算執行法（二〇〇二年に失効）、二〇一一年予算統制法など財政規律の回復を図る様々な立法が行われてきた。その手法も当初の機械的な一律削減から、義務的経費、裁量的経費を区分し、それぞれに応じたルールを柔軟に適応していくなど高度化している。一九九〇年代末には個人所得税の増税、そしてニューエコノミーと呼ばれる好景気もあり、連邦政府の財政赤字は一時的に解消する。しかしその後は、W・ブッシュ政権における大型減税、サブプライムローン危機、またその対処のために大規模に行われたケインズ主義的な財政出動により大幅に悪化している。表11－1が示すように、二〇〇〇年の財政収支は対GDP比〇・九％の黒字であったが二〇〇九年には三・八％の赤字に、二〇一〇年には九・三％の赤字となった。その後、オバマ政権下で減税の失効による増税や支出抑制が実施され、財政収支は二・六％の赤字まで回復したが、二〇二〇年のコロナ禍とそのための緊急対策により、財政収支はマイナス一四・九％まで急速に悪化した。財政赤字は今後も長くアメリカ政治の懸念事項であり続けると考えられる。

第二の、より主要な論点は「大きな政府」と「小さな政府」をめぐる争いである。リベラル勢力である民主党は伝統的に「大きな政府」を志向してきた。ローズヴェルト政権が登場して以降、ニューディール政策による公共投資の拡大に続き、第二次世界大戦、東西冷戦、ベトナム戦争による軍事費の拡大、また民主党多数議会が続く中で社会保障をはじめ各種のプログラムが拡充されていった。とくに一九六〇年代のリンドン・ジョンソン政権期には、「偉大な社会」というスローガンのもと、福祉、医療、公的住宅などの様々な社会プログラムが誕生した。一九三〇年における政府支出規模は統合予算ベースで対GDP比三・六％程度であったが、一九四〇年には九・六％、第二次世界大戦時の一九四五年には四一・〇％にまで膨張し、一九四七年には一一・二五％まで下落したものの、その後再び増加傾向に転じ、一九八〇年には二一・一％、オンバジェット・ベースでも一七・三％となっていた。前記のケインズ主義は必ずしも「大きな政府」を求める理論ではないが、現実政治においては財政赤字を容認することで政府支出の拡大を正当化する理論として機能してきた。

これに対し、保守勢力である共和党の伝統的な主張は「小さな政府」である。彼らは社会保障プログラムなど義務的経費を中心とする政府支出の肥大化、そして何よりそれを支えるための租税負担の増大を強く批判する。連邦政府の支出の拡大に伴い連邦政府の税収の対GDP比は、統合予算ベースで一九三〇年の四・五％から、一九四七年には一五・七％、一九八〇年には一八・六％に拡大していた。こうした負担の軽減、そしてそのための政府支出の削減が、保守派の共和党が追求する基本的政策である。その政策、とくに企業や富裕層への減税を大規模に実現したのが一九八〇年代に登場したレーガン共和党政権であった。このような政策を正当化したのは政府支出など需要サイドを重視するケインズ主義を批判し、減税を通じた競争力や生産性の向上による経済活性化を説く供給サイド重視の経済理論であった。彼らはまた、政府支出の抑制政策として福祉予算の削減を追求する。しかし一方、国防費についてはその維持・拡大を図ってきた。

二一世紀の今日においても、政府の規模をめぐる両党派の志向に大きな変更はない。財政健全化が課題とされる今日、民主党も「大きな政府」を前面に掲げているわけではないが、ニューディール期や「偉大な社会」以降に発展した各種の社会プログラムの維持・拡大を今日でも主張する。オバマ政権期の民主党多数議会で進められた二〇〇九年経済対策、また翌年に成立した医療保険改革、いわゆるオバマケア、またバイデン政権のアメリカ救済計画等は、こうした拡大傾向の典型例といえる。一方、保守勢力である共和党もまた減税を追求し続けている。二〇〇一年に成立したＷ・ブッシュ共和党政権のもとでは前記のレーガン政権の減税を模範として大規模な富裕層減税が実施された。近年ではやはりドナルド・トランプ共和党政権の主導のもと、二〇一七年に個人所得税や法人税の減税が実現している。その背景にあったのは富裕層への減税が中間層を含む幅広い国民の層にも利益をもたらすという、いわゆるトリクルダウンの思想である。

政権および連邦議会多数派の交代に伴う政策傾向の変化は表11－1における連邦政府の財政状況にも反映されている。すでにみたように、政府の財政収支の赤字は、二〇〇〇年以降悪化したが、二〇〇〇年から二〇〇五年にその主要因となったのはW・ブッシュ政権による減税である。この間の税収は対GDP比で一五・二%から一二・二%まで三・〇ポイントも落ち込んでいる。一方、二〇一〇年の財政赤字の拡大の最大の要因は、サブプライムローン危機に対する大型経済政策による支出増によるものである。二〇二〇年にはトランプ政権主導の減税に加え、コロナ禍により税収は対GDP比一一・七%に減少、一方緊急経済対策により、支出は一気に二六・六%にまで増大している。

「大きな政府」と「小さな政府」をめぐる争いは、ケインズ主義と財政均衡主義の対立とは異なる次元の問題である。もちろん二つの問題は無関係ではない。前記のように、赤字を容認するケインズ主義は政府支出の拡大の正当化に用いられ、同様に財政均衡主義もそうした政府支出の拡大傾向を批判するものであった。ただ、繰り返すように財政収支の問題はそもそも政府規模の大小とは論理的には別次元の問題であり、実際にも両党派が追求してきた政府支出拡大と減税は、いずれも直接的には財政赤字を生み出す政策であった。

両者の対立は財政赤字の是非ではなく、その創出や解消の方法をめぐる争いである。民主党は景気刺激策として義務的経費を中心とした政府支出の維持・拡大を求め、財政再建手段として増税を志向する。彼らにとって財政赤字の政策的要因は、富裕層を優遇する減税政策ということになる。これに対して共和党は景気刺激策として減税を求め、財政再建手段として支出削減を主張する。彼らにとっての財政赤字は、福祉を中心とした政府支出の拡大の結果ということになる。

今日のアメリカにおいて、「大きな政府」か「小さな政府か」をめぐる対立は予算政治を分断する中心的な争点となっている。かつてのティーパーティ運動や二〇二三年の債務上限引き上げをめぐる政争に象徴されるように、累積する財政赤字のもと、この対立はより過激に先鋭化しつつある。リベラル勢力である民主党と保守勢力である共和党との間で対話や妥協はますます困難となり、このことが予算審議過程の遅れや政府閉鎖など、財政政策の機能麻痺の背景となっている。

III 金融政策の仕組みと論点

1 金融政策とは何か?

金融政策は雇用確保および物価と金利の安定のために通貨の流通を調整する中央銀行の政策である。アメリカの中央銀行にあたる連邦準備制度（ＦＲＳ）はウェブサイトで次のように説明している。「金融政策は、連邦議会が指示した三つの経済的目標、すなわち雇用の最大化、物価の安定化、長期金利の適正化を促すためにＦＲＳが展開する一連の行動とコミュニケーションである」。

この説明の意味をより具体的に理解するため、まず中央銀行の役割を確認しておきたい。それは現代経済の血流というべき通貨の供給とその管理である。一般に、中央銀行にはその国や通貨圏における通貨発行業務を行う独占的な権限が与えられている（発券銀行）。たとえば日本の円は日本銀行、イギリスのポンドはイングランド銀行、中国の元は中国人民銀行、ユーロは欧州中央銀行によって発行されている。アメリカの場合、地域別に設置された一二の連邦準備銀行から構成されるＦＲＳがこれに相当する。この権限をもとに、中央銀行は銀行に対する通貨の貸付業務（銀行の銀行）、そして政府への貸付や一部業務の代行（政府の銀行）を行っている。これらの業務を通じて、また市場での国債や社債などの購入を通じて、中央銀行はそれぞれの国の通貨を社会に供給している。通貨は決済手段として、また価値の尺度として財やサービスの流通に不可欠の存在といえる。それは現代経済の血流であり、中央銀行はこの流れを制御する心臓といえる。

金融政策はこの血流の量を調整することで経済に影響を与える政策である。それはしばしば水道の蛇口のように理解される。ここで水流の直接の指標となるのは、フェデラル・ファンド・レート（ＦＦ金利）と呼ばれる短期金利である。ごく単純化すると、このＦＦ金利の目標を低く設定することはより豊富な通貨量を社会に流すことを、高く設定することは通貨の流れを絞ることを意味している。このイメージから、前者は金融緩和、後者は金融引締めと呼ばれる。

金融緩和が行われより多くの通貨が流されれば、市場全体の金利、さらに投資やローンのための長期金利も下がり、また株式や債券の価格にも上昇圧力がかかることで、企業の投資や家計の消費が活性化し、景気向上とそれに伴う雇用創出が期待される。しかし景気が加熱しすぎれば物価の上昇、いわゆるインフレーションが懸念される。一方で金融引締めが行われ通貨の流通量が減少すれば、資金

図 11-1：アメリカの景気循環と FF 金利の推移（%）

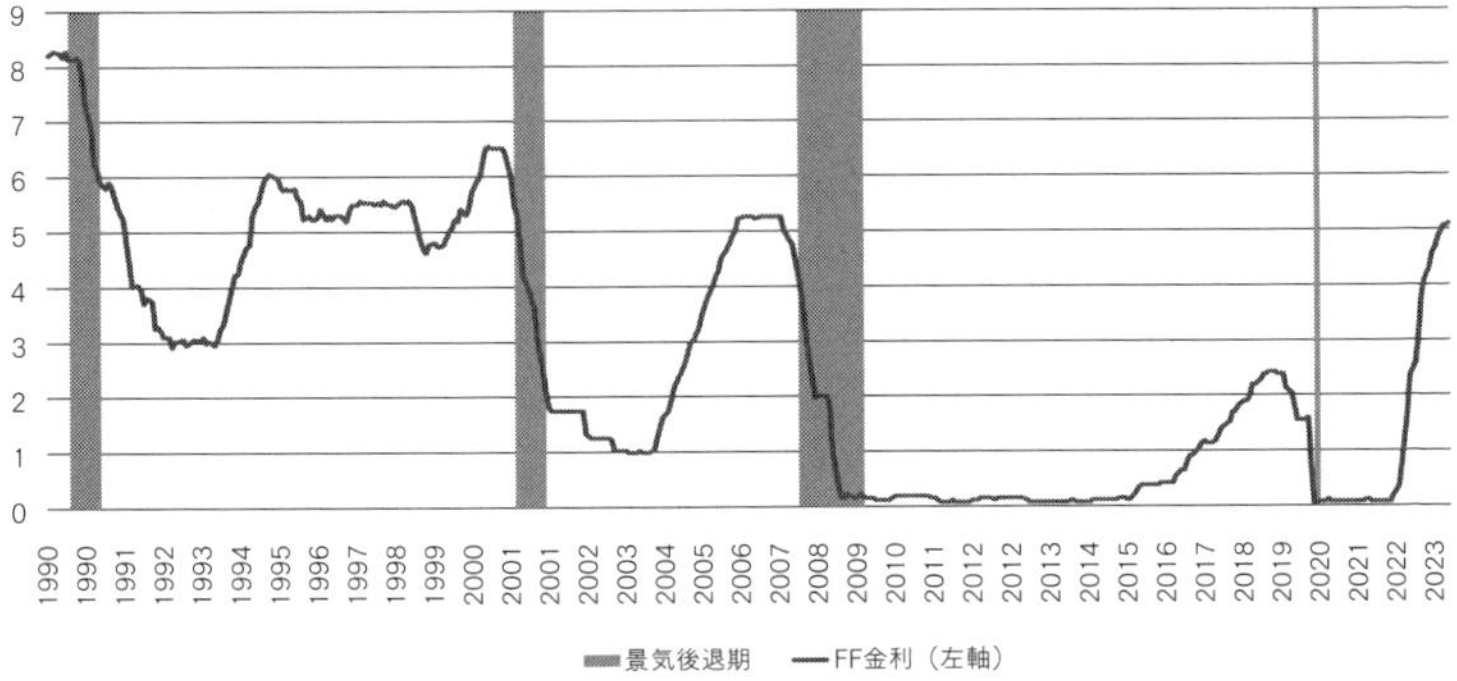

（出典）FRED Effective Federal Fund Rate より筆者作成

の調達は困難となり、経済活動は抑制され、物価は押し下げられる。ごく単純に言えば、通貨の蛇口を緩めれば経済は加熱するが物価も上がり、通貨の蛇口を引き締めれば経済は冷え込むが物価も下がる仕組みである。

金融政策の使命はこの経済の活性化と通貨の価値の安定等のバランスを適切にとることにある。前記の定義において異なる三つの目標が並列されているのは、このような意味である。ＦＲＳは不況時にはＦＦ金利を下げて経済の活性化を測り、景気加熱時にはＦＦ金利を上げて過度なインフレーションを回避する。このことから金融政策は景気のアクセルとブレーキにもたとえられる。

ＦＲＳによるアクセルワークの軌跡を簡単にみてみよう。図11‐1はアメリカにおける景気の変動とこの三〇年間のＦＦ金利の推移を示したものである。一九九〇年七月から一九九一年三月にかけてアメリカ経済が景気後退期を迎えた際、金融緩和が実施され、ＦＦ金利は約八％から約三％に引き下げられた。その後ニューエコノミーと呼ばれる一九九〇年代の長期の景気拡大期には、金融引締めがじりじりと行われ、ＦＦ金利は一九九〇年代後半に五・五％にまで引き戻され、二〇〇〇年にはバブル加熱の懸念とともに、さらに六％以上に引き上げられた。しかし同じ二〇〇〇年に発生した新興のＩＴ関連企業を中心とした株価急落、いわゆるドットコム・バブルの崩壊後にＦＦ金利は一気に一％台まで引き下げられ、その後しばらくして段階的に五％まで引き上げられたが、二〇〇七年に始まるサブプライムローン危機後にはほぼゼロまで引き下げられた。二〇二〇年にはコロナ禍への緊急対応のため再びゼロ近くに抑えられ、その後、平常化とともに進行した物価高騰を抑えるため二〇二三年には五％以上引き上げられた。

このＦＦ金利を誘導する手段には公開市場操作、貸出政策、支払準備率操作などの様々な方法がある。アメリカでは伝統的に公開市場操作が中心的手段として用いられてきた。また後述するように、二〇〇八年以降には金融政策は公開市場操作によるＦＦ金利の変更に留まらず、資産の買い入れその他の量的緩和手段、いわゆる非伝統的金融政策が実施されるようになった。さらに上記のＦＲＳによる金融政策の定義にもあるように、市場とのコミュニケーションもまた重要な政策手段である。アメリカの金融政策はアメリカの金融市場をはじめ世界の経済に多大な影響を及ぼすものであり、金融市場の参加者は常にＦＲＳの変化を注視している。そのため、実際の政策実施時だけではなく、その意思表明やＦＲＢ議長の発言だけでも株価や為替は大きく反応する。

2　金融政策の意思決定プロセス

金融政策の意思決定プロセスの特徴はその独立性である。中央銀行は「通貨の番人」とも呼ばれ、自国通貨の安定的で長期的な管理を本来的な使命としている。また金融政策には金融や経済に関する高度に専門的な知見を必要とする。したがって、その運用が政権や議会からの短期的な政治的圧力に従属することは望ましくない。たとえば目先の景気浮揚のために金融緩和が安易に行われれば、社会にあふれた通貨の価値は損なわれ、激しいインフレーションを招きかねない。このため中央銀行の独立性は日本をはじめとした各国の中央銀行の重要な規範とされてきた。アメリカの場合、その今日的起点は、一九五一年三月に財務省とＦＲＳとの間で交わされた合意（アコード）にある。これは急激なインフレーションが進む当時、第二次世界大戦期からＦＲＳに担わされていた国債の買い取り政策を停止し、その自律性を回復するものであった。

アメリカの中央銀行の独立性は、まず制度設計の面では意思決定機関の人員構成と合議制によって体現されている。

ＦＲＳを統括する機関はワシントンに設置された連邦準備制度理事会（ＦＲＢ）である。ここでは支払準備率の変更など金融政策の一部を担うとともに、一二の地区連邦銀行を規制監督し、また彼らや連邦・州政府と連携して、金融システム全般の規制監督についての意思決定が行われている。ＦＲＢは七名の理事から構成される。彼らは大統領の指名と上院の承認によって選出されるが、その任期は一四年と長期にわたり、また各理事の任期は二年ごとにずらされている。時々の政権や議会が構成員を一挙に操作することは困難である。また、公選された議員や行政府に所属する者は理事になることはできない。なお欠員補充で選出された理事以外を再任することはできない。議長と副議長は各一名とされ、大統領の指名と上院の承認により選出される。任期は四年で再任は可能である。

金融政策に関するより重要な意思決定機関は連邦公開市場委員会（ＦＯＭＣ）である。ここでは金融政策の中心的指標となるＦＦ金利の誘導目標水準、また後述する量的緩和政策に関する決定が行われている。会合は年八回の定例会議に加え、臨時会合や電話会議も行われる。ＦＯＭＣの委員はＦＲＢの理事から七名、公開市場操作の実施主体であるニューヨーク連銀総裁から一名、一一の地区連銀から輪番で担当する連銀総裁四名の合計一二名から構成される。地区連銀総裁枠の四名はニューヨークを除く一一の地区連銀総裁から一年単位の輪番で選出される。残された他の地区連銀総裁は発言権を持つが投票権を持たない参加者となる。地区連銀総裁は各地区連銀理事九名から互選で選出される。その構成はＦＲＢと比べても政権や連邦議会による操作が困難といえる。ＦＯＭＣ委員長はＦＲＢ議長が、副委員長はニューヨーク連銀総裁が務めるのが慣例となっている。

中央銀行の独立性はまた、制度運用の面では、ＦＲＢ議長人事と政権や連邦議会からの介入実績に現れている。まず人事についてみてみよう。ＦＲＢ議長はしばしば「大統領につぐ権力者」と呼ばれている。ＦＲＳの金融政策は金利、物価、雇用、貿易などアメリカ経済に広範な影響を及ぼすからである。その影響力にもかかわらず、彼らは政権交代や議会多数派の変動によって軽々に交替させられることはほとんどない。上記のように議長の任期は一期四年であるが、これまで多くのＦＲＢ議長は二期以上の任期を務めている。今日のＦＲＢを規定している一九三五年銀行法以来、第一五代議長のジャネット・イエレンが退任する二〇一八年二月までの八三年間の議長は九名であり、その平均在任機関は九年以上である。この間の大統領はフランクリン・ローズヴェルトからトランプまで一三名に及ぶ。なかには第九代議長ウィリアム・マーティン（在任期間：一九五一年四月から一九七〇年一月）や、第一三代議長アラン・グリーンスパン（同：一九八七年八月から二〇〇六年一月）のように二〇年近く議長職に留まっている者もいる。当然ながら彼らの任期が政権をまたがることも多く、政権交代に伴いただちに解任されることはまれである。直近では第一四代議長ベン・バーナンキもW・ブッシュ共和党政権、オバマ民主党政権にわたり二期八年を務めている。第一五代議長イエレンは一九七九年以来三〇年ぶりに大統領から再任の指名をされず一期で退任したが、トランプ共和党政権下で一年以上の残留任期を完うしている。後任の第一六代議長パウエルも、二〇二二年バイデン政権下でも再任されている。人事の面においてFRB議長の独立性は総じて法律の定め以上に尊重されてきたといえる。

次に政権や連邦議会の介入実績についてみてみよう。FRSは政府機関の一つと考えられているが、大統領が具体的な政策指示を出すことはほとんどない。第二次世界大戦後、大統領が年頭教書その他の演説などにおいて、金融政策の具体的な目標数値や手段を掲げることはまずない。同様に、連邦議会も雇用の最大化、物価の安定、長期金利の適正化といった目標を法律で定めている一方、具体的な数値に関する立法は行っていない。金融政策の目標や手段は政権や議会の意向ではなくFRSに委ねられている。

一方で、FRSの独立性は不可侵の金科玉条ではない。そもそも大規模な財政出動とともに金融緩和を展開したニューディール政策、それを正当化するケインズ主義は、金融政策を景気刺激の手段として位置づけるものであり、第二次世界大戦期には戦費調達のための国債価格支持政策、つまり国債の大量引受けが行われていた。FRSの独立性は前記の一九五一年アコード以来の比較的新しい規範であり、その後もしばしば脅かされている。インフレ抑制のため一九八〇年代に強硬な高金利と金融引締めを展開した第一二代議長ポール・ボルカーは最終的に当時のレーガン政権とは摩擦関係に陥り、次代のグリーンスパンもインフレ予防を重視する姿勢について、当時のジョージ・H・W・ブッシュ政権から公に批判を受けた。近年では、二〇一八年七月にトランプ大統領がインタビューやSNS上で金利引き上げを牽制する発言を行い、前記H・W・ブッシュ大統領の批判以来三〇年ぶりにタブーを犯したものとして物議を醸した。FRSの独立性は指名権を持つ大統領の自制心、その背景にある世論に依存している脆い規範でもある。リーマンショック以降、大規模な金融緩和が世界的に行われてきた今日、中央銀行の独立性の意義を疑問視する議論も現れている。

3　金融政策における争点

金融政策をめぐる最も基礎的な論点は、裁量とルールをめぐる議論である。すでにみたように、第二次世界大戦後しばらく経済学の支配的位置にあったケインズ主義は、裁量的な財政政策および金融政策を通じて景気変動を調節する思想である。本節の冒頭に示した金融政策の説明は、裁量的な政策運営と効果を前提にしている点でケインズ主義流の理解といえる。マネタリズムはケインズ主義を批判する新自由主義思想を支える経済学理論の一つである。この理論によれば、金融政策による景気刺激効果は一時的なものに過ぎず、長期的にはインフレーションをもたらす効果しかない。金融政策の任務は裁量的判断による景気刺激ではなく、一定のルールや指標に基づき、経済規模に対して適切な通貨供給量を維持するように調節することである。この考えはアメリカ経済が不況とインフレーションに同時に苦しむ一九七〇年代のスタグフレーション期に注目された。

この有名な議論は、しかし今日のアメリカ政治における主要な争点とはなっていない。確かに、ケインズ主義は介入主義的であり、マネタリストは保守的であるといえるものの、財政政策におけるケインズ主義をめぐる議論と同様、その差異は現場にとって根本的な対立ではない。マネタリストの泰斗であるフリードマン自身を含め、適切な金融政策の重要性を否定する者はなく、他方で金融政策におけるルールの重要性自体を否定する者もいない。そもそも、金融政策の実務運営において当事者や思想の党派性は大きな問題ではない。ＦＲＢ議長の支持政党は指名権を持つ大統領の所属政党や連邦議会の多数派と必ずしも一致しない。

金融政策をめぐる議論は、党派的な原理や経済思想ではなく、より実際的、より技術的な問題をめぐって展開されている。代表的な論争としては、「資産価格が大幅な上昇を示しても金融政策が働きかけることはない」とする考え方（ＦＲＢビュー）と「金融政策はバブル発生の回避に努めるべきである」とする考え方（ＢＩＳビュー）との対立が挙げられる。このような資産バブルへの対応をはじめ、金融政策の目標や判断の指標、政策手段、それらの公開や市場とのコミュニケーションのあり方など、実際上の論点には枚挙にいとまがない。これらの議論を、「小さな政府」か「大きな政府」か、保守かリベラルか、といったイデオロギーで色分けすることも難しい。結局のところ金融政策は、その時々での緩和（アクセル）と引締め（ブレーキ）の選択、その論拠や実現手段をめぐる議論を逐次丁寧に理解していくほかない。

近年の金融政策における中心的な論点は、リーマンショック以降の、またコロナ禍によって加速した量的緩和政策、いわゆる非伝統的金融政策からの出口政策である。二〇〇八年、サブプライムローン問題に端を発したリーマンショックは、一九二九年の大恐慌以来の深刻な経済的危機と捉えられ、アメリカでも前記の二〇〇九年経済対策をはじめ大規模な景気刺激策が展開された。ＦＲＳは、図11－1でみたようにＦＦ金利をゼロ近くまで引き下げ、またさらなる緩和のために国債や住宅ローンなどの政府機関が保証する証券などの資産の大規模な購入、いわゆる量的緩和策を実施した。これらは、公開市場操作を中心とした伝統的な金融政策の枠組みを大きく踏み越えた緩和策であり、非伝統的金融政策と呼ばれている。中央銀行による国債保有残高は二〇〇八年時点で対ＧＤＰ比三・二％の四七五九億ドル、政府機関保証証券を含めても三・三％程度の四九五六億ドルであったが、二〇一五年には一三・五％の二兆四六一六億ドル、政府機関保証証券を含めると二三・三％の四兆二四二〇億ドルまで拡大している。これは中央銀行が国債の大量引受けを行っていた第二次世界大戦期をも上回る水準である。その後、この緊急対策も奏功してリーマンショックは比較的短期のうちに終息し、アメリカ経済は次第に回復していった。しかし、その後のコロナ禍によって金融政策は再び大きく緩和した。図11－1が示すように、ＦＦ金利は再びほぼゼロに抑えられ、ＦＲＳの国債・政府機関保証証券の保有残高は二〇二一年に対ＧＤＰ比三七・五％、八兆七三三二億ドルに達している。このような大規模緩和は、二〇二二年以降の年七％もの物価上昇の大きな要因と考えられている。このため二〇二三年には、ＦＦ金利は再び段階的に五％以上に引き上げられたものの、ＦＲＳが国債・政府機関保証証券をなお７兆円以上も保有する非常事態が続いている。物価高騰の中でのＦＲＳの出口戦略は、株式市場や世界経済に大きな影響を与える政策として、注目を集めている。

（吉田健三）

第12章　経済と科学技術・環境・エネルギー

はじめに

近年の経済成長や国際競争力をめぐる論議において、教育とともに重視されるのが科学技術である。G7諸国の政府と企業は、GDPの一〜三%を研究・開発に投じている。技術革新が長期的な経済成長につながることは、第一次産業革命や第二次産業革命の経験からも明らかである。現代の科学技術政策は、研究・開発への財政支出を核とするが、研究環境を整える間接支援を含めると、パテント政策、独占禁止法の適用除外による共同研究、人材育成・教育、税制、科学技術の拠点を整備する地域開発など多岐にわたる。本章は①経済成長と研究・開発との関係、②科学技術政策の変遷、③研究・開発予算の長期的趨勢、④科学技術と環境政策および⑤科学技術とエネルギー政策を取り上げる。扱い切れなかった項目については、巻末の参考文献などを参照していただきたい。

1　経済成長における研究・開発の役割

経済成長論でノーベル経済学賞を受賞したロバート・ソローは、一九五七年の論文において、一九〇九年から一九四九年にかけて労働者一時間当たりの生産高が倍増し、その八七・五%が「技術的変化」により、そして一二・五%が資本の投下量の増加によりもたらされたとしている。重要なのは、技術的変化が技術革新に限定されないという指摘である。この技術的変化には、労働者の教育改善などを含め生産力を左右する様々な要素が反映される。その後の様々な研究も、程度の差はあれ技術的進歩の経済成長への寄与を支持している。

資本主義経済の長期的成長の理論で経済学に貢献したとしてソローも評価するのが、ヨーゼフ・シュンペーターである。シュンペーターの経済成長論は、イノベーションおよび起業家の役割を重視する。イノベーションは、近年の経済論議において頻出する概念である。技術革新の同義語として扱われることも多いが、シュンペーターのイノベーションは別物である。シュンペーターは、イノベーションと発明《インベンション》は同義でないと明言する。それは、起業家が新しいことを始めるか、すでに行われていることを別の新たな方法に改めることを指す。イノベーションには、発明や技術的可能性を利用した商品の開発や生産を行うタイプだけでなく、原材料の新たな供給先の確保、商品の新たな販路の開拓、産業界の再編などを行う場合も含まれる。リスクにひるまずこれらの新しいことをやりとげる起業家こそが、経済成長のけん引力となる。ただし、研究・開発が大規模化する中では、企業による組織的な研究の重要度が増しているのも事実である。

経済成長への寄与において、技術革新に勝るとも劣らないのが、経営革新である。フレデリック・テーラーが一九一一年の著書で集大成した科学的管理法は、生産工程を細分化し研究することで、従来は熟練工にしかできなかった作業を、非熟練工でも担えるようにした。自動車の量産を可能にしたフォード・システムも類似の取り組みである。

先進各国が研究・開発の支援に力を入れる背景として、経済における知識・技術集約型産業の比重の増大が挙げられる。企業時価総額世界ランキング上位一〇社（二〇二三年）のうち六社を占めるアメリカのＩＣＴ企業は、多額の研究開発費が収益の源となる知識・技術集約型産業の代表である。同年の時価総額上位一〇〇社の約六割がアメリカ企業であるが、ＩＣＴに加えて製薬業や知識集約型サービス業の一つである金融関係が目立つ。

時価総額ランキングにみる高い国際競争力を誇るＩＣＴ、製薬、金融などの業界への人材供給を担うのが大学である。大学は基礎研究の主たる担い手として、その研究・開発費総額の五五％（二〇二一年）に相当する多額の補助を連邦政府から受けているが、科学の進歩への貢献に加えて、イノベーションの基盤となる人材の供給を通じて、支援に見合った成果を社会に還元してきたといえよう。

大学に委託した基礎研究が、知識・技術集約型産業の発展と経済成長に寄与した好例が、インターネットおよびこれを基盤とするＷＷＷ（ワールドワイド・ウェブ）である。インターネットは、一九六〇年代に後述する国防総省の高等研究計画局が資金を提供して構築された大学間のコンピュータ通信ネットワークから出発してＷＷＷへと進化し、一九九〇年代半ば以降のオフィスの生産性向上や新たなビジネスをもたらした。

当初は軍需によって促されたシリコン半導体の開発も、政府の研究・開発投資が民需につながった事例である。アメリカが世界をリードする製薬業の優位は、企業の旺盛な研究・開発投資だけでなく、基礎研究に対する政府の巨額の支援や、大学の研究者が起業するベンチャー企業に助けられている面がある。航空宇宙産業においても、レーダー、ＧＰＳといった軍事目的で開発された技術が、民生に転用されている。また、人工衛星やロケットの商業利用も行われてきている。

世界の研究・開発費の約二七％（二〇一九年）を支出するアメリカは、長年にわたり世界一の座を保ち、それが同国の旺盛なイノベーションや企業の国際競争力の源泉となってきた。しかし近年、中国の比重が急上昇していて、アメリカに追いつきそうな勢いである。最近の中国のハイテク産業に対するアメリカ政府の厳しい姿勢には、こうした背景がある。

II　科学技術政策の変遷

1　第二次世界大戦以前の科学技術政策

連邦政府が多額の資金を研究・開発に投じるのは、第二次世界大戦以降であるが、建国期から一定の取り組みが存在した。一七八七年起草の合衆国憲法は、著作物および発明の保護に言及しており、ジョージ・ワシントン大統領の働きかけを受けて、一七九〇年にパテント法が制定されている。一八六二年のモリル法により、連邦議会の上下院の議員数に応じて連邦政府の土地を交付し、その売却益で設けられる「土地付与大学」（今日の州立大学の前身）が各州に創設され、農学研究や農民に対する技術指導を担うこととなった。翌年に科学分野における連邦政府の諮問機関として米国科学アカデミーが誕生した。地質調査、気象研究、度量衡、公衆衛生などを担当する様々な部局や研究所が、連邦政府により一九世紀以降に設置された。なかでも特筆すべきは、一九三〇年のアメリカ国立衛生研究所の創設である。同研究所は、今日のアメリカにおける政府の基礎研究予算が最も多く配分されている政府機関である。

2　第二次世界大戦における科学者の活躍

第二次世界大戦期の新兵器開発において、連邦政府の研究委託を受けた名門大学の科学者が大きく貢献し、連邦政府が大学に研究を委託するという、今日まで続く仕組みが確立された。こうした大学と連邦政府の新たな連携を仕掛けたのが、フランクリン・ローズヴェルト大統領の非公式な科学技術顧問の役割を担ったヴァニーヴァー・ブッシュである。ブッシュはマサチューセッツ工科大学（ＭＩＴ）電気工学科の教授であった。ＭＩＴの副学長および工学部長を経て一九三九年にワシントン・カーネギー研究機構総裁、同年にアメリカ航空諮問委員会委員長に就任していたブッシュは、当時の学界有力者の一人として活躍していた。

第二次世界大戦の勃発を受けて、ＭＩＴやハーヴァード大学の学長などとの意見交換を経て、ヴァニーバー・ブッシュは科学者の戦争協力に関する提言をまとめた。その実現に向けて、一九四〇年六月にフランクリン・ローズヴェルト大統領と会見し、戦時の軍事研究に科学者を動員するアメリカ国防研究委員会の設置が認められた。翌年には、予算を大幅に増額し、兵器の研究だけでなく開発も可能にし、医療関係の研究・開発を新たに加えた科学研究開発局が発足した。ブッシュが局長となり、アメリカ国防研究委員会は同局に吸収された。

科学研究開発局の最大級の取り組みが、ＭＩＴに委託されたマイクロ波レーダーの開発であった。ＭＩＴに新設された放射線研究所が実用化したマイクロ波レーダーは、連合国への脅威となっていたドイツのUボートに対する対潜水艦戦において大いに活躍した。

ジョンズ・ホプキンズ大学の応用物理研究所で開発された近接信管も、科学研究開発局の代表的な業績である。原子爆弾の開発では、国立標準局での調査を引き取り、実用化の可能性を見極めたうえで陸軍のマンハッタン計画につなげた。このほかにも、科学研究開発局のもとで水陸両用トラック（DUKW）、ゲリラ戦用の爆薬など様々な新兵器が開発された。

これらの取り組みについて、戦後のアメリカの科学技術政策との関連で特筆に値するのは、第一には、MIT放射線研究所や原爆開発のOBが、歴代の大統領科学顧問などのポストを占めて、戦後の科学技術政策をリードしたことである。

科学研究開発局の第二の足跡は、研究・開発を軍や省庁の直轄とせず、科学者の代表が予算配分を決めて、研究者が比較的自由に研究できる仕組みを定着させたことである。ブッシュは、第一次世界大戦において全米学術研究評議会のもとで対潜水艦戦の研究に従事した経験から、科学に無知な軍人の指揮下で研究することを何としても避けたかった。また、機密保持や公金の適正な執行と両立する範囲で、科学者にできるだけ自由に研究させることが成果につながると考えていた。科学研究開発局のもとで、平時に基礎研究に従事していた優秀な科学者たちが、新兵器の開発で大いに成果を出したことにより、研究の自由度を確保する方式の有効性を誇示することができた。今日の連邦政府の基礎研究は、政府が大学に委託する方式が主流になっているが、そのルーツには、科学研究開発局方式の大成功があったといえる。

科学研究開発局の三つ目の足跡は、軍部が基礎研究を含めて多額の研究・開発費を大学に提供する流れを作ったことである。第二次世界大戦後の研究・開発費の支出において、今日に至るまで国防関係が首位となっている。国防総省は、多額の研究・開発費を兵器メーカーだけでなく大学にも提供している。こうした関係は産官学複合体と呼ばれることがあるが、その契機となったのが、本項でたどった第二次世界大戦に向けてのエリート科学者による運動および戦争協力であった。

3　戦後における科学技術政策の原型の確立

今日のアメリカの科学技術政策の大枠は、科学者の戦争協力の成功体験を受けた形で、大戦末期に登場した民主党のハリー・トルーマン政権およびこれに続く共和党のドワイト・アイゼンハワー政権において確立された。ヴァニーバー・ブッシュは一九四五年に、戦後の科学技術政策に向けた大統領への提言を『科学――果てしなきフロンティア』としてまとめた。同報告書は、医療、経済発展、安全保障などに対する基礎研究の寄与を論じたうえで、利潤追求に縛られる民間企業が基礎研究を担うには限界があるとした。そして、連邦政府が基礎研究費を大学や研究所に交付するアメリカ研究財団および医療研究の研究費を配分する医療研究財団の創設、軍の既存の取り組みを補完する民間人による軍事面の基礎研究、科学技術に関する大統領諮問機関の常設、奨学金による人材育成、研究国際協力、税制措置などを提言した。

基礎研究費をめぐるヴァニーバー・ブッシュの提言は、紆余曲折を経て、一九五〇年にアメリカ国立科学財団の創設という形で実現した。創設に五年を要したのは、フランクリン・ローズヴェルトの死去によりトルーマンが大統領に就任したことが大きかった。大学中退の苦労人であったトルーマンは、名門大学の一握りの研究者に高い自立性を与える方式を好まなかった。ブッシュが推進し連邦議会上下院を通過したアメリカ国立科学財団設置法案に対して、トルーマン大統領は拒否権を発動した。アメリカ国立科学財団の長を、科学者からなる運営委員の互選から、大統領任命に改めるなどにより、ようやくトルーマンは法案に署名した。庶民派の政治家とエリート科学者の対立は、戦後のアメリカの科学技術政策において繰り返されるパターンである。

アメリカ国立科学財団の設立まで相当な時間を要したため、空白を埋める形で軍部が大学等の基礎研究の支援に乗り出した。それには大学等の優秀な人材を兵器開発に協力させる見返りの意味があった。アメリカ国立科学財団が発足した後も、国防総省やアメリカ国立衛生研究所のほうが、同財団よりもはるかに多額の基礎研究費を今日まで提供してきている。

原子爆弾を開発したマンハッタン計画を文民が引き継ぐ形で、戦後の原子力政策を担うアメリカ原子力委員会（AEC）が一九四六年に設置された。設立当初の同委員会の主な任務は、核兵器の開発であったが、その後原子力の平和利用なども手がけるようになった。

一九五七年一〇月にソ連が人工衛星スプートニクの打ち上げに成功して、アメリカが弾道ミサイルの開発でソ連に遅れをとっているのではないかとの不安が広がった。実際はソ連の優位など存在しなかったが、世論の突き上げに応える必要があった。そこでアイゼンハワーは、防衛動員庁の諮問機関として前政権が設置した科学諮問委員会を、同年一一月に大統領直属の諮問機関に格上げし、執務室をホワイトハウス内に移した。

アイゼンハワーは、大統領科学諮問委員会および科学顧問を、重点施策であった国防費の無駄の削減に積極的に活用した。大統領科学諮問委員会の提言により、陸海空軍が重複して開発していた複数の中距離弾道弾や大陸間弾道弾の優先順位づけ、一本化などが行われた。同委員会は、核実験停止条約に向けた検証技術の確立や、関連するソ連との技術交渉などでも活躍した。

アイゼンハワー政権期に、スプートニク・ショック対応の目玉として、アメリカ航空宇宙局（NASA）が一九五八年七月に設置された。また、これに先立って二月に、軍の基礎研究の重複を避けるための統合に向けて、前述の高等研究計画局（ARPA）が創設された。同局は、前述のインターネットだけでなく、ステルス航空機、GPSなど様々な技術の開発に貢献している。連邦議会では、スプートニク・ショックの余波で、アメリカ国立科学財団の基礎研究支援を含めて、研究・開発予算の増額が行われた。

かくして、アイゼンハワー政権期までに、国防総省、アメリカ国立衛生研究所、NASA、アメリカ国立科学財団およびAECを中心とする、戦後アメリカの科学技術政策の原型が成立した。科学技術省の設置が時折提唱されるものの、根強い抵抗にあって立ち消えになっている。研究・開発に関する省庁間の調整機関として、大統領科学顧問が議長を兼ねる科学技術連邦評議会が一九五九年に設けられたものの、省庁の独立性は依然として強く、同評議会は限られた調整力しか持たなかった。

4　ケネディ政権以降の科学技術をめぐる諮問体制の変遷

ジョン・F・ケネディ大統領は、大統領科学顧問が局長を兼任する科学技術局を、一九六二年に大統領府に設置した。リチャード・ニクソン大統領が、同局と科学顧問を一九七三年に廃止したものの、ジェラルド・フォード大統領が一九七六年に科学技術政策局として復活させた。新生の科学技術政策局は、連邦議会の立法措置により設置する形がとられた。大統領の一存では廃止できなくなったという意味で設立基盤が強化された一方、大統領科学顧問／科学技術政策局長は、連邦議会において証言する義務を負うこととなった。二つの長に仕える大統領科学顧問の大統領への影響力は、行政特権を盾に証言を拒否できる他の分野の大統領顧問のそれと比べて、総じて低くならざるをえない。大統領科学顧問は、アイゼンハワー政権期のような影響力を二度と持つことなく、今日に至っている。

アメリカでは、連邦議会が一定の政策立案能力を有しており、科学技術政策でも重要な役割を果たしている。ニクソン政権期の連邦議会において、科学技術分野での中立・超党派の調査機関として、連邦議会技術評価局が一九七二年に創設された。設立に向けて運動したジェローム・ウィーズナーは元ケネディ大統領の科学顧問、同じく設立に尽力したハーヴィー・ブルックスは大統領科学諮問委員会の元委員であった。設立から閉鎖までの二四年間に技術評価局は、気候変動、酸性雨、ウソ発見器を含む様々な科学技術政策上の課題に関する七五〇の報告書をまとめている。なかでも特筆されるのは、レーガン政権の戦略防衛構想（ＳＤＩ）への批判である（後述）。一九九四年の中間選挙で共和党が大勝すると、連邦下院議長に就任したニュート・ギングリッチに率いられた共和党の財政保守派が技術評価局を翌年に廃止し、今日に至っている。

5　繰り返される科学者と政治家の人気取りとの対立

ケネディ政権の「ニュー・フロンティア」政策の目玉であった宇宙開発をめぐり、名門大学の科学者と政治家の人気取りとの対立が再燃した。大統領科学諮問委員会の科学者たちは、宇宙飛行士の月面着陸を目指すNASAの有人宇宙飛行に対して、費用対効果の観点から反対していた。しかし、国家の威信の観点からこれを強く後推しするリンドン・ジョンソン副大統領の政治力に太刀打ちできなかった。ジョンソンは、テキサス州の教員養成大学卒業の庶民派の政治家であった。一九六三年にジョンソンが大統領に就任すると、科学諮問委員会委員の入れ替えが進み、名門大学出身者の割合が下がった。前述の第二次世界大戦における科学研究開発局の研究・開発予算の約四割がMITおよびハーヴァード大学に投下され、戦後の歴代大統領顧問の多くは同局の関係者であったが、ジョンソン政権以降は、こうした一部の名門大学の科学者への傾斜は改められていくこととなる。

政治家の人気取りと科学者の対立は、続くニクソン政権（一九六九〜七四年）においても再現された。大統領科学諮問委員会の科学者が、ニクソンが支持集めを狙って推進する超音速旅客機に反対したのである。科学者たちがニクソン政権の弾道弾迎撃ミサイル構想をも批判したことも相まって、ニクソン大統領は前述のとおり、科学諮問委員会および科学技術局の廃止に踏み切った。ニクソンと科学者コミュニティの溝が深まった背景にはベトナム戦争もあった。

核ミサイル迎撃をめぐり、名門大学の科学者たちは、再び政治家による大衆受けする政策と対立した。共和党のロナルド・レーガン大統領の思い入れから始まった戦略防衛構想（SDI）をめぐってである。レーガンは、核兵器に対する抑止力は核兵器による報復だとする安全保障の専門家たちの戦略理論に疑問を感じていた。科学者たちの意見を反映する形で、当時は民主党が優勢であった連邦議会の技術評価局は、三つの報告書をまとめた（一九八四・八五・八八年）。いずれも核弾道ミサイルの迎撃技術について否定的な評価が目立つ内容であった。レーガン政権期にＮＡＳＡが進めた宇宙ステーションについても、政府の科学者たちは懐疑的であった。

ジョージ・Ｗ・ブッシュ政権（二〇〇一～〇八年）においても、共和党の右傾化が進む中で、党の支持基盤をねらった人気取りの政治と科学者が対立した。政権が発足した二〇〇一年にＷ・ブッシュ大統領は、国連の「気候変動に関する政府間パネル」報告書が集約した地球温暖化についての科学者たちの見解に疑問を呈し、京都議定書から離脱した。また、連邦政府における幹細胞を使った研究を制限し、聖書に書かれた天地創造説を学校で教えることを提唱するなど、支持基盤の宗教右派を意識した施策を打ち出した。これらの反科学的施策に対し、科学者コミュニティは猛反発した。

Ⅲ　研究・開発予算の長期的趨勢および政治

図12-1は連邦政府の研究・開発予算の対ＧＤＰ比の長期的推移である。注目されるのは、基礎研究と応用研究からなる研究費の比率が、一九七〇年代半ば以降〇・四％前後で安定的に推移していることである。開発費は一九八八年あたりから減少し、二〇〇〇年以降一時的に増えているが、これは開発費の八割以上を占める国防費の増減に対応している。

研究・開発に対する政府の支援は、総論のレベルでは有権者が広く賛同する合意争点である。ピュー・リサーチ・センターが二〇一八年七月に公表した世論調査において、回答者の七七％が基礎

図 12-1：連邦政府研究・開発費の対 GDP 比の推移（1976-2022 会計年度）

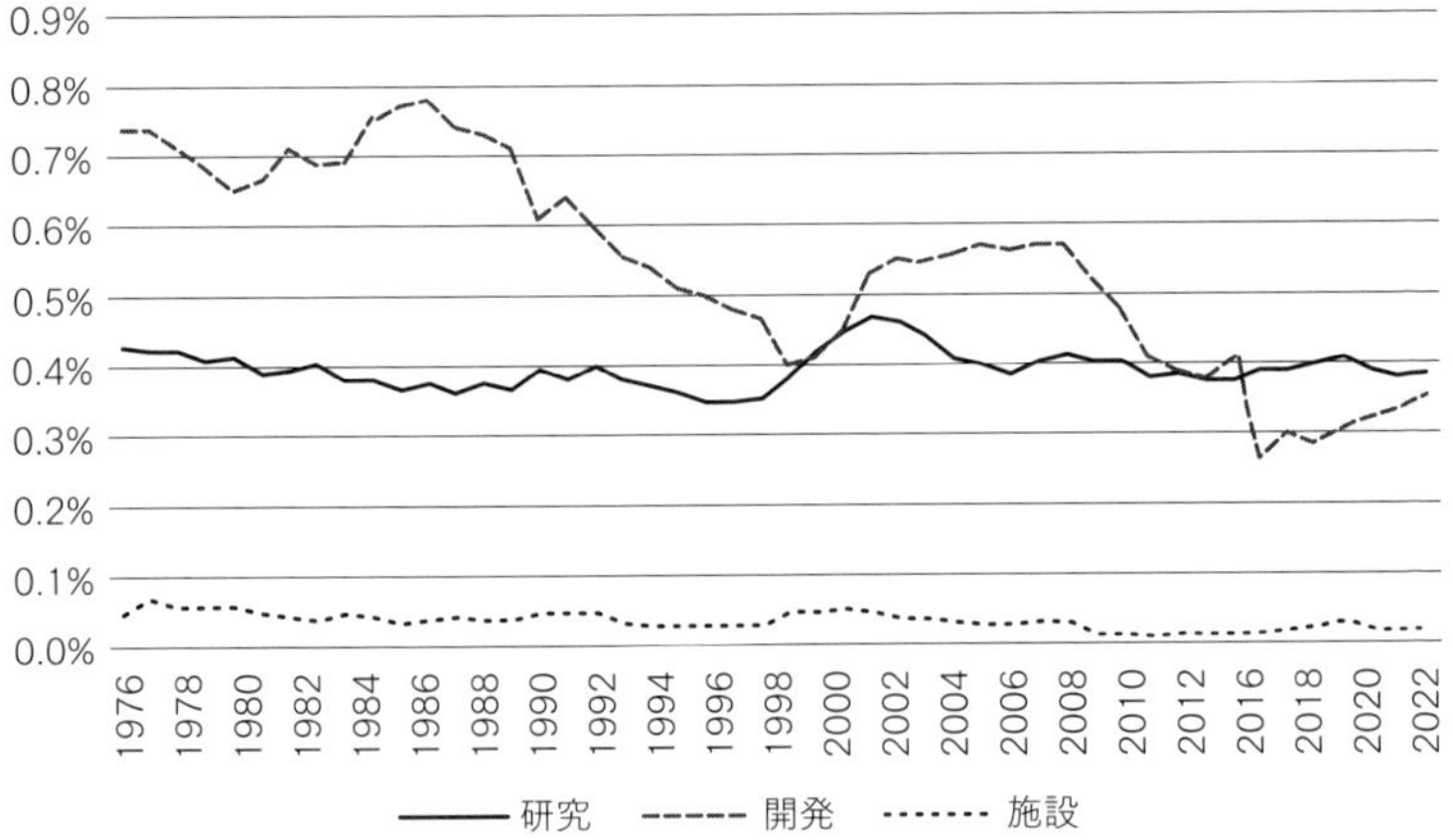

（出典） AAAS（アメリカ科学振興協会） データベース出力データより筆者作成
https://www.aaas.org/programs/r-d-budget-and-policy/historical-trends-federal-rd

研究は長期的に元が取れると回答している。研究・開発予算の増額は、有権者の支持を得やすい。

世論の支持があり、しかも議員による利益誘導が絡む、研究・開発費の削減は容易でない。一度設置された研究施設は、雇用を生む既得権となって、地元議員がこれを死守する。受注企業もこれと連携しロビー活動を繰り広げる。連邦政府の研究・開発費の多くは、科学者相互の査定によって競争的に配分されるが、これは実績のある名門大学に有利な方式である。このため、競争ベースでは研究費を獲得しにくい地元大学に研究施設を連邦議会議員が誘致することも少なくない。政府の研究・開発費のGDP比が安定しているのは、こうした力が働いているからだといえよう。共和党政権の財政保守派が、何度か研究・開発費の見直しを試みたが、いずれも失敗している。大統領科学顧問や科学技術政策局の調整機能が弱いことも、現状維持に寄与している。

図 12-2：連邦政府研究・開発費の分野別比重の推移（1953-2022 会計年度）

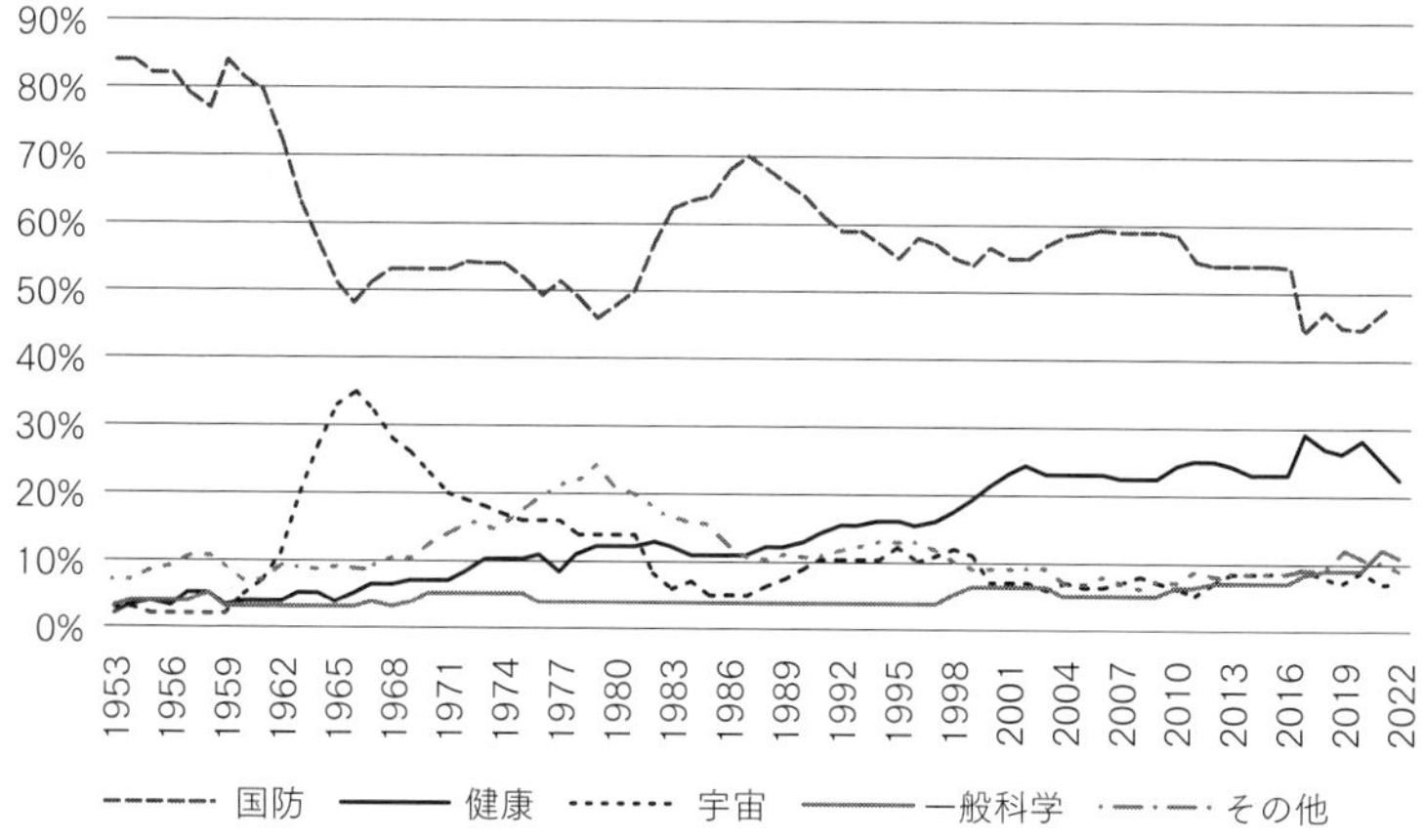

（出典） AAAS（アメリカ科学振興協会）データベース出力データより筆者作成
https://www.aaas.org/programs/r-d-budget-and-policy/historical-trends-federal-rd

研究・開発費について特筆すべき第二の趨勢は、連邦政府の比重の低下である。一九六五年の連邦政府研究・開発費の対GDP比は一・八三％で、民間企業、非営利団体、地方政府など非連邦政府の〇・九八％の二倍弱であった。それが二〇一〇年になると、連邦政府が〇・八八％に下がり、非連邦政府のそれが上がって一・九三％となっている。これは冷戦終結による国防関係の研究・開発費の比重低下およびアメリカにおける知識・技術集約型産業の成長とこれを支える旺盛な研究開発投資を反映していると考えられる。

図12－2は連邦政府の研究・開発費の分野別推移である。第三の趨勢として、国防関係の比重が長期的に低下し、主にアメリカ国立衛生研究所が配分する健康関連研究の比重が増していることがわかる。基礎研究に限定すると、健康関連の割合は一段と高くなる。健康関連研究は、わかりやすいので世論の支持を得やすい。宇宙開発関係の比

率は、アポロ計画を背景に一九六〇年代末から一九七〇年代初頭にかけて一時的に高まったが、その後は減少している。第二次世界大戦後、一貫して物理学者、化学者、電子工学系のエンジニアが大統領科学顧問をはじめとする科学技術政策の要職を占めてきたが、成長分野は健康関連というねじれが生じている。政策体系が、第二次世界大戦のような歴史的事件を契機に一度形成・構造化されると、簡単には変わらないことを示している。

一九七〇年代以降、アメリカの製造業の国際競争力の低下への懸念が高まる中、中小企業やハイテク産業の研究・開発支援などの産業政策的な取り組みが見られるようになった。予算規模が限られているため、政府の研究・開発費は国防、バイオ、エネルギー関連が多いという大勢は変わっていない。

Ⅳ　環境政策をめぐる科学技術と政治

工場、発電所、自動車などから生じる環境汚染の規制は、科学技術と世論をめぐる政治として捉えることができる。連邦政府による大気汚染や水質汚濁の取り締まりが本格化したのは、一九六〇年代末以降である。そのはるか以前から、局地的な大気汚染により死者が出たペンシルヴェニア州のドノラ事件（一九四八年）や、ロサンジェルス市の光化学スモッグに代表される公害問題がアメリカの都市部で起きていた。しかし、公害対策は州や地方政府の管轄であると考えられていたため、連邦政府の役割は下水道建設費の補助、複数の州が関わる水質汚濁や自動車の排気ガス対策、汚染の監視測定や調査研究の支援などに限られていた。

環境汚染に対する世論の関心が増して、全米的な政策課題として浮上する一つの契機となったのが、一九六二年の『沈黙の春』の刊行であった。著者のレイチェル・カーソンは、DDTなどの農薬の環境や健康へのリスクについて警鐘を鳴らし、農薬規制の機運が高まった。ケネディ政権の大統領科学諮問委員会が一九六三年に出した報告書は、カーソンの警告にお墨付きを与える役割を果たした。同報告書は、カーソンの主張を肯定するとともに、残留性の高い農薬の段階的廃止、規制の抜け穴の是正等を提言した。また、ジョンソン政権期の一九六五年に大統領科学諮問委員会は、公害をめぐる一〇〇もの提言を盛り込んだ『環境の質の回復』を公表した。この報告書に地球温暖化問題に関する節がいち早く設けられていたことは特筆に値する。

一九六九年のカリフォルニア州サンタ・バーバラ沖の石油流出事故および同年のオハイオ州カイヤホーガ川における汚染物質による火災という二つの公害事件もあって、一九六〇年代末に環境問題に対する世論の関心の急上昇が見られた。一九七〇年四月には、環境問題を考える集会を全米各地で催す、第一回アースデイが開催された。こうした世論のムードを背景に、一九六九年に環境アセスメントなどを盛り込んだアメリカ環境政策法が制定され、一九七〇年には環境保護庁（ＥＰＡ）が設置され、一九七〇年代前半までに大気汚染、水質汚濁、飲料水、有害化学物質、廃棄物などの規制の強化が進んだ。ＥＰＡは約一万四六〇〇人（二〇二二年度現在）の職員および一〇の支局を擁する強力な独立行政機関である。

カーソンは海洋生物学者であったが、アメリカの環境政策の形成において、カーソンのような科学者および科学者グループが世論の形成や対策の推進に大きな役割を果たしている。ロサンジェルスの光化学スモッグの原因は自動車の排気ガスであることを突き止めたA・J・ハーゲンシュミット、アメリカ環境政策法の環境アセスメント条項を提言したリントン・コールドウェル、環境負荷が生態系の許容範囲である製品や製造技術への転換を提唱したバリー・コモナー、フロンガスによるオゾン層破壊のリスクを訴え続けたシャーウッド・ローランド、地球温暖化対策の必要を訴え続けているジェイムズ・ハンセンなどの貢献がよく知られている。

近年のアメリカの環境政策をめぐる政治の特色は党派性である。民主党は環境保護を志向し、共和党は環境保護のための規制に抵抗する場合が多い。世論調査データを分析すると、環境保護への理解と支持政党との間には明確な相関が見られる。環境問題は、一九七〇年代半ばまでは、民主党と共和党が環境保護をめぐって点数稼ぎ・功名争いを演じる合意争点であったが、それが二大政党の対立争点へと転換していったのが、一九八〇年代のレーガン政権期であった。当時、一世を風靡した新自由主義および共和党の右傾化を背景に、政権発足当初、レーガン大統領は、EPA長官や内務長官に極めて産業界寄りの人物を任命した。それが世論の猛反発を買い、相次いで辞任に追い込まれ、急進的で露骨な環境規制緩和を、世論を刺激しない範囲での規制見直しに軌道修正した。レーガンの後任のジョージ・H・W・ブッシュ大統領（一九八九～九二年）は、共和党の穏健な実務派であり、環境保護に一定の理解を示したものの、その後の歴代政権では、党派性が色濃く出る展開となり、今日に至っている。環境への負荷が大きいエネルギー・資源関連産業は共和党が優勢な保守的な地域に遍在するという地理的要因が、環境政治の党派性を増幅している。

Ⅴ　エネルギー政策をめぐる科学技術と政治

起業家によるイノベーションが新たなビジネスを生み、これに対応した政府の規制が、二〇世紀末まで続く寡占的な産業構造をもたらしたというのが、エネルギー産業の特色である。トーマス・エジソンは、電球を発明しただけではなく、電気メーターもあわせて開発するなどにより、発明から収益を得られるビジネスモデルを構築した。エジソンのライバルのニコラ・テスラやウェスティングハウス社が推進した交流電力システムは、効率的な長距離送電と発電所大規模化を可能にした。この技術に基づく電力網を、シカゴ・エジソン社のサミュエル・インスルが大型化して、今日の発電事業の原型となった。遠隔地の複数の発電所と市街地を交流送電で結ぶ大規模で広域的な電力系統は、規模のメリットを通じて、電気料金を大幅に引き下げることを可能にした。

規模が大きいほど発電コストが下がる広域電力網は、多額の設備投資を要する。巨額の設備を抱えての自由競争を嫌った電力会社は、地域の電力市場の独占を求め、その見返りとして政府による規制を受け入れた。規模のメリットを背景に、当初、アメリカでは少数の持ち株会社が電力事業を支配する寡占化が進んだが、一九二九年に始まる大恐慌を境に電力事業の寡占に歯止めがかかった。大恐慌を深刻にしたのが持ち株会社だという認識のもと、一九三五年の公益事業持株会社法により、複数の州にまたがる電気事業が制限された。また民間の電力会社は儲からない農村部の電化には消極的であったことを受けて、テネシー川流域開発公社（ＴＶＡ）や低金利の融資による農村電化事業が民主党政権により推進された。こうした体制は、一九九〇年代以降の電力自由化まで続いた。

州単位の独占事業としての電力事業が変わってゆく契機となったのは、エネルギー問題に強い関心を示した、民主党のジミー・カーター大統領の登場であった。カーター大統領は、オイルショックへの対応を「道徳面での戦争に等しい」と位置づけて熱心に取り組んだ。カーター政権期の施策で、大きな足跡を残したのが、石油への依存度低下に向けての新エネルギー推進などをねらって一九七八年に制定された公益事業規制政策法である。同法に基づき認定を受けたベンチャー企業等は、新エネルギーで発電した電気を、一定の条件で電力会社に買い取ってもらえる。この買取義務が、風力、太陽光、マイクロガスタービンなどの分散型の新エネルギーをめぐるイノベーションと投資の促進に少なからず寄与した。

風力発電や太陽光発電は、オイルショック当時は全く未知数の技術であったが、公益事業規制政策法や、再生可能エネルギーに破格の税制上の優遇措置を講じたカリフォルニア州の取り組みが誘因となり、ベンチャー起業家による風力発電機の開発が促された。これが、その後のアメリカ、ヨーロッパ、中国などにおける風力発電の急成長の土台となった。

マイクロガスタービン発電は、戦車用に開発された小型のガスタービンを、エンジン部品メーカーやシリコン・バレーのベンチャー起業家が民生向けに転用して、一九九〇年代末から急速に広まった。低コストで発電でき、また小規模ゆえに比較的短期間で設置できるため、大きいほど有利という規模の経済性が成り立たなくなり、電力会社の地域独占を正当化しにくくなった。そして一九九〇年代末以降、長年にわたり発電と送電、電力の卸売りと小売りを一手に行ってきた電力会社が分割されるなど、発送電の自由化が進んだ。これに伴い、電気の価格は原価を積み上げる方式から、市場での売り買いで決まる方式へシフトしつつある。電力の自由化の度合いは、州や地域により異なっている。

電力自由化を制度面で促したのが、一九九二年のエネルギー政策法および連邦エネルギー規制委員会が一九九六年に公布した「オーダー888」および「オーダー889」ならびに一九九九年の「オーダー二〇〇〇」であった。これを受けてアメリカでは、約二億人近くを擁する七つの「独立系統運用事業者」・「地域送電機関」が結成されており、発送電分離、電力の卸市場での売買、送電線建設計画を含む広域的な発電協力などが行われている。

新エネルギーの普及が着実に進む中で、アメリカにおける発電のエネルギー・ミックスは大きく変化した。一九七〇年代のオイルショック当時は、前述のとおり風力発電や太陽光発電の技術は未知数であり、また、天然ガスの供給には限界があると考えられていた。このため、オイルショック期における脱石油の本命は、石炭化火力および原子力発電であった。

原子力発電事業は、一九五〇年代のアイゼンハワー政権期から、原子力潜水艦の動力の平和利用として進められた。商用の原子力発電を立ち上げる際に課題となったのが、事故時の保険であった。民間の保険会社が、不確実性が大きい保険料の算出を拒否したため、事故時の一定額以上の被害については政府が補償する措置を立法化する必要があった。戦後の原子力行政を担ってきたＡＥＣは、一九七四年に原子力規制委員会およびエネルギー研究・開発局に分割された。ＡＥＣの放射線防護、原子力安全規制などへの世論の批判の高まりを受けての施策であった。今日の原子力規制委員会は、定員が二八八二名（二〇二二年度現在）という充実した陣容になっている。経済活動の自由度が高い一方で、独占禁止や環境保護など市場の失敗の是正に向けた政府の介入が徹底しているのが、アメリカの公共政策の特色である。エネルギー研究・開発局は、一九七七年のエネルギー省創設の母体の一つとなった。

一九六〇年代から七〇年代にかけて、多数の原子力発電所が発注されたが、一九七九年のペンシルヴェニア州スリーマイル島における事故以降、新規の原子力発電所は二〇一三年まで一基も着工されなくなった。安全性への懸念が高まると、反対運動や規制の強化により建設コストが上昇する。早くも一九七〇年代半ばから、エイモリー・ロヴィンズが著した『ソフトエネルギー・パス』が、省エネルギーと比べての原子力発電の経済性に疑問を呈していたが、スリーマイル島およびソ連のチェルノブイリ原子力発電所の事故が、安全対策コストの上昇につながる強い逆風となった。また天然ガスおよび再生可能エネルギーの価格競争力が高まったことにより、原子力発電所の新規建設のハードルはいっそう高くなった。それでも、原子力発電は近年の電力需要の約二割を賄っている。既存施設の改修や稼働率の向上が、それを可能にした。ジョージ・W・ブッシュ政権（二〇〇一〜〇八年）は、原子力発電の復活を推進したが、二〇二二年現在までに新規に稼働したのは二基にとどまる。

近年、アメリカの発電量に占める天然ガスおよび再生可能エネルギーの比重が増している。天然ガス火力発電所の割合は二〇〇〇年の約一六％から約四〇％に上昇した（二〇二二年）。それは、テキサスのベンチャー起業家によるシェールガスの採掘をめぐるイノベーションにより天然ガスの供給が大幅に増えて、価格が下がったためである。近年の天然ガス供給の八割以上がシェールガスである。安価なシェールガスの大量供給により、原子力発電や石炭火力発電の価格競争力が低下している。このため、近年の発電設備の新設は、低コストの天然ガス発電および税制面等での優遇がある風力発電や太陽光発電が大部分を占める。石炭火力発電のシェアは、二〇〇〇年の約五二%から約二〇%に下がった（二〇二二年）。再生可能エネルギー（水力発電を除く）のシェアは、同期間に約・%から急上昇して一五%に達している。

民主党のバラク・オバマは、地球温暖化対策に強い関心を有する大統領であった。リーマンショックに対応するアメリカ復興・再投資法による大型財政支出の一環として、「緑の雇用」を打ち出し、九〇〇億ドル以上のクリーン・エネルギー関連の研究・開発投資、税制措置等を行った。

しかし、温室効果ガスの削減を連邦議会が立法化するのは、これに消極的な石油・石炭産出州や農村型の州が連邦議会上院に多いため、困難であった。また、重化学工業が集中する中西部が、近年の大統領選の帰趨を左右する票田であったことも、地球温暖化対策の推進を難しくしていた。このためオバマ大統領は、再選を考えなくてよい政権末期の二〇一五年まで待って、大気浄化法の規制権限に基づき、発電所からの二酸化炭素排出を二〇三〇年までに二〇〇五年比で三二%削減することを目指すクリーン電力計画を策定する道を選んだ。石炭から低コストの天然ガスへの転換により対応できるため、産業界が受け入れやすい措置であった。

Ⅵ　激化する右派ポピュリズムをめぐる対立

二〇一六年に共和党のドナルド・トランプが、反移民・反イスラム・反自由貿易を掲げて当選し、アメリカの右派ポピュリズムの政治は新たな局面に入った。その影響は科学技術政策にも及んでいる。トランプ政権は、大統領府科学技術政策局の職員数をオバマ政権期の一三五人から三五人に削減し、政権発足から一九か月後にようやく大統領科学顧問を任命した。

トランプ政権下における右派ポピュリズムの反科学主義が極まったのは、二〇二〇年の新型コロナウイルス感染症への対応であった。トランプ大統領は同感染症をめぐり科学的裏付けのない発言を繰り返した。またマスクを着用しないで政治集会や大統領府の行事が実施されたことなどにより、大統領自身を含む多数の参加者が感染した。環境・エネルギー政策関連では、地球温暖化に関する科学者の見解を否定する、産業界の利益代表として活動してきた人物をＥＰＡ長官に任命した（相次ぐ醜聞報道で二〇一八年七月に辞任）。またオバマ政権のクリーン電力計画の見直しを指示し、パリ協定から離脱した。

対照的に、二〇二〇年に当選した民主党のジョー・バイデン大統領は、選挙戦の段階から気候変動対策を優先課題の一つに掲げていた。環境主義は中西部の重化学工業地帯の票を失うリスクを伴うが、気候変動対策への関心が高い党内左派の若手議員の取り込みをバイデンは優先したといえる。バイデン政権下において制定された「インフラ投資雇用法」(二〇二一年)および翌年の「インフレ抑制法」には、二〇五〇年までにカーボンニュートラル(温室効果ガス排出実質ゼロ)を達成することを目指す取り組みの一環として、約五〇万台のEV(電動車)充電器設置を含む大型の環境関連の設備投資や税制上の優遇措置が盛り込まれた。

政治の二極化が構造化する中で、政権交代のたびに政策が大きく左右に揺れ動く傾向は、今後も続くと考えられる。

(細野豊樹)

第13章　外交・安全保障政策

はじめに

どのようにすれば、私たちはアメリカの外交・安全保障政策について「理解」を深めることができるのだろうか。日々、テレビやインターネットを介して、アメリカの政治・外交に関する情報は否応にも耳目に飛び込んでくる。また、中学・高校の教科書を通じて、独立戦争だとか孤立主義、第二次世界大戦後の対共産主義封じ込め政策などについて触れた人も少なくないであろう。このため、私たちの多くは、アメリカの外交・安全保障政策に関して、何かしらを断片的には知っている。しかし、そうした断片的知識を蓄積しても、それをより体系的に理解することにはつながらない。

本章の目的は、アメリカの外交・安全保障政策（以降、便宜的に対外政策と呼ぶ）をより深く理解するための手がかりを、読者に提供することである。このため、以下では、アメリカの対外政策に関するいくつかの分析視角を紹介する。他方、紙幅の都合上、その歴史や政策の中身などについては、そうした分析視角を説明する際に可能な範囲で紹介するに留める。Iでは、まずアメリカの対外政策の特徴を捉えようとする際に頻繁に用いられる巨視的《マクロ》な分析枠組みについて紹介する。続くII・IIIでは、微視的《ミクロ》な視点から、対外政策決定過程における極めて重要な政府内アクター（行為者）に関して説明し、さらに、対外政策における政党およびそのイデオロギーの役割について解説する。

I　アメリカの対外政策をどう捉えるか――マクロ的分析枠組み

ここでは、アメリカの対外政策の底流にある論理や特徴を考える際に用いられる大きな分析枠組みについて紹介し、その意義や有効性について論じる。ここで挙げる枠組みの有効性に序列はなく、それらの間には重複する部分も少なくない。こうした複数の視点の存在を知ることは、アメリカの対外政策をより体系的に理解するための第一歩である。

1　孤立主義から国際主義へ？――神話と現実

アメリカ外交の伝統として最も頻繁に取り上げられるのが、その孤立主義的傾向であろう。初代大統領ジョージ・ワシントンが離任挨拶（一七九六年）の中で「永続的な同盟を避けよ」と述べたことや、一八二三年に出されヨーロッパ列強による権力政治に関与しない意思を示したモンロー宣言、そして第一次世界大戦後にウッドロウ・ウィルソン大統領自身が創設を提唱した国際連盟への参加をアメリカ連邦議会が拒んだことなどは、アメリカの孤立主義的傾向が具体化した例として説明されることが多い。この観点からは、一八九八年の米西戦争を経てアメリカが海外への拡張を始め、一九四一年の日本による真珠湾攻撃によって孤立主義の幻想が打ち砕かれ、第二次世界大戦を経て世界一の超大国となったアメリカが、それに続く冷戦という事態に直面したことで、国際主義的な姿勢に転換した、というストーリーが成り立つ。実際に、多くのアメリカ人は、こうした考え方を受け入れている。

しかし、アメリカが独立後から孤立主義的な対外政策を展開したという見方は、厳密には不正確である。ワシントン大統領の提言にかかわらず、アメリカは一九世紀初頭までのヨーロッパ列強による主要な戦争には関与せざるをえなかったし、その後も中南米やアジア太平洋地域においては、その時々の軍事力や経済的利益に照らして相応の介入を行ってきた。アメリカ連邦議会による研究によれば、第二次世界大戦前までにアメリカは、一六三回も海外における武力行使を行っており（アメリカ大陸原住民に対するものを除く）、そうした中には、一八四八年のメキシコとの戦争（米墨戦争）、一八五四年の日本の開国につながったペリー提督による砲艦外交、そして一九世紀末のパナマ侵攻（パナマ運河建設のため）などが含まれる。同研究はまた、第二次世界大戦までの武力行使の頻度は、冷戦時代のそれとほぼ同等であることも示している。このように行動レベルでは、アメリカがヨーロッパ列強に比べて脆弱であった時代における大国政治の忌避、という意味以外でアメリカが孤立主義的であったと捉えるのは困難である。

とはいえ、時代による変遷はあるものの、アメリカ国民の間で孤立主義的信条が保たれてきたのも事実である。実際、真珠湾攻撃までは第二次世界大戦への参戦に反対する国内世論が高まっていたし、ベトナム戦争後や冷戦終焉後にはアメリカが対外関与から手を引くべきではないか、という議論が強まった。二〇一六年の大統領選挙で対外関与に消極的な姿勢を示すドナルド・トランプが勝利して以来、アメリカ政治における孤立主義が再び勢いを増してきたという指摘もある。アメリカが大西洋と太平洋によって潜在的敵国から地理的に隔離され、かつ南北アメリカにおいては圧倒的な力を維持しているため、国民は本土への直接的な脅威を感じにくい。さらに、本節3で述べるようなアメリカ特有の政治的信条が、国民に対外関与を煩わしく感じさせることも、孤立主義的信条が根強く残ることの背景にあると考えられる。

2 三つどもえの論争――伝統主義・修正主義・ポスト修正主義

第二次世界大戦後、外交史家の間では、アメリカ外交に関する三つの異なる解釈が提示され、冷戦の起源、ひいてはアメリカ外交の通史をどう捉えるかに関する議論につながった。一九五〇年代までは、冷戦が勃発したのはソ連や共産主義勢力の拡張主義が主たる原因で、アメリカは自国の安全保障および自由主義的国際秩序を守るために、やむなく国際政治の舞台に出て西側諸国のリーダーとして行動するようになった、という見方が多くの歴史家および一般市民に受け入れられていた。この見解は、古くからのアメリカ外交に関する解釈に通ずるものという意味で、伝統主義と呼ばれる。言うまでもなく、この見解は、孤立主義的だったアメリカが第二次世界大戦を経て国際主義に転換した、という前述した考え方の延長線上にある。

しかし、一九六〇年代に入ると、伝統主義に真っ向から挑戦する修正主義と呼ばれる見解が急速に広まった。ウィリアム・A・ウィリアムズは、著書『アメリカ外交の悲劇』の中で、アメリカ外交の通史を大陸内の拡張から中南米、アジアに向けての「非公式的帝国」拡大の歴史として捉え、第二次世界大戦後はそれがヨーロッパおよび全世界に向けたものとなったと論じた。そしてこの観点から、冷戦勃発の主たる責任はアメリカにあると指摘した。彼によれば、第二次世界大戦後、アメリカ経済の市場としてヨーロッパが重要となり、アメリカがヨーロッパへと勢力を拡大しようとしたためにソ連が脅威を感じて対抗したことが冷戦を招いた、ということになる。他の歴史家や論客も類似の見方を提示するようになり、こうした見解は、当時ベトナム戦争が泥沼化し、「アメリカ＝正義」という図式に疑念が高まる社会情勢の中で、ニューレフトと呼ばれる左派知識人や一般の人々にも広がっていった。

こうした状況の中、一九七〇年代以降は、伝統主義と修正主義との論争を克服する形で、ポスト修正主義と呼ばれる立場が浮上した。この見解は、冷戦勃発の責任を米ソどちらかに帰するのではなく、国際政治の構造自体に求める。それは、国際政治は、政府が上からの強制力をもとに当事者同士の紛争を抑制・調停することが可能な国内政治とは異なり、国家同士の紛争を上から抑制する仕組みの存在しない構造（アナーキー）であることを重視する。そして、このアナーキーな状態が、国家間の相互不信を助長し、紛争を誘発しがちであると説く。こうした観点からポスト修正主義者は、政治体制やイデオロギーの異なる米ソ両国が、第二次世界大戦後も協力を維持して冷戦を回避するのはそもそも困難であったと説く。ジョン・L・ギャディスがこの立場を代表する歴史家である。

皮肉なことに、冷戦終焉後、旧ソ連や旧共産主義陣営の公文書が公開されると、伝統主義的な解釈の正当性が改めて注目されることになった。このことは、ギャディスが自著の中で、スターリンが膨張主義的イデオローグであった側面を過小評価していたと、自らの見解を修正したことに象徴されている。とはいえ、イラク戦争（二〇〇三年）やアメリカを発端とする世界金融危機（二〇〇八年）が再び修正主義的見解を勢いづけたように、現在でも三つの見解は一定の説得力を持ち続けている。

3　アメリカ例外主義と対外政策

アメリカ例外主義とは、アメリカの思想史を学ぶ際に避けて通れない基本概念の一つであり、同国の外交を分析する際にもしばしば用いられる。この概念を正確に定義するのは難しいが、強いて言えば、人類史上初の大規模な民主国家となったアメリカは、他国とは異なる自由や民主主義などの崇高な普遍的価値観を体現している唯一無二の国である、という考え方である。多くのアメリカ人が共鳴するこの思想について最初に言及したのは、一九世紀半ばに『アメリカのデモクラシー』を記したフランスの思想家アレクシ・ド・トクヴィルだといわれるが、ルイス・ハーツ、アーサー・シュレジンガー・Jr.などの著名なアメリカ研究家も、こうした思想がアメリカ政治や外交政策に与える影響に関して論じてきた。

アメリカ例外主義が外交政策に反映される形は多様である。たとえば、「戦争を終わらせるための戦争」を掲げて第一次世界大戦への参戦を表明し、戦後は、アメリカの連邦制をモデルとして国際連盟の確立を提唱したウィルソン大統領は、まさにアメリカの例外的役割をもとに世界を改革しようとしたとみなすことができる。他国をよりアメリカ的に変革しようという衝動が過度に強くなると、ジョージ・W・ブッシュ政権下で行われたイラク戦争のように、民主主義拡大のためには他国への軍事介入を辞さない、という政策にもつながりうる。対照的に、他国に対する積極的行動ではなく、アメリカ自身が「他国の模範例」となることで世界をより良い方向に導こうという形で例外主義が発現する場合もある。一九七〇年代後半に「人権外交」を掲げたジミー・カーター大統領が、その説得力を増すために、前リチャード・ニクソン政権時代に失墜した国内の民主主義への信頼回復を訴えたのは、その一例であろう。そして、この傾向がさらに極端になると、他国との関与によって自らの崇高な価値観が汚されることを避けようとして孤立主義的志向が強まるのである。また、アメリカの歴史においては何度もアメリカ衰退論――アメリカが他国に追い抜かれ没落していくのではないかという論争――が活発化してきたが、衰退にこれほど敏感に反応する根底にも、この例外主義的哲学があるとも解釈しうる。

このように、アメリカ例外主義はあまりに多様な政策を説明できてしまうため、その分析ツールとしての価値は、学問的には懐疑的に見られることが多い。にもかかわらず、この考え方は、識者による外交分析や政治家による演説の中で活用され続けている。二〇〇九年に黒人初の大統領に就任したバラク・オバマが演説の中でアメリカ例外主義を否定するような発言をした際に批判されたことは、この思想が二一世紀においてもアメリカ政治に影響力を持っていることの証であろう。

4 アメリカ外交の分析的類型

これまで紹介した枠組みはアメリカの対外政策についての大局的な見方を示すものとして重要である半面、異なる政権の政策を分析・対比するのにはあまり適していない。後者の目的のためには、様々な分析的類型が用いられることが多く、「現実主義 vs 理想主義」や「パワー vs イデオロギー」といった枠組みが頻繁に用いられてきた。

そうした類型の中でも近年最もよく使われるものとして、「軍事力重視 vs 外交手段重視」を一つの軸に、「単独主義vs多国間主義（国際協調主義）」を他方の軸にとって、四つの類型を構築する方法がある。なお、単独主義とは、二国間の合意や交渉あるいは多国間協力よりも、他国の意向をかえりみず自国がやりたいことを実施する傾向のことである。前述したモンロー宣言や国際連盟への加盟拒否など孤立主義の典型とされる政策は、実は、他国と協調することで行動の自由を制約されることを嫌った結果とられたものであったという意味で、むしろ単独主義の例と捉える方がより正確といえる。

第二次世界大戦以降の例で言えば、冷戦初期に同盟の構築とソ連への軍事的対抗措置をとって、いわゆる封じ込め政策を確立したハリー・トルーマン、ドワイト・アイゼンハワー政権は多国間主義・軍事力重視、一九七〇年代にソ連・中国とのデタント（緊張緩和）を模索しつつ、同盟国との政策調整をおろそかにしたニクソン政権は単独主義・外交重視、一九八〇年代に同盟国の躊躇をかえりみずデタントから新冷戦へと舵を切ったロナルド・レーガン政権や、国連の意思に反してイラク戦争に踏み切ったジョージ・W・ブッシュ政権などは単独主義・軍事力重視、そして、カーター、オバマ、ジョー・バイデン政権は多国間主義・外交重視などと特徴づけできる。ただし、巧みなデタント外交を行ったニクソン政権はベトナム戦争を終結させるためにはラオスやカンボジア領内への空爆を躊躇しなかったように、各政権の政策すべてがそうした分類で明確に説明できるわけではないことには、留意すべきである。

II　アメリカ対外政策のミクロ的分析——政府内アクターと制度

アメリカの対外政策を分析するもう一つの方法として、その形成過程をミクロな視点からみるアプローチがある。この方法では、対外政策形成過程において重要な役割を果たすアクターに焦点を絞り、その制度上の権限や組織文化が政策に与える影響を分析する。以下では、分析対象を重要な政府内アクターに絞って、その制度的役割や組織的特徴を説明する。

1　大統領

権力分立の徹底したアメリカの政治制度においては大統領といえどもその権限には限りがあるが、対外政策分野においては相対的に大きな権限と影響力を持っている。その力の源泉は、アメリカ合衆国憲法によって与えられた制度的なものにある。合衆国憲法は、大統領が軍の最高司令官であると定めている（第二条二節）ことから、大統領は戦時の軍の指揮のみならず、平時から安全保障政策全般を担うことが定着している。さらに大統領は、連邦議会上院の助言と同意を得て条約を締結する権限および政府高官・大使を任命する権限も有する（同前）。また合衆国憲法は、大統領個人に行政権を付与しており、外交関係の運営はその範疇に入る。こうしたことから、外交政策においても大統領が大きな権限を持つことが保障されている。

対外政策形成過程における大統領の影響力は、時代とともに変遷してきた。独立後しばらくは、大統領の力は今日に比べるとかなり抑制されていた。一八一二年の米英戦争の折には、連邦議会が宣戦布告をし、ジェイムズ・マディソン大統領は合衆国憲法に則って指揮権を発揮するという役割分担が明確であった。しかし、一九世紀末ごろアメリカの国力がヨーロッパ列強のそれを凌ぐようになってくると、セオドア・ローズヴェルト大統領が唱えたように、国際舞台でアメリカが積極的役割を果たすには、大統領がより強力なリーダーシップを発揮すべきだという考え方が台頭してきた。この考え方は第一次世界大戦後のウィルソン外交の失敗によって一時期頓挫してしまう。しかし第二次世界大戦の際、参戦には否定的であった議会の権威が真珠湾攻撃によって失墜し、フランクリン・ローズヴェルト大統領がリーダーシップを発揮してアメリカを勝利に導くと、その説得力が高まった。冷戦時代に突入し、アメリカが西側社会のリーダーとしての行動を求められるようになると、大統領がリーダーシップを発揮し、議会はそれを受動的に尊重するという超党派的な了解が定着した。これは「帝王的大統領制」（シュレジンガー・Jr.）とも呼ばれる、対外政策形成過程における大統領優位の状況を生んだ。しかし、一九六〇年代後半にベトナム戦争が泥沼化すると、大統領が行う対外政策への信頼が低下し、その権限を監視・抑制しようという風潮が強まった（後述の一九七三年戦争権限法参照）。ただし、その試みは必ずしも成功しているとは言い難い状況が続いている。

対外政策における大統領の影響力は、政治状況や各大統領の手腕などによっても変化しうる。アメリカでは「旗下集結」と呼ばれる、国家安全保障上の危機的状況においては大統領への支持が高まるという現象がしばしば起こり、大統領は政策イニシアティヴを発揮しやすくなる。二〇〇一年の九・

一一テロ事件後、それまで支持率の低迷していたジョージ・W・ブッシュ大統領への支持が高まり、大胆な「対テロ戦争」を打ち出すことを可能にしたのは、その一例であろう。他方、一概には言えないが、連邦議会多数党が大統領の所属政党とは異なる（分割政府状態）場合には、対外政策上の大統領のイニシアティヴが制約されることが少なくない。このほか、近年の研究は、対外政策の経験が豊富な大統領ほど、そうした政策をうまく実施できるということを示唆している。ただし、アメリカでは一九七〇年代半ば以降、国政に長く携わる政治家よりも、外交を含む連邦政治経験の浅い候補者が選挙で有利となる状況が続いていることに鑑みれば、このことは皮肉である。

2　行政組織

行政府には、様々な行政機関が存在する。大統領は、こうした機関における約四〇〇〇のポストに対して自らが任命する政治任用者を置くことで、自らの政策や意図を実現させようとする。それでも、独自の歴史と組織文化を持つ行政組織が、大統領の指示を都合よく解釈するなどして、自らにとっての「国益」を実現しようとすることは少なくない。よって、こうした行政機関の役割や特徴を理解することが重要となる。近年では対外政策においても財務省などの経済官庁や、司法省、環境保護庁（EPA）などの多様な機関の重要性が高まっているが、以下では、その中でもとくに核となるものに焦点を当てる。

国務省：一七八九年に設立された国務省は連邦政府の最も古い行政機関であり、アメリカの外交を担う中心的役割を果たしてきた。その主な任務は、国際社会におけるアメリカの利益を実現するために、外国政府や国際機関さらには様々な非政府アクターから情報を収集し分析するとともに、こうした相手との交渉に携わるほか、アメリカの主張を対外的に発信することにある。

建国から冷戦の初期までは、国務省は対外関係の形成において中核的な役割を果たしてきた。その重要性は、法律で同組織の長である国務長官を、副大統領、下院議長に次ぐ大統領継承者（大統領が欠けた場合にその職を担う者）としていることにも象徴されている。しかし、第二次世界大戦後に国防総省が設立され、また冷戦の激化や核兵器の登場などによって対外政策における軍事力の役割が高まる中、国務省の役割は徐々に低下してきた。さらに近年、経済・文化など様々な分野でグローバル化が進展し、こうした問題の国際交渉において担当各省の役割が高まるにつれ、国務省の役割はますます低落傾向にある。こうした中、国務長官が大統領と個人的に密接なつながりを持つ人物かどうかが、同機関の影響力を左右する度合いが増えたといわれている。また、今日では、外交政策の広報担当としての国務長官の役割が高まっており、メディアに注目されがちな人物が長官に任命されることが少なくない。

組織的には、管理部門のほか、ヨーロッパ、東アジアなど地域ごとに担当の分かれる地域部局と、経済政策、大量破壊兵器不拡散、人権問題など、政策イシューに特化した機能部局に大別できる。地域部局はさらに特定の国または下位地域の担当デスクに分かれており、一般的には地域部局の方が機能部局よりも政策に対する影響力が強い。しかし、一九九〇年代以降の北朝鮮の核開発問題に関して、平壌との交渉を重視する東アジア部局に対して不拡散部局や人権部局などがより強硬な政策を主張して対立したように、地域部局と機能部局の方針が対立し、これが省庁間競争とも絡みあい国務省内の政策形成を困難にすることがある。また、国務省には一般市民の感覚を失った東部エリートの集団というマイナスイメージがつきまとい、さらに、同盟国や敵対国側の事情の分析に傾注するあまりに、自国利益を十分に代表していない、弱腰であるなどと批判されることが多い。こうした批判の背景には、国内において国務省の声を代弁・支援する利益団体がなく、また組織文化的に国内政治の動向に疎いこともあるとみられる。

国防総省：その本部建物の形状からペンタゴン（五角形）とも呼ばれる国防総省は、一九四七年に成立した国家安全保障法に基づき、従来からあった陸軍省と海軍省に加えて空軍省が新設され、それらを統括する形で誕生した。海兵隊は組織上は海軍の、二〇一九年に創設された宇宙軍は空軍の管轄下にある。国防総省は現在、一三〇万人の現役兵士を含む約二〇〇万人のスタッフを雇用する連邦政府最大の行政組織である。

国防総省の役割は、冷戦の勃発と、それに伴うアメリカの対外的軍事コミットメントの拡大を背景に、国務省の地位低下に反比例するように高まってきた。軍事力が重要となる武力行使や危機管理などの場合はもちろん、そうした状況に至らない外交交渉においても、その成否は強固な軍事力に裏打ちされる。こうした認識は広く政策担当者に共有されており、平時から軍事戦略の検討・見直しや、新たな軍事技術・兵器の導入、軍の即応能力の維持などを担う同省は、対外政策形成過程で、大きな影響力を持つ。また、国内のみならず他国にも多くの軍事基地を維持する米軍は、同盟政治においても極めて重要な役割を果たしている。政治的にも、退役・現役軍人やその家族、軍事関連産業などは利益団体としても存在感があり、国内政治における支持基盤も強固である。

国防総省の組織は、極めて複雑である。文民である国防長官のもとに、国務省でいう地域部局はもとより、軍事技術開発、武器調達などの機能を担う部門が存在している。これらとは別に、三軍をつかさどる陸軍省・海軍省・空軍省があり、またこれと並立する形で軍事作戦の立案や、大統領に対して軍事問題に関する助言を行う統合参謀本部（JCS）が存在する。各軍には根強い固有の組織文化があり、それぞれの軍組織の間、また制服組と背広組、さらには戦場に出向く軍関係者と武器調達・開発の担当部署との間などで、意見の相違が表面化することも多い。国防長官がこうした下部組織を効率的に運営することは並大抵ではない。軍事技術の高度化によって、これまで以上に各軍の壁を乗り越えて統合作戦を実行する必要はますます高まっているが、こうした組織文化はそうした課題の達成を困難にしている。また、新兵器の開発・調達や軍事予算の配分をトップダウンで合理的に決定しようとしても、下部組織が軍需産業や連邦議会などを巻き込んでそれに抵抗する、といったこともしばしば生じる。

諜報（インテリジェンス）部門：アメリカの諜報機関といえば、中央情報局（CIA）を思い浮かべる人も少なくないであろう。確かに、CIAは他の省庁から独立した重要な諜報機関であるが、実は連邦政府にはほかにも一五の異なる諜報機関が存在する。たとえば、国務省には情報調査局、財務省には情報分析局などがあり、国防総省には、陸海空軍それぞれの情報機関のほか、電子通信の傍受などを担当する国家情報局や、衛星から送られた情報を管理・分析する国家偵察局などがある。こうした情報機関を統括し、政策に役立てるのが国家情報統括官（DNI）の役割である。従来この役割はCIA長官が担っていたが、九・一一テロ事件の発生によって、各情報機関が収集した情報を効果的に統合できずに事件を未然に防ぐことができなかったという批判に対応して、このDNIが設置され、インテリジェンス機関を代表して、大統領に対して情報提供することとなった。

インテリジェンスで重要な任務は、情報の収集とその分析に大別できる。情報収集に関しては、いわゆるスパイ活動などを通じて情報を得る人的インテリジェンス（HUMINT）、電子通信などの傍受によって得られるシグナル・インテリジェンス（SIGINT）、および航空・衛星写真などによる画像を分析して得られる画像インテリジェンス（IMINT）などがある。こうして収集された情報は、特定の政策問題あるいは国・地域の専門家によって分析され、最終的に政策決定者に届けられる。また、アメリカに対して諜報を仕掛ける国やアクターに対して防諜活動（カウンターインテリジェンス）を行うのも、同部門の重要な任務である。

インテリジェンス活動としてよく論争になるのが、隠密作戦の是非である。冷戦時代、CIAは敵国政府に対する妨害活動や、他国の政権転覆や指導者の暗殺などに関与してきた。一九五三年のイラン、一九五四年のグアテマラ、一九六五年のインドネシア、一九七三年のチリなどにおける政変は、その数例である。こうしたCIAの活動は一九七〇年代に政治問題化し、当時のジェラルド・フォード大統領は大統領令で政治的暗殺を禁じた。しかし、九・一一テロ事件後、対テロ戦争の一環としてのCIAの隠密行動が活発化している。CIAや軍の特殊部隊、または無人偵察機をも用いた国際テロ組織の首謀者・有力人物に対するいわゆる「標的殺害（ターゲテッド・キリング）」が頻繁に行われるようになり、その是非や政策効果をめぐる論争につながっている。

国土安全保障省：同省は、九・一一テロ事件後の連邦政府の組織改革の中、二〇〇三年に、アメリカ本土の保全、テロ対策、入国管理の厳格化などを主目的に設立された。この中には国境警備隊、沿岸警備隊、移民管理局、税関、連邦緊急事態管理庁（ＦＥＭＡ）なども組み込まれ、職員一八万人の巨大組織となっている。このように、あまりに多様な下部組織を内包する一方で、ＣＩＡや連邦捜査局（ＦＢＩ）などのテロ対策に不可欠な組織を統合することはできず、主たる任務とそれを実現するための組織構成との乖離や、組織的一体感の欠如などの問題があると指摘される。このため、インテリジェンス機能も持っているが、他の機関と比べると見劣りは否めない。こうした問題は抱えつつも、対テロ対策、移民管理、サイバーセキュリティなどの政策課題の重要性が高まる中、同省の役割を過小評価すべきではないであろう。

国家安全保障会議（NSC）：前述した官僚組織間の政策調整を担い、大統領による政策決定を円滑化し、かつ決定された政策の各省庁による履行を管理するのが、国家安全保障会議（ＮＳＣ）である。一九四七年の国家安全保障法による設立当初は少人数で発足したＮＳＣは、その後、役割の増大と技術の進歩によって徐々に拡大し、二〇一六年時点では約四〇〇人弱の巨大組織となった。その影響力も徐々に高まり、同組織の長である国家安全保障担当補佐官は、大統領に容易にアクセスができることから、対外政策に関する最も重要な大統領側近とみなされる。このため、外国政府が、国務長官や国防長官ではなく、国家安全保障担当補佐官に直接働きかけようとすることも少なくない。

ＮＳＣは、他の官僚組織とは異なる大統領直属の機関であり、国家安全保障担当補佐官の任命は議会による承認を必要とせず、ＮＳＣの予算も連邦議会の干渉を受けない。また、その高官の多くは政治任用で政策実務経験者や研究者などが任命されるが、多くのスタッフは各省庁から出向してくる官僚である。その参加者や仕組みも、大統領の政策決定スタイルによって柔軟に変容する。たとえば、オバマ政権期（二〇〇九～一七年）には大統領による政策統制を厳格にしようとして、閣僚級メンバーによる最高レベルの会議のみならず、もっと下の次官レベルの政策調整会議にまで事細かにNSCが統制しようとして各省庁の反感を買った。逆に、ジョン・F・ケネディ政権期（一九六一～六三年）にはNSCによる統制は比較的緩やかだった。これまでで最も成功したNSCとしてよく挙げられるのは、ジョージ・H・W・ブッシュ政権期（一九八九～九三年）の例であり、この時は、ブレント・スコウクロフト国家安全保障担当補佐官が存在感を発揮しながらも、各省庁間の政策調整に重点を置いて黒子に徹したといわれている。こうした例が示すとおり、NSCの成功の成否は、大統領による政策統制の機能と、各省庁を立てつつ行う政策調整の機能を、いかにバランスよく行うかにかかっている。

NSCの役割の増大に伴い、その改革に関して様々な議論がなされている。改革の方向性の一つは、NSCに対する連邦議会の監視を強化しようというものである。レーガン政権期（一九八一～八九年）は、一部のNSCスタッフが暴走し、法律に違反することを知りながら秘密裏にイランに対して武器を供与し、それで得た資金を南米ニカラグアの反共ゲリラに供与するというイラン・コントラ事件が起こった。また、NSC予算の増大にもかかわらずその使途が不明であることを問題視する声もある。こうしたことから、国家安全保障担当補佐官の任命に連邦議会の承認を課すことや、NSC予算の中身を議会に開示することなどを求める意見がある。ただし、こうした改革に対しては、議会による大統領権限への介入であるという反論がある。より実務的な改革案としては、NSCの規模を縮小し、より効率化した組織にしようというものがある。これは、本来柔軟な組織であるべきNSC

がその拡大によって硬直化してきたという問題を改善しようとするものである。しかし、ここ最近のNSCの規模の増大は、技術スタッフのニーズ増大によるところが大きく、スリム化がそもそも可能なのか、政策面にどの程度効果があるのかを疑問視する声もある。

3 連邦議会

対外政策に関しては、連邦議会の権限はやや限られてはいるものの、その役割を無視することはできない。まず、アメリカ合衆国憲法は連邦議会に対して宣戦布告をする権限、および軍の創設と維持の権限を与えている（第一条八節）。このことは、単に大統領府に安全保障政策を担わせるのではなく、議会にも責任を共有させることを建国者たちが意図していたことを示している。ただ現実には、連邦議会が宣戦布告をしたのは米英戦争や二つの世界大戦などごく限られた事例しかなく、実際には、湾岸戦争やイラク戦争の際のように、武力行使に関する合同決議を可決するかどうかが争点となることが多い。

連邦議会が武力行使に関する大統領の権限を制約し、より積極的な役割を果たそうとした成果として、一九七三年戦争権限法がある。同法は、連邦議会が大統領府への監視を怠ったことがベトナム戦争の泥沼化につながったとの反省から、ニクソン大統領が拒否権を行使したにもかかわらず、上下両院で圧倒的多数で再可決された。その主要な点は、大統領が軍を敵対行為に投入し、かつ連邦議会がこれを承認しない場合、大統領は連邦議会へ軍の投入について報告後、最大でも九〇日以内に軍を撤退させなければならないことである。しかし今日まで、同法の規定に則って連邦議会がすでに展開された軍の撤退を勧告したことは一度もなく、歴代の政権も、同法が指揮官としての大統領権限を制約するため憲法違反だとの立場をとっている。この背景には、すでに軍事行動に従事している軍を強制的に撤退させることは非現実的であることや、武力行使に関する政治責任を回避したいという議員心理が働くことがある。このため、同法が期待された役割を果たしているとは言い難く、これまでに様々な改善策が提案されている。しかし、連邦議会の活動が必ずしも対外政策の運用の足かせになるわけではない。一九八六年に成立したゴールドウォーター・ニコルズ法は、軍全体を統括する統合参謀本部議長の権限を高め、かつ軍事作戦実行中の指揮命令系統を整理したことで、各軍間の摩擦で作戦に支障が出ることが減ったとして、評価されている。

軍事力行使に比べて連邦議会が大統領の手足を縛る事態が生じやすいのは、条約の締結や高官・大使の任命に関してである。合衆国憲法によれば、上院の出席議員の三分の一以上が反対すれば、大統領の締結する国際条約の承認は拒否される。第一次世界大戦後の講和に関するヴェルサイユ条約（一九二〇年）を拒否したのは代表的な例であるが、ビル・クリントン政権が署名した包括的核実験禁止条約も一九九九年に、共和党多数の上院において否決された。こうした議会による条約不承認のリスクを避けるため、大統領は近年、条約に相当するような重要な国際合意でも、連邦議会の承認を必要としない「行政協定」として結ぶことが多くなっている。また、各省の長や各国大使の任命には、上院の過半数の賛成が必要である。上院多数党が大統領の所属する党でない場合、候補者自身の職務適格性よりも、政治的に大統領に打撃を与える手段として、承認が難航することも時折見られる。

このほかにも連邦議会は、立法権限を活用して、大統領の対外政策を制約することがある。たとえば、カーター政権が一九七九年に、当時同盟条約を結んでいた台湾と断交して中国を国家承認（この権限は大統領に属する）することを表明した際、連邦議会は台湾関係法という法律を成立させ、アメリカ政府が台湾の安全保障にコミットすることを国内法で義務づけた。このことは、これまでも続いている台湾への武器供与の法的根拠となっている。また、「財布の力」つまり予算権限を用いて、連邦議会の好まない外交政策を実施するための予算を削減したり、逆に、必要性の低い武器の調達や軍事基地への財政支援などを、選挙区・支持母体への見返りとして付与したりすることがある。

III　イデオロギー・政党とアメリカの対外政策

政党政治の発達した国においては、政権党の政策選好と実際の対外政策との間に密接な関連があると、一般的に考えられる。しかしアメリカの場合は、政権党が民主党あるいは共和党なのかどうかと、その対外政策との関連は、他国に比べると弱いというのが一般的な見方であった。というのも、アメリカの政党は他国に比べて組織的に強固でなく、むしろ様々な政策選好やイデオロギーを持つグループの緩やかな連合であり、政策的縛りも緩いうえに、民主党と共和党との間にイデオロギー的に重なる部分が少なくなかったためである。

しかしこの状況は、アメリカ国内におけるイデオロギーの分極化によって変容してきた。従来は民主党を支持していた南部保守派が、同党の推進した公民権運動への反発から一九七〇年代以降共和党支持に徐々にシフトすることで、共和党はより保守的に、逆に民主党はさらにリベラルになった。この状況は、保守・リベラル双方のメディアの報道や、分断を利用するかのような政治家の言説・振舞いによって二一世紀に入ってからますます強まり、政治的分極化が民主主義の根幹を揺るがしている。また、冷戦の終焉によって、それまで対外政策の一貫性を保つ外的要因として作用した、共産主義への対抗という政策軸がなくなったことも、国内政治要因が対外政策に与える余地を大きくした。こうして、共和党は軍事力重視かつ単独主義・孤立主義的、民主党は外交重視かつ多国間主義的という傾向が強まるとともに、政権党の交代による対外政策の振れ幅が大きくなってきた。

とはいえ現在においても、アメリカの対外政策を考えるうえでは、「どちらの党が政権党なのか」とともに「政権を担うのは各党のどのグループなのか」も重要な問いである。これは、それぞれの党内に、異なるイデオロギーに基づいて異なる政策選好を持つグループが存在するためである。たとえば、共和党内には、アメリカの主権の不可侵性を強く主張する保守強硬派、穏健派リアリスト、孤立主義的外交を志向するリバタリアンや白人低所得者層、海外における宗教の自由や慈善活動に関心を示す宗教右派、独裁政権を武力によってでも打倒すべきとする新保守主義（ネオコン）などが存在する。他方、民主党内には、人道的介入に積極的なリベラル・ホーク、穏健派リベラル、環境・人権・ジェンダーなど特定の問題に強い関心を示す団体、反戦左派などがいる。それぞれの政党が政権をとった場合、その政権の中枢を担うグループが、同党の他派閥とのバランスをとりながら、自らの志向する政策を追求することになる。

また、問題によっては、党派を超えて異なるイデオロギー派閥が連携することもある。たとえば、二〇一七年に就任した共和党のトランプ大統領は、共和党の掲げる自由貿易から逸脱して保護主義的政策を進めようとしたが、労働組合の支持を得る民主党議員の多くがこれを支持していた。さらに、対中国政策に関しては、人権問題に関心を持つリベラルな民主党グループと、宗教の弾圧に反対する共和党の宗教右派という、通常は妊娠中絶など社会問題で対立するグループが連携して、反中国的政策を支持する。このように、それぞれの政党内のイデオロギー的傾向を理解することで見えてくるアメリカ外交の側面は少なくない。

＊

冷戦後、九・一一テロ事件とそれに続く対テロ戦争、リーマンショック、そして中国の台頭によるパワーシフトなど、アメリカを取り巻く国際環境は激しく変化してきた。こうした傾向は、人工知能、ロボット、新エネルギーなどの技術の進展とともに、ますます加速していくであろう。そうした中でも、本章で取り上げた様々な分析視角を意識することは、劇的に変化する国際社会におけるアメリカの対外政策を理解するうえで、よりいっそう重要になるであろう。

（泉川泰博）

参考文献

各章のテーマについてさらに理解を深めたいという読者のために、本書に続いて読むのにふさわしいと思われる文献を以下に掲げておく。中には専門的な研究書も含まれているが、是非、積極的にチャレンジしていただきたい。

◉全体に関連するもの

荒このみほか編『アメリカを知る事典』新版（平凡社、二〇一二年）
岡山裕・前嶋和弘『アメリカ政治』（有斐閣、二〇二三年）
河﨑信樹・河音琢郎・藤木剛康編『現代アメリカ政治経済入門』（ミネルヴァ書房、二〇二一年）
久保文明編『アメリカの政治』新版（弘文堂、二〇一三年）
久保文明・砂田一郎・松岡泰・森脇俊雅『アメリカ政治』第三版（有斐閣、二〇一七年）
シリーズ『アメリカ研究の越境』第1〜6巻（ミネルヴァ書房、二〇〇六〜二〇〇七年）
西山隆行『アメリカ政治講義』（ちくま新書、二〇一八年）
西山隆行『アメリカ政治入門』（東京大学出版会、二〇一八年）
山岸敬和・西川賢編『ポスト・オバマのアメリカ』（大学教育出版、二〇一六年）

◉第1章　歴史と思想

青野利彦・倉科一希・宮田伊知郎編『現代アメリカ政治外交史』（ミネルヴァ書房、二〇二〇年）
阿川尚之『憲法で読むアメリカ史』（ちくま学芸文庫、二〇一三年）
岡山　裕『アメリカの政党政治—建国から250年の軌跡』（中央公論新社、二〇二〇年）
ゴードン・S・ウッド（中野勝郎訳）『アメリカ独立革命』（岩波書店、二〇一六年）

岡山　裕『アメリカ二大政党制の確立―再建期における戦後体制の形成と共和党』（東京大学出版会、二〇〇五年）
久保文明『アメリカ政治史』（有斐閣、二〇一八年）
久保文明・岡山裕『アメリカ政治史講義』（東京大学出版会、二〇二二年）
斎藤眞・古矢旬『アメリカ政治外交史』第二版（東京大学出版会、二〇一二年）
佐々木卓也編『戦後アメリカ外交史』第三版（有斐閣、二〇一七年）
西崎文子『アメリカ外交史』（東京大学出版会、二〇二二年）
A・ハミルトン／J・ジェイ／J・マディソン（斎藤眞・中野勝郎訳）『ザ・フェデラリスト』（岩波文庫、一九九九年）
古矢　旬『アメリカニズム―「普遍国家」のナショナリズム』（東京大学出版会、二〇〇二年）

◉第２章　統治機構

石垣友明『アメリカ連邦議会―機能・課題・展望』（有斐閣、二〇二三年）
梅川　健『大統領が変えるアメリカの三権分立制―署名時声明をめぐる議会との攻防』（東京大学出版会、二〇一五年）
梅川葉菜『アメリカ大統領と政策革新―連邦制と三権分立制の間で』（東京大学出版会、二〇一八年）
大沢秀介『アメリカの司法と政治』（成文堂、二〇一六年）
久保文明・阿川尚之・梅川健編『アメリカ大統領の権限とその限界―トランプ大統領はどこまでできるか』（日本評論社、二〇一八年）
小泉和重『アメリカ連邦制財政システム―「財政調整制度なき国家」の財政運営』（ミネルヴァ書房、二〇〇四年）
西山隆行『アメリカ型福祉国家と都市政治―ニューヨーク市におけるアーバン・リベラリズムの展開』（東京大学出版会、二〇〇八年）
待鳥聡史『アメリカ大統領制の現在―権限の弱さをどう乗り越えるか』（NHKブックス、二〇一六年）
待鳥聡史『〈代表〉と〈統治〉のアメリカ政治』（講談社選書メチエ、二〇〇九年）

松本俊太『アメリカ大統領は分極化した議会で何ができるか』（ミネルヴァ書房、二〇一七年）
デイヴィッド・メイヒュー（岡山裕訳）『アメリカ連邦議会—選挙とのつながりで』（勁草書房、二〇一三年）

◉第3章　選挙と政策決定過程

廣瀬淳子『アメリカ連邦議会—世界最強議会の政策形成と政策実現』（公人社、二〇〇四年）
吉野孝・前嶋和弘編『危機のアメリカ「選挙デモクラシー」—社会経済的変化からトランプ現象へ』（東信堂、二〇二〇年）
西山隆行『格差と分断のアメリカ』（東京堂出版、二〇二〇年）
前嶋和弘・山脇岳志・津山恵子編『現代アメリカ政治とメディア』（東洋経済新報社、二〇一九年）
西川　賢『分極化するアメリカとその起源—共和党中道路線の盛衰』（千倉書房、二〇一五年）
渡辺将人『現代アメリカ選挙の集票過程—アウトリーチ戦略と政治意識の変容』（日本評論社、二〇〇八年）
久保文明『現代アメリカ政治と公共利益—環境保護をめぐる政治過程』（東京大学出版会、一九九七年）
待鳥聡史『財政再建と民主主義—アメリカ連邦議会の予算編成改革分析』（有斐閣、二〇〇三年）
Ｔｈ・Ｊ・ロウィ（村松岐夫訳）『自由主義の終焉—現代政府の問題性〔オンデマンド版〕』（木鐸社、二〇〇四年）
森脇俊雅『アメリカ女性議員の誕生—下院議員スローターさんの選挙と議員活動』（ミネルヴァ書房、二〇〇一年）
内田　満『変貌するアメリカ圧力政治—その理論と実際』（三嶺書房、一九九五年）

◉第4章　人種とエスニシティ

青柳まちこ『国勢調査から考える人種・民族・国籍—オバマはなぜ「黒人」大統領と呼ばれるのか』（明石書店、二〇一〇年）
上杉　忍『アメリカ黒人の歴史—奴隷貿易からオバマ大統領まで』（中公新書、二〇一三年）
Ｃ・Ｖ・ウッドワード（清水博ほか訳）『アメリカ人種差別の歴史』（福村出版、一九九八年）
川島正樹『アファーマティヴ・アクションの行方—過去と未来に向き合うアメリカ』（名古屋大学出版会、二〇一四年）
川島正樹編『アメリカニズムと「人種」』（名古屋大学出版会、二〇〇五年）

フレデリック・ダグラス（岡田誠一訳）『数奇なる奴隷の半生―フレデリック・ダグラス自伝』（法政大学出版局、一九九三年）
メイ・M・ナイ（小田悠生訳）『「移民の国アメリカ」の境界―歴史のなかのシティズンシップ・人種・ナショナリズム』（白水社、二〇二一年）
アンソニー・W・マークス（富野幹雄ほか訳）『黒人差別と国民国家―アメリカ・南アフリカ・ブラジル』（春風社、二〇〇七年）
松岡　泰『アメリカ政治とマイノリティ―公民権運動以降の黒人問題の変容』（ミネルヴァ書房、二〇〇六年）

◉第5章　移民

大津留（北川）智恵子『アメリカが生む／受け入れる難民』（関西大学出版部、二〇一六年）
ジョセフ・カレンズ（横濱竜也訳）『不法移民はいつ〈不法〉でなくなるのか―滞在時間から滞在権へ』（白水社、二〇一七年）
久保文明・松岡泰・西山隆行・東京財団「現代アメリカ」プロジェクト編『マイノリティが変えるアメリカ政治―多民族社会の現状と将来』（NTT出版、二〇一二年）
西山隆行『移民大国アメリカ』（ちくま新書、二〇一六年）
ジョージ・ボージャス（岩本正明訳）『移民の政治経済学』（白水社、二〇一七年）

◉第6章　ジェンダーとセクシュアリティ

大嶽秀夫『二〇世紀アメリカン・システムとジェンダー秩序―政治社会学的考察』（岩波書店、二〇一一年）
サラ・M・エヴァンズ（小檜山ルイ・竹俣初美・矢口祐人・宇野知佐子訳）『アメリカの女性の歴史―自由のために生まれて』第2版（明石書店、二〇〇五年）
緒方房子『アメリカの中絶問題―出口なき論争』（明石書店、二〇〇六年）
ジョージ・チョーンシー（上杉富之・村上隆則訳）『同性婚―ゲイの権利をめぐるアメリカ現代史』（明石書店、二〇〇六年）
ホーン川嶋瑤子『アメリカの社会変革―人種・移民・ジェンダー・LGBT』（ちくま新書、二〇一八年）

森山至貴『LGBTを読みとく―クィア・スタディーズ入門』(ちくま新書、二〇一七年)

◉第7章　イデオロギーと社会争点

荻野美穂『中絶論争とアメリカ社会―身体をめぐる戦争』(岩波書店、二〇〇一年)
エドウィン・S・ガウスタッド(大西直樹訳)『アメリカの政教分離―植民地時代から今日まで』(みすず書房、二〇〇七年)
小竹　聡『アメリカ合衆国における妊娠中絶の法と政治』(日本評論社、二〇二一年)
佐々木毅『アメリカの保守とリベラル』(講談社学術文庫、一九九三年)
ジョージ・チョーンシー(上杉富之・村上隆則訳)『同性婚―ゲイの権利をめぐるアメリカ現代史』(明石書店、二〇〇六年)
中山俊宏『アメリカン・イデオロギー―保守主義運動と政治的分断』(勁草書房、二〇一三年)
西山隆行「アメリカの銃規制をめぐる政治―比較政治学を学ぶ意義」高野清弘・土佐和生・西山隆行編『知的公共圏の復権の試み』(行路社、二〇一六年)
西山隆行『〈犯罪大国アメリカ〉のいま―分断する社会と銃・薬物・移民』(弘文堂、二〇二一年)
堀内一史『アメリカと宗教―保守化と政治化のゆくえ』(中公新書、二〇一〇年)

◉第8章　社会福祉政策

天野　拓『現代アメリカの医療改革と政党政治』(ミネルヴァ書房、二〇〇九年)
佐藤千登勢『アメリカ型福祉国家の形成―一九三五年社会保障法とニューディール』(筑波大学出版会、二〇一三年)
渋谷博史・中浜隆『アメリカの年金と医療』(日本経済評論社、二〇〇六年)
杉田米行編『日米の社会保障とその背景』(大学教育出版、二〇一〇年)
西山隆行『アメリカ型福祉国家と都市政治―ニューヨーク市におけるアーバン・リベラリズムの展開』(東京大学出版会、二〇〇八年)
山岸敬和『アメリカ医療制度の政治史―二〇世紀の経験とオバマケア』(名古屋大学出版会、二〇一四年)

吉田健三『アメリカの年金システム』（日本経済評論社、二〇一二年）

◉第9章　教育と格差

J・D・ヴァンス（関根光宏・山田文訳）『ヒルビリー・エレジー―アメリカの繁栄から取り残された白人たち』（光文社、二〇一七年）
ウィリアム・J・ウィルソン（川島正樹・竹本友子訳）『アメリカ大都市の貧困と差別―仕事がなくなるとき』（明石書店、一九九九年）
スディール・ヴェンカテッシュ（望月衛訳）『ヤバイ社会学―一日だけのギャング・リーダー』（東洋経済新報社、二〇〇九年）
ジャック・ジェニングス（吉良直・大桃敏行・高橋哲訳）『アメリカ教育改革のポリティクス―公正を求めた50年の闘い』（東京大学出版会、二〇一八年）
トマス・J・スグルー（川島正樹訳）『アメリカの都市危機と「アンダークラス」―自動車都市デトロイトの戦後史』（明石書店、二〇〇二年）
鈴木大裕『崩壊するアメリカの公教育―日本への警告』（岩波書店、二〇一六年）
ロバート・D・パットナム（柴内康文訳）『われらの子ども―米国における機会格差の拡大』（創元社、二〇一七年）
ロバート・D・パットナム／シェイリン・ロムニー・ギャレット（柴内康文訳）『上昇（アップスウィング）―アメリカは再び〈団結〉できるのか』（創元社、二〇二三年）
ロバート・ライシュ（雨宮寛・今井章子訳）『格差と民主主義』（東洋経済新報社、二〇一四年）
デイヴィッド・ラバリー（倉石一郎・小林美文訳）『教育依存社会アメリカ―学校改革の大義と現実』（岩波書店、二〇一八年）

◉第10章　諸産業と政府の関わり

大木博巳・滝井光夫・国際貿易投資研究所編『米国通商政策リスクと対米投資・貿易』（文眞堂、二〇一八年）
大矢根聡・大西裕編『FTA・TPPの政治学―貿易自由化と安全保障・社会保障』（有斐閣、二〇一六年）

久保文明『現代アメリカ政治と公共利益―環境保護をめぐる政治過程』（東京大学出版会、一九九七年）
久保文明・21世紀政策研究所編『50州が動かすアメリカ政治』（勁草書房、二〇二一年）
杉野綾子『米国大統領の権限強化と新たな政策手段―温室効果ガス排出規制を事例に』（日本評論社、二〇一七年）
谷口明丈・須藤功編『現代アメリカ経済史―「問題大国」の出現』（有斐閣、二〇一七年）
藤木剛康『ポスト冷戦期アメリカの通商政策―自由貿易論と公正貿易論をめぐる対立』（ミネルヴァ書房、二〇一七年）

◉第11章　財政と金融

河音琢郎・藤木剛康編『オバマ政権の経済政策―リベラリズムとアメリカ再生のゆくえ』（ミネルヴァ書房、二〇一六年）
河音琢郎『アメリカの財政再建と予算過程』（日本経済評論社、二〇〇六年）
ハーバート・スタイン（土志田征一訳）『大統領の経済学―ルーズベルトからレーガンまで』（日本経済新聞社、一九八五年）
田中隆之『アメリカ連邦準備制度（ＦＲＳ）の金融政策』（金融財政事情研究会、二〇一四年）
地主敏樹『アメリカの金融政策―金融危機対応からニュー・エコノミーへ』（東洋経済新報社、二〇〇六年）
吉川洋編『デフレ経済と金融政策』（慶應義塾大学出版会、二〇〇九年）
渡瀬義男『アメリカの財政民主主義』（日本経済評論社、二〇一二年）
渡瀬義男「アメリカの予算制度と財政規律」『経済のプリズム』第一四九号（二〇一六年）

◉第12章　経済と科学技術・環境・エネルギー

石山徳子『米国政府と核廃棄物―環境正義をめぐる戦い』（明石出版、二〇〇四年）
小塩和人『アメリカ環境史』（ぎょうせい、二〇一四年）
ヴァン・ジョーンズ『グリーン・ニューディール―グリーン・ジョブが環境と経済を救う』（東洋経済新報社、二〇〇九年）
D・ディクソン（里深文彦監訳）『戦後アメリカと科学政策―科学超大国の政治構造』（同文館、一九九八年）
宮田由紀夫『アメリカのイノベーション政策―科学技術への公共投資から知的財産化へ』（昭和堂、二〇一一年）

山家公雄編『アメリカの電力革命―広域運用からローカル運用へ』（エネルギーフォーラム、二〇一七年）

◉第13章　外交・安全保障政策

G・ジョン・アイケンベリー（細谷雄一訳）『リベラルな秩序か帝国か―アメリカと世界政治の行方（上・下）』（勁草書房、二〇一二年）
ウィリアムズ・A・ウィリアムズ（高橋章・有賀貞・松田武訳）『アメリカ外交の悲劇』（お茶の水書房、一九八六年）
ジョン・ルイス・ギャディス（赤木完爾・斉藤祐介訳）『歴史としての冷戦―力と平和の追求』（慶應義塾大学出版会、二〇〇四年）
ジョージ・F・ケナン（近藤晋一・有賀貞・飯田藤次訳）『アメリカ外交五〇年』（岩波書店、二〇〇〇年）
信田智人編『アメリカの外交政策―歴史・アクター・メカニズム』（ミネルヴァ書房、二〇一〇年）
ルイス・ハーツ（有賀貞訳）『アメリカ自由主義の伝統』（講談社学術文庫、一九九四年）

わ

事項・人名索引

【編者・執筆者紹介】

岡山　裕（おかやま・ひろし）／慶應義塾大学法学部教授　＊編者、第 1 章・第 10 章執筆
1972 年生まれ。東京大学法学部卒業、博士（法学）。主著として、Hiroshi Okayama, *Judicializing the Administrative State*（Routledge, 2019）など。

西山隆行（にしやま・たかゆき）／成蹊大学法学部教授　＊編者、第 5 章・第 6 章執筆
1975 年生まれ。東京大学大学院法学政治学研究科博士課程修了、博士（法学）。主著として、『アメリカ政治入門』（東京大学出版会・2018 年）など。

待鳥聡史（まちどり・さとし）／京都大学大学院法学研究科教授　＊第 2 章執筆
1971 年生まれ。京都大学大学院法学研究科博士後期課程中途退学、博士（法学）。主著として、『アメリカ大統領制の現在』（NHK ブックス・2016 年）など。

安岡正晴（やすおか・まさはる）／神戸大学大学院国際文化学研究科教授　＊第 3 章執筆
1968 年生まれ。University of Virginia (M.A., Government). 主著として、"Do Sanctuary Cities Protect Unauthorised Immigrants?: Intergovernmental Disputes between the Trump Administration and Sanctuary Cities over Immigration Policies," in *Migration Governance in Asia: A Multi-level Analysis*（Routledge, 2022）など。

平松彩子（ひらまつ・あやこ）／東京大学大学院総合文化研究科准教授　＊第 4 章執筆
1982 年生まれ。Johns Hopkins University（Ph.D., Political Science）. 主著として、「米国連邦議会下院におけるイデオロギー的議員連盟―共和党多数時代の下院政党政治 1995 ～ 2006 年」『国家学会雑誌』122 巻 5=6 号（2009 年）767 ～ 831 頁など。

梅川　健（うめかわ・たけし）／東京大学大学院法学政治学研究科教授　＊第 7 章執筆
1980 年生まれ。東京大学大学院法学政治学研究科総合法政専攻博士課程修了、博士（法学）。主著として、『大統領が変えるアメリカの三権分立制―署名時声明をめぐる議会との攻防』（東京大学出版会・2015 年）など。

山岸敬和（やまぎし・たかかず）／南山大学国際教養学部教授　＊第 8 章執筆
1972 年生まれ。Johns Hopkins University（Ph.D., Political Science）. 主著として、『アメリカ医療制度の政治史― 20 世紀の経験とオバマケア』（名古屋大学出版会・2014 年）など。

梅川葉菜（うめかわ・はな）／駒澤大学法学部政治学科准教授　＊第 9 章執筆
1984 年生まれ。東京大学大学院法学政治学研究科総合法政専攻博士課程修了、博士（法学）。主著として、『アメリカ大統領と政策革新―連邦制と三権分立制の間で』（東京大学出版会・2018 年）など。

吉田健三（よしだ・けんぞう）／青山学院大学経済学部教授　＊第 11 章執筆
1975 年生まれ。京都大学大学院経済学研究科博士課程単位取得退学、博士（経済学）。主著として、『アメリカの年金システム』（日本経済評論社・2012 年）など。

細野豊樹（ほその・とよき）／共立女子大学国際学部教授　＊第 12 章執筆
1961 年生まれ。東京大学大学院法学政治学研究科専修コース修了。主著として、「米国カリフォルニア州とアジア太平洋地域のエネルギー政策革新」松原望＝丸山真人編『アジア太平洋環境の新視点』（彩流社・2005 年）など。

泉川泰博（いずみかわ・やすひろ）／青山学院大学国際政治経済学部教授　＊第 13 章執筆
1967 年生まれ。Georgetown University（Ph.D., Government）. 主著として、"Network Connections and the Emergence of the Hub-and-Spokes Alliance System in East Asia," *International Security* 45:2（2020）, pp. 7-50 など。

【編　者】
岡山　裕　慶應義塾大学法学部教授
西山隆行　成蹊大学法学部教授

アメリカの政治〔第2版〕

2019（令和元）年5月30日　初　版1刷発行
2024（令和6）年2月15日　第2版1刷発行

編　者　岡山　裕・西山隆行
発行者　鯉渕友南
発行所　株式会社　弘文堂　101-0062 東京都千代田区神田駿河台1の7
TEL03(3294)4801　振替00120-6-53909
https://www.koubundou.co.jp

装　幀　宇佐美純子
印　刷　大盛印刷
製　本　井上製本所

ISBN978-4-335-46045-6